무시공생명 시리즈 7 - 무시공생명

시공우주를 거두러 왔다

무시공생명 시리즈 7 - 무시공생명

시공우주를 거두러 왔다

2019년 12월 27일 초판 1쇄 인쇄
2019년 12월 27일 초판 1쇄 발행

지은이   안 병 식
편집인   함원옥, 김용섭
펴낸이   무시공생명훈련센터장 정종관
펴낸곳   무시공생명 출판
주소   대전광역시 서구 유등로17번길 55 무시공생명빌딩
전화번호   (042)583-4621~2   팩스   (042)584-4621
이메일   jeeby666@naver.com
출판등록   2004. 12. 1(제2012-000051호.)
ISBN   979-11-969143-2-5 03110 (종이책)   979-11-969143-3-2 05110 (전자책)

http://cafe.naver.com/alwayspace(무시공, 무시공생명 검색)

이 도서의 국립중앙도서관 출판예정도서목록(CIP)은 서지정보유통지원시스템 홈페이지(http://seoji.nl.go.kr)와
국가자료공동목록시스템(http://www.nl.go.kr/kolisnet)에서 이용하실 수 있습니다.
(CIP제어번호: CIP2019053161)

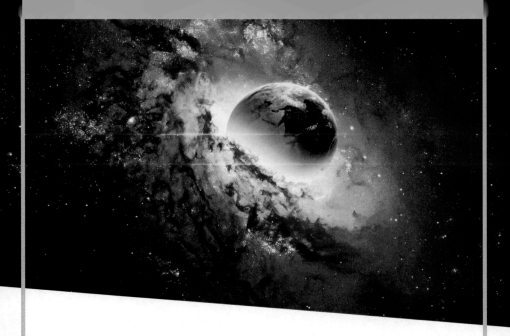

무시공생명

시공우주를
거두러 왔다

무시공생명 **안병식** 지음

 무시공 생명

일체동일(一切同一)

내가 말하는 일체동일은
무시공에서 무시공입장에서 문제를 보는 것을 밝히는 것이지
분자세상에서 일체동일을 얘기하는 것이 아니다.
그런데 인간들은 시공에서 그것을 끄집어와서
여기서(분자세상)에서 일체동일을 하려고 그런다.

분자세상에서는 영원히 동일이 될 수가 없다.
이원념과는 동일이 될래야 될 수가 없다.
영체하고 생명하고 어떻게 동일이 되나.
자기가 자신을 속이고 있다는 것이다.

나는 시공을 한 번도 인정한 적이 없다.
나는 시작부터 끝까지 계속 무시공에 있었다.
지금도 무시공에서 말하고 있다.
그런데 인간은 시공에서 듣고 있다.

무슨 뜻인지 알아요?

무시공 마크는
'무시공생명 비결'을 농축하여 형상화한 것이다.

○ 무(無)는 없다는 뜻이 아니고 합(合)한다는 뜻이다.

비결에서 無 자를 빼면 가르고 쪼개고 분별하는 이분법 이원념이 된다.
無 자를 붙이면 모든 것을 합하여 무시공생명의 일원심이 된다.
무시공생명비결은 우주의 내비게이션이며 비결을 외우는 순간 의식은 무극(無極) 이상 무시공의 위치에 올라간다. 60조 세포를 깨우고 벽담을 없앤다는 마음으로 비결을 끊임없이 외우면 생로병사(生老病死)에서 벗어난다.

◆ 파란색은 공간(空間, 天)을 의미한다.
　　무주객(無主客)무선악(無善惡)무빈부(無貧富)
　　무고저(無高低)무음양(無陰陽)
◆ 녹색은 시간(時間, 地)을 의미한다.
　　무생사(無生死)무이합(無離合)무래거(無來去)
　　무시말(無始末)무쟁인(無爭忍)
◆ 노란색은 오관(五官, 몸, 人)을 의미한다.
　　무건병(無健病)무미추(無美醜)무향취(無香臭)
　　무호고(無好壞)무순역(無順逆)
◆ 빨간색은 의식(意識, 心)을 의미한다.
　　무신심(無身心)무생학(無生學)무지우(無智愚)
　　무정욕(無情慾)무신의(無信疑)
◆ 중앙의 보라색은 동방의 도(道)가 보라색이라고 하는데(중앙의 보라색은 동방의 도(道)를 뜻함) 무시공생명의 발현이 동방에서 시작한다는 뜻이다.

무시공 생명비결
無時空 生命祕訣

무주객 無主客	무건병 無健病
무선악 無善惡	무미추 無美醜
무빈부 無貧富	무향취 無香臭
무고저 無高低	무호괴 無好壞
무음양 無陰陽	무순역 無順逆

(공간 空間)　　(오관 五官)

(시간 時間)　　(의식 意識)

무생사 無生死	무신심 無身心
무이합 無離合	무생학 無生學
무래거 無來去	무지우 無智愚
무시말 無始末	무정욕 無情慾
무쟁인 無爭忍	무신의 無信疑

무시공생명 비결

공간: 天 - 우주가 가속도로 팽창하면서 공간이 사라지고 있습니다.
→ 이원념이 근본인 시공우주는 사라지고, 절대긍정의 무시공 우주는 가속도로 변하여 하나가 됩니다.

무주객(無主客)

주와 객으로 가르는 것은 이분법, 너와 내가 본래 한 생명입니다. 생명을 쪼개고 가르지 맙시다! 일체를 나로 봅시다! 상대를 무시공 생명으로 봅시다.

무선악(無善惡)

선악은 이분법입니다. 일체 현상을 쪼개고 가르고 비판하지 맙시다. 절대긍정 속에 선악 이원념은 사라집니다. 죄악은 본래 없는 것!

무빈부(無貧富)

빈부 차별은 이분법입니다. 무시공 생명은 완벽합니다. 절대긍정의 화합하는 플러스+마음인 일원심에 무한 풍요가 있습니다.

무고저(無高低)

고저 차별은 이분법입니다. 본래 한 생명, 일체동일입니다. 생명은 절대평등합니다. 서로의 절대생명을 인정하고 존중해야 합니다. 자신을 내세우거나 의지하지 않습니다.

무음양(無陰陽)

음양으로 쪼개는 것도 이분법, 음양은 생명의 거울, 절반의 생명입니다. 음양을 합일해야 무극에 가고, 무시공 자리로 갈 수 있습니다. 무음양(동일)은 일원 직선빛입니다.

시간: 地

무생사(無生死)

생사가 본래 없습니다. 영원 무한의 무시공 생명이 바로 자기 생명입니다. 무시공 생명은 태어난 적도 죽은 적도 없습니다. 무시공 생명이 진정한 나입니다.

무이합(無離合)

만나고 헤어진 적이 본래 없습니다. 본래 영원한 한 생명이요, 무시공 생명은 시공을 초월한 일체동일입니다. 이원념 벽담으로는 진정한 만남이 없습니다.

무래거(無來去)

가고 옴이 본래 없습니다. 무시공 생명의 입장과 관점으로 보면 일체동일입니다. 여기가 거기입니다. 절대 빛의 차원입니다. 생명은 나타남입니다.

무시말(無始末)

시작도 끝도 본래 없습니다. 무시공 생명은 절대차원입니다. 무시공 생명은 본래 영원 무한입니다. 무시공은 절대자연입니다.

무쟁인(無爭忍)

싸울 것도 참을 것도 본래 없습니다. 우리는 한 생명입니다. 자기를 내세우거나 의지하지 않습니다. 절대긍정, 절대이해 속에 영원한 평화가 있습니다.

오관: 人

무건병(無健病)

생명의 실상은 완전하므로 건강도 질병도 허상입니다. 생명은 빛이요, 기쁨이요, 완전함입니다. 병은 원래 없는 것입니다.

무미추(無美醜)

아름다움과 추함도 본래 하나입니다. 무시공 생명은 절대적인 가치입니다. 상대적인 미추는 음양의 허상, 이분법입니다.

무향취(無香臭)

향기와 냄새는 본래 하나입니다. 상대적인 이원념입니다. 육체 오관의 환상이요 집착일 뿐 무시공 생명은 향취를 초월합니다.

무호괴(無好壞)

좋고 싫은 집착은 상대적이요 이원념입니다. 입맛, 언어는 음양의 예술입니다. 무시공 생명의 실상은 절대가치뿐입니다.

무순역(無順逆)

순경과 역경은 이원념의 파동입니다. 좋은 소리 싫은 소리는 이원념, 고락의 경험은 우주와 자신을 알아가는 과정입니다.

마음: 心

무신심(無身心)

몸과 마음은 본래 하나입니다. 몸과 마음은 우주와 생명의 실상을 체험하는 신성한 도구입니다. 시공 심신의 집착에서 벗어나야 무시공 생명을 발견할 수 있습니다.

무생학(無生學)

배우지 않고 알 수 있는 차원이 무시공 생명입니다. 참교육은 일원심으로 세포의 무시공 생명을 깨우는 것입니다. 무시공 생명은 전지전능합니다.

무지우(無智愚)

지혜와 어리석음의 분별은 이원념입니다. 무시공 생명은 절대 지혜롭습니다. 어리석음은 이원념이 세포를 오염시킨 어두운 마음입니다.

무정욕(無情慾)

절대긍정 일원심으로 음양이 합해야 이기적인 이원념의 성욕을 초월하여 완전한 무시공 생명(세포)을 깨울 수 있습니다.

무신의(無信疑)

무시공 생명에는 절대긍정, 절대믿음뿐입니다. 상대적인 믿음과 의심은 무시공 절대진리에 대한 의심, 이원념 때문입니다.

무시공 생명공식
無時空 生命 公式

일체근단 一切根斷		음양 뿌리는 끊어졌다
일체동일 一切同一		일체가 동일하다
일체도지 一切都知		일체 다 알고 있다
일체도대 一切都對		일체 다 맞다
일체도호 一切都好		일체 좋은 현상
일체항광 一切恒光		파동 없는 직선 빛
일체아위 一切我爲		일체 내가 했다
일체조공 一切操控		일체 내가 창조 한다

무시공생명 공식

일체근단(一切根斷) - 일체 음양의 뿌리는 끊어졌다.

태초 무극의 존재가 원래 하나인 우주를 음과 양으로 나누는 순간 이 시공우주(빅뱅)가 생겨났다. 무음양- 음과 양을 합함으로써 시공우주의 뿌리가 잘렸다. 지구를 비롯한 시공우주는 허상의 세계가 되었다.

일체동일(一切同一) - 일체가 동일하다.

'일체가 나다'는 온 우주를 통틀어 최고의 경지이다. 무시공은 만상만물을 생명 관점으로 본다. 무시공생명 자리는 너와 내가 없는 동일체이다.

일체도지(一切都知) - 일체 다 알고 있다.

세포 속에 우주의 정보가 다 있다. 원래 인간은 윤곽과 틀이 없는 완전한 존재였다. 이원념의 물질이 쌓인 분자몸이 막혀 윤곽 속에 갇히게 되었다. 비결을 세포에 입력시키면 세포가 일원심의 세포로 살아나 우주의 지혜를 알게 된다.

일체도대(一切都對) - 일체가 다 맞다.

이것은 옳고 저것은 틀리다라고 하는 것은 이분법, 이원념이다. 무시공 관점은 맞다고 하는 사람의 입장으로 보면 맞고, 틀린 사람 입장에 들어가면 그것도 맞다, 그래서 전부다 맞다는 것이다, 차원이 다른 입장에서 말하는 것뿐 그 차원에서는 다 맞다.

일체도호(一切都好) - 일체가 좋은 현상이다.

무시공생명은 부정의 영체가 완전히 삭제된 절대 긍정의 자리다. 무시공생명 자리는 전부 다 좋은 것만 보이고 전부 다 아름다운 것만 보인다.

일체항광(一切恒光) - 파동이 없는 직선빛이다.

무시공의 직선빛은 일체 물질을 다 뚫고 들어갈 수 있고, 일체를 다 변화시킬 수 있다. 무한대로 큰 힘이다. 그래서 직선빛은 생명의 힘이다.

일체아위(一切我爲) - 일체를 내가 했다.

일체가 나 때문에 좋은 일이 생긴다. 인간의 입장에서 오는 재앙이나 온갖 현상들은 무시공하고는 상관이 없다. 내가 만들어 놓고 내가 당하지 말자는 것은 우리가 깨어나서 무시공의 생명 자리를 잘 지키는 것이다.

일체조공(一切操控) - 일체를 내가 창조한다.

마음과 물질이 하나다. 마음과 에너지가 하나다. 그러면 마음먹은 대로 창조할 수 있다. 내가 우주의 중심이고 내가 있어서 우주가 존재한다.

무시공 생명 탄생선언
無 時 空 生 命 誕 生 宣 言

노예변주인 奴 隷 變 主 人	**영체변생명** 靈 體 變 生 命	생명 혁명
체력변심력 體 力 變 心 力	**분리변동일** 分 離 變 同 一	물질 혁명
홍관변미관 宏 觀 變 微 觀	**행우변항우** 行 宇 變 恒 宇	우주 혁명
다로변일도 多 路 變 一 道	**의존변자성** 依 存 變 自 醒	신앙 혁명
이원변일원 二 元 變 一 元	**생사변영항** 生 死 變 永 恒	의식 혁명

무시공생명 탄생선언일 2012. 12. 21

무시공생명 탄생선언

미국의 어느 과학자가 우주에서 지구의 시간에 대한 연구를 진행하면서 몇 번 시간의 윤회가 있었고, 마지막 윤회의 시기가 1945년이 기점이며 그 후 76년 이후에는 시간이 영(0)으로 돌아간다고 계산을 했다. 그 시기가 2012년 12월 21일로 파동으로 된 시간이 영(0)으로 돌아가고 시간이 멈춘다.

2000년 전, 아르헨티나에서 발견된 예언서 중 『사지서』에서는 시간에 대한 예언을 했다. 시간은 곧 영원히 없어진다.

무시공 선생님은 재앙이 일어나고 지구의 마지막 날이라며 떠들썩했던 2012년 12월 21일에 '무시공생명의 탄생 선언문'을 발표하시고 시간이 없는 세상이 도래하며 새로운 세상이 열리고 물질의 세상은 끝난다는 것을 이 시공우주에 선포하셨다.

생명혁명 - 노예변주인   영체변생명

이원념세상에서 노예와 주인은 상대적 개념, 무시공은 절대적 주인만 존재한다. 영체는 영체에 불과하다. 절대로 생명으로 변할 수 없다. 영체와 생명을 분리해서 무시공생명을 선택해야한다.

물질혁명 - 체력변심력   분리변동일

인간은 지금까지 손발을 움직여서 잘 살려고만 했다. 우리는 이제부터 일체를 마음으로 물질을 움직일 수 있는 그런 세상에서 살 수 있다. 파동 밖에 머물면 물질도 내 마음대로 움직일 수 있다.

우주혁명 - 홍관변미관   행우변항우

무시공생명의 우주관을 말하는 것이다. 시공우주를 인정할 것인가. 아니면 무시공우주를 선택하여 영원한 생명을 유지할 것인가!

신앙혁명 - 다로변일도   의존변자성

최후의 진리를 찾아 헤매면서 온갖 길을 만들어 놓았다(다로). 종교나, 도나, 수련이나 수천 수만의 길이 있어도. 최후의 진리, 길은 하나다(일도) 내가 깨어나면 내 안에 다 있는데(자성) 종교를 통해서 수련을 통해서 밖에서 찾으려고 한다(의존).

의식혁명 - 이원변일원   생사변영항

시공우주의 파동 속에 머물면 생로병사에서 벗어날 수가 없다. 의식혁명이 일어나면 윤회도 없고 생사도 없는 영원한 존재. 그래서 우리는 영원한 새 생명을 찾았다.

무시공 생명 행동지침
無時空 生命 行動指針

무	시	공	심	력
無	時	空	心	力

무	시	공	체	험
無	時	空	體	驗

무	시	공	심	식
無	時	空	心	食

무	시	공	성	욕
無	時	空	性	慾

무	시	공	오	관
無	時	空	五	官

무시공생명 행동지침

무시공심력

무시공에서는 마음먹는 순간 마음먹은 대로 이루어진다. 마음과 물질이 하나고, 물질과 에너지가 하나이기 때문이다. 무시공에서 이루어진 심력은 분자세상에 나타나기까지는 이원념의 두꺼운 껍질의 차원에 따라 순간 나타날 수도 있고 시간이 걸릴 수도 있다. 시공우주에서 벗어난 존재들의 무시공생명의 발현인 것이다.

무시공체험

인간은 수억 수천 년 동안 세포에 입력된 윤곽과 틀 등 고정관념으로 전지전능한 세포에게 이원물질을 쌓아 이 우주에서 고립된 생활을 하게 되었다. 체험은 특히 오관을 통하여 머리에 입력된 이원물질을 녹여 다리의 통로로 배출시키고 새로운 무시공의 향심력으로 직선빛을 당겨 분자몸을 녹이고 에너지 몸으로 변화시키는 것이다.

무시공심식

무시공 직선빛을 통하여 분자몸이 에너지 몸으로 바뀌면 무시공의 대자유를 누릴 수 있다. 이때에는 에너지 몸을 가지고 우주를 여행할 수 있게 된다. 먹는다는 행위를 통한 영양분의 섭취가 아니라 무시공의 세포가 온 우주 공간에 스미어 있는 고급 영양분을 자동으로 섭취하여 에너지를 보충하게 된다. 이원물질의 음식을 섭취하지 않아도 살 수 있는 무시공우주의 영양분 섭취 방법이다.

무시공성욕

이것은 아직 공개되지 않은 무시공의 우주 비밀이다. 2020년 이후에 공개될 것이다.

무시공오관

인간이 천차만별이라는 것은 천 가지, 만 가지 생각을 가지고 있다는 것이다. 이것은 천 가지, 만 가지 맞는 것이 있고 틀린 것이 있다는 것으로 쪼개고 나누고 판단하고 맞고 틀리고의 기준이 되는 것으로 이분법의 최고봉이다.

무시공생명의 관점은 각 차원의 입장에서 보면 그 차원에서는 다 맞다. 틀린 게 하나도 없다. 그래서 만상만물 일체가 좋은 것이고 만상만물 일체가 아름다운 것밖에 없다.

무시공 생명특징
無時空 生命 特徵

일체안에 내가 있다

일체가 내안에 있다

일체가 나다

무시공생명 특징

일체 안에 내가 있다

일체 안에 내가 있다는 것은 이미 주객을 나누었다.

만일 내가 시공(분자세상)에 들어왔다면 일체 안에 내가 있다는 것은 일체 안에 나만 인정하지 객관을 인정하는 것이 아니다. 객관에서는 나를 인정한 적이 없다.

그 일체 안에 내가 있다는 나만 인정하는 것, 이것을 깊이 따져보면 늘 무시공에서 문제를 보는 것이다. 시공에도 무시공이 있지만 그렇지만 나는 무시공만 인정했지 시공의 일체를 인정하지 않았다는 것이다.

일체가 내안에 있다

일체가 내 안에 있다는 것은 예를 들면 일체 이 꽃 안에 내가 있다. 그럼 이 꽃 안에 내가 있으면 나만 인정했지 이 꽃의 밖에 것은 인정하지 않았다.

그래서 나만 인정하고 나만 지키고 나만 보라고 했던 의미다.

남을 볼 필요도 없다. 일체 안에 내가 있다. 그럼 그 일체 안에 내가 있으니까 그 일체가 내가 맞다는 것이다.

일체가 나다

일체가 내안에 있다. 그럼 이것이 다 내안에 있으면 내 밖에 나라는 존재가 있어요. 없어요? 안에도 나라는 존재가 있고 밖에도 나라는 존재 있으면 이 우주에는 나 밖에 없어 그래서 일체가 나다.

어떤 사람은 관점하고 입장하고 엄청나게 차이가 있다.

일체가 "나"다하면 나도 너고, 너도 나다 그래, 시공에서 나쁜 것도 다 좋아야 된다.

그게 아니다. 우리 무시공에서는 나 밖에 없다. 일원심 존재 밖에 없다. 그 무시공에서 나쁜 것이 없다. 잘못된 것도 없다.

완전한 무시공에서는 완전한 일원심으로 된 존재만 무시공에 있다.

거기서 문제를 보라는 것이다.

나는 일원심만 인정한다.

1단계 무시공 우주도

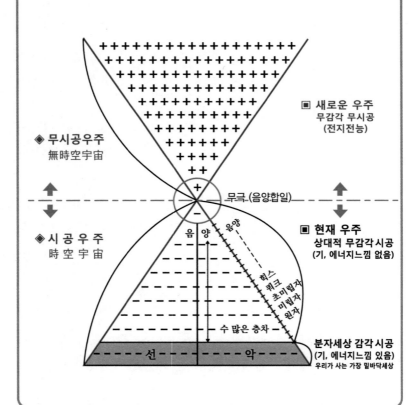

◆ 무시공우주
無時空宇宙

◆ 시공우주
時空宇宙

무극 (음양합일)

음 양 음양

힉스
쿼크
초미립자
미립자
원자

수 많은 층차

선 ─ ─ ─ ─ 악

■ 새로운 우주
무감각 무시공
(전지전능)

■ 현재 우주
상대적 무감각 시공
(기, 에너지느낌 없음)

분자세상 감각 시공
(기, 에너지느낌 있음)
우리가 사는 가장 밑바닥세상

1단계 무시공 우주도

원래 우주는 하나로 존재하였다. 무극의 최고 존재가 하나인 우주를 음과 양으로 나누는 순간 이 시공우주(빅뱅)가 생겨났다. 이 우주는 팽창을 거듭하면서 약 50억 년 전 지구가 탄생하면서 이원물질이 쌓인 현재의 분자세상 중 하나인 지구가 생겨났다.

오관의 지배를 받는 감각시공인 분자세상은 지구를 기점으로 약 5천억 광년에 이른다. 그중에서도 인간이 살고 있는 지구가 가장 낙후된 문명을 가지고 살아간다.

인간이 죽음을 맞이했을 때 영혼이 간다는 사후세계인 무감각 시공은 지구를 기점으로 5천억 광년에서 우주의 끝이라고 할 수 있는 무극인 100억 조 광년(일 조가 100억 개)까지에 속한다.

감각시공과 무감각 시공을 합한 시공우주는 음과 양으로 쪼개지면서 그 본질은 부정의 마음(-)이 되었다. 그래서 시공우주에 속한 이원념의 인간들은 상대적인 긍정의 마음을 지니게 되었다. 이 가르고 쪼개고 분별하는 이원념의 부정의 마음이 인간 삶의 고통과 불행의 씨앗이 된 것이다.

무시공우주는 절대긍정의 마음(+)을 가진 무감각 무시공 자리로 전지전능한 자리이다.
무시공생명 비결(비공선지특)를 외우면 이원념의 세포들이 일원심의 세포로 변화된다. 이 비결을 외우고 실행하는 순간 무극의 자리로 의식이 상승되고 끊임없이 외우면 무시공의 무극(+) 자리를 지나 무시공생명의 자리로 진입하게 된다.

무시공생명비결(비공선지특)은 우주의식 지도로 60조 세포를 깨우는 생명의 힘 자체이다. 비결을 외우고 실천하면 시공우주의 상대적 긍정 속에 녹아 있는 부정성의 이원념을 삭제시켜 절대긍정의 일원심을 가지게 된다.

절대긍정 일원심의 원동력은 60조 세포를 깨워 거친 분자몸을 녹여 에너지 몸으로 변화시키고 다가오는 우주의 대변혁을 무사히 통과할 수 있게 하는 원천이 된다.

2단계 무시공 우주도

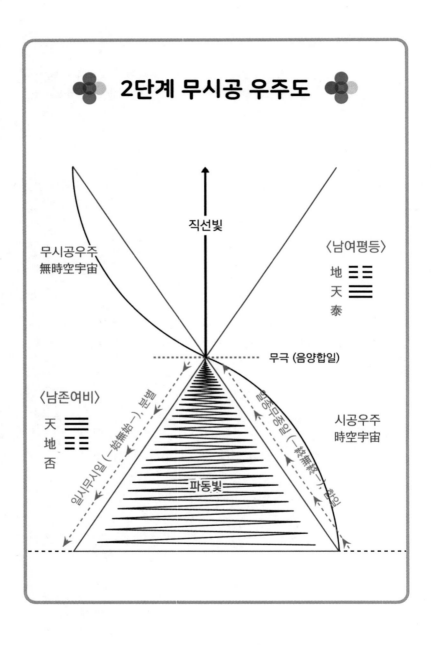

2단계 무시공 우주도

제일 밑바닥의 분자세상에서는 파동이 가장 길다. 위로 올라갈수록 파동이 약해지고 무극의 교차점에서는 파동이 끝난다. 무극을 지나 위로 올라가면 직선 빛이다. 파동 없는 것이 무극의 교차점, 그것이 시간이 사라지는 시점이다. 지금 인간들은 시간이 없는 세상에 들어오고 있다.

일시무시일, 모든 것이 하나에서 시작해 쪼개고 쪼개 내려와 지금 이 세상이 되었다.
일종무종일, 모든 만물만상을 하나로 묶어 합해서 하나의 위치로 가고 그 하나는 영원한 하나의 자리다. 『천부경』은 무시공생명의 하는 일을 예언한 것이다.
지금 우리 무시공은 하나로 묶어 합하고 그 하나의 자리로 가는 작업을 하고 있다.
무시공은 이 낡은 지구 낡은 우주를 마무리하면서 거두고 있는 시점이다.

시공우주는 파동의 지배를 받는다. 물질은 파동으로 되어 있다. 인간의 마음도 파동으로 되어 있기 때문에 그 파동에서 항상 머물게 된다. 파동은 음양으로 나누어진 시공의 빛이다. 시공의 음양의 물질이 계속 다투는 속에서 생겨나는 빛이다. 이 파동의 빛은 멀리 가면 없어지고 사라지는 빛이다. 그래서 파동의 지배를 받는 인간들은 생로병사에서 벗어날 수가 없고 윤회에서 벗어날 수가 없다.

무시공의 직선빛은 소멸되지 않는 끝없는 빛이다. 무한대의 영원한 빛이다. 음과 양을 합하는 일원심으로 무시공의 직선빛을 만들고 있다. 이 빛은 일체시공의 빛을 초월하고 우주의 어떤 곳도 뚫고 들어갈 수 있다. 심지어 100억 조 광년의 무극의 최고 존재도 이 직선빛에 의하여 무시공 공부를 하고 있다.

무시공은 인간의 모든 전쟁이나 재앙이 일어나도 공간이 다르다. 시공의 죽고 사는 문제는 우리 무시공과 상관이 없다. 원자핵이 폭발해도 우리와는 상관이 없다. 우리는 시공 밖에 있기 때문이다.
당연히 생로병사도 초월한 존재들이다.

3단계 무시공 우주도

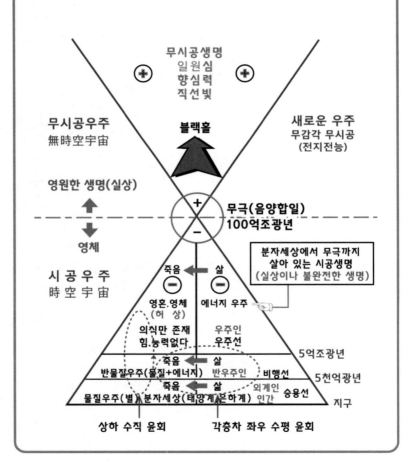

무시공생명
일원심
향심력
직선빛

무시공우주
無時空宇宙

새로운 우주
무감각 무시공
(전지전능)

블랙홀

영원한 생명(실상)

영체

무극(음양합일)
100억조광년

시 공 우 주
時空宇宙

죽음 ← 삶

분자세상에서 무극까지
살아 있는 시공생명
(실상이나 불완전한 생명)

영혼.영체   에너지 우주
(허 상)

의식만 존재   우주인
힘.능력없다   우주선

죽음 ← 삶   5억조광년

반물질우주(물질+에너지) 반우주인 비행선   5천억광년

죽음 ← 삶   외계인

물질우주(별,분자세상(태양계은하계) 인간 승용선   지구

상하 수직 윤회   각층차 좌우 수평 윤회

3단계 무시공 우주도

이제는 상대무시공까지 별이라고 차원을 내림. 우주(X), 별(O)

각 차원에 머무는 존재들의 명칭

우주의 범위	특징	명칭	비고
지구에서 5,000억 광년	○ 물질우주 ○ 별	외계인	
5,000억 광년 ~ 5억조 광년	○ 반물질우주 ○ 반물질에너지	반우주인	○ 별이라고 하는 존재도 있고 ○ 우주라고 하는 존재도 있다.
5억조 광년 ~ 100억조 광년	○ 완전에너지 상태의 우주 ○ 에너지우주	우주인	○ 수많은 우주층차

각 차원 존재들의 교통수단

명칭	명칭	비고
승용차	지구인의 교통수단 지구인만 이용	○ 지구에서만 운행
승용선	각각의 별에서 움직인다. 외계인들의 교통수단	○ 지구 안에서 운행 ○ 금성 안에서 운행
비행선	별과 별로 움직인다. 반우주인들의 교통수단	○ 지구에서 금성으로 운행 ○ 금성에서 화성으로 운행
우주선	우주공간에서 움직인다. 우주인들의 교통수단	○ 모든 공간에서 운행

절대적무시공우주도

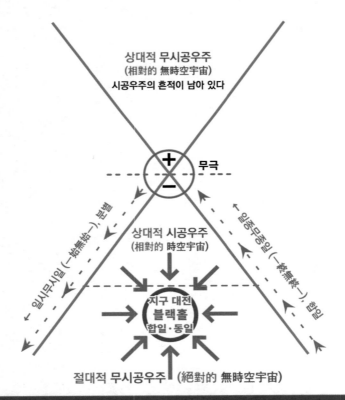

상대적 무시공우주
(相對的 無時空宇宙)
시공우주의 흔적이 남아 있다

＋
－ 무극

일시무시일(一始無始一)

일종무종일(一終無終一), 합일

상대적 시공우주
(相對的 時空宇宙)

지구 대전
블랙홀
합일·동일

절대적 무시공우주 (絕對的 無時空宇宙)

과거 지구 – 가장 밑바닥 거칠은 분자세상
현재 지구 – 대한민국 대전 중심의 새로운 우주(절대 무시공우주) 중심지

절대적 무시공우주

우주도에서 보면, 여기 중앙이 무극이고,
아래 삼각형의 시공우주는 아래로 내려오면서 일시무시일이고 위로 올라가면서
일종무종일이야. 일종무종일은 이 무극 자리로 다시 가는 것을 해석했지.
실지는 지구가 분자세상 가장 밑바닥에 있잖아.
하지만, **우리는 바로 여기 지구 대한민국의 대전에서 새로운 절대무시공우주를
시작해.**

무극의 곡뱅이 말하길, 무극에서 건너가면 무시공으로 바로 가는데,
지구 대전의 블랙홀이 핵심이 되어서 자기가 마지막에 들어오는 현상이라고,
우리는 핵심위치 지구에서 가장 앞서가는데
자기는 가장 먼 거리가 된 지구로 가장 마지막에 들어오게 됐다고 말했잖아.
우리가 여기 가장 밑바닥 지구에서 새로 시작하니까.

그래서 우리는 거꾸로 간다, 밑바닥 지구에서 또는 지구 아래 방향으로 새로운 절
대무시공 우주를 창조해.
위쪽 무극의 곡뱅 입장에선 거꾸로 가는 거지,
무극 바로 위쪽으로 가면 종이 한 장 차이로 가까이 있는 원래 무시공우주잖아,
원래 무시공과 시공우주 이것 두 개는 상대적인 것이다. - 상대무시공, 상대시공.

그런데 여기 지구 대전의 블랙홀은 절대야. 새로운 절대무시공 우주야.
여기 새로운 절대적무시공우주는, 상대적 무시공우주와 상대적 시공우주하고는
완전히 달라.
이 두 개 낡은 우주는 아무리 긍정마음이고 절대적이라고 해도, **이미 시공의 흔
적이 묻었기 때문에.**

여기는 절대적인 긍정마음.

우리의 절대적 무시공우주는 철두철미해.
**그러니까 시공우주하고도 상관없고, 상대적 무시공우주하고도 상관없는,
새로운 우주중심지라고 대전이.**

대전에서 시작한다,
여기 지구, 대전의 무시공생명 블랙홀,
대전에서 자꾸 팽창해서 새로운 우주가 창조된다.

원시반본이라고 하면, 보통 (상대적) 무극 자리로 가는 것 아닌가 하고 생각한다.
상대적 무극으로 가면 우리는 아직도 이 시공우주에서 헤매야 한다.

우리는 시작부터 무극 이상에서 시작한다.

지구의 대한민국 대전 블랙홀에서, 무극 이상의 자리에서 시작한다.

이제는 여기 대전이 절대무시공우주의 중심지가 됐어,
대전에서 자리 지키면 이미 절대적 무시공자리다.

우리는 지구의 대전에서 새로 시작이야.
이 두 개 우주와(상대적 시공우주, 상대적 무시공우주)는 아무 상관이 없는 철두철
미한 절대적 무시공이다.

상대적 무시공우주는 무엇 때문에 불완전한 현상이 일어나나?
곡뱅도 원래 상대적 무시공우주와 같은 자리에 있었거든,
그런데 자기가 시공을 창조하게 돼서 시공우주로 내려왔잖아,
그런데 지나고 보니 자기가 창조한 우주가 완벽하지 않다는 거야.
아직도 마음속에 불완전한 흔적이 있어, 그래서 조금만 흔들리면 변해버린다.

우리는 여기 상대적 두 개 우주에서 일단 나오면 다시는 변함이 없다.
우리는 절대적인 긍정마음이기 때문에.

✽ 우주의 구조 ✽

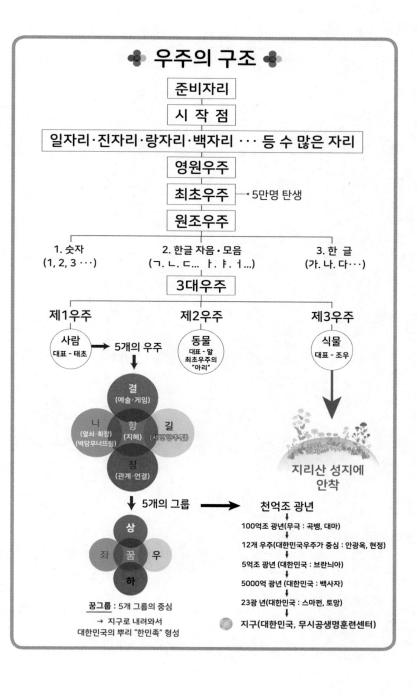

준비자리

시 작 점

일자리·진자리·랑자리·백자리 ··· 등 수 많은 자리

영원우주

최초우주 → 5만명 탄생

원조우주

1. 숫자
(1, 2, 3 ···)

2. 한글 자음·모음
(ㄱ, ㄴ, ㄷ... ㅏ, ㅑ, ㅓ...)

3. 한 글
(가. 나. 다···)

3대우주

제1우주
사람
대표 - 태초

→ 5개의 우주

제2우주
동물
대표 - 말
최초우주의
"아리"

제3우주
식물
대표 - 조우

결
(예술·게임)

나
(열쇠·확장)
(백담무너뜨림)

항
(지혜)

길
(새방향추진)

창
(관계·연결)

지리산 성지에
안착

↓ 5개의 그룹 →

천억조 광년
↓
100억조 광년(무극 : 곡뱅, 대마)
↓
12개 우주(대한민국우주가 중심 : 안광옥, 현정)
↓
5억조 광년 (대한민국 : 브란늬아)
↓
5000억 광년 (대한민국 : 백사자)
↓
23광 년(대한민국 : 스마펀, 토망)
↓
지구(대한민국, 무시공생명훈련센터)

상

좌   꿈   우

하

꿈그룹 : 5개 그룹의 중심

→ 지구로 내려와서
대한민국의 뿌리 "한민족" 형성

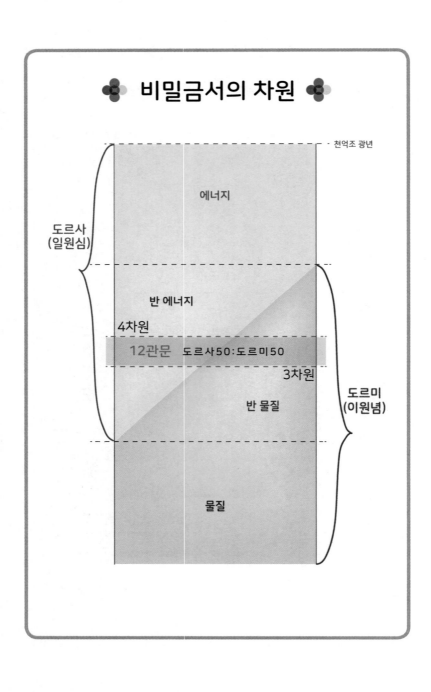

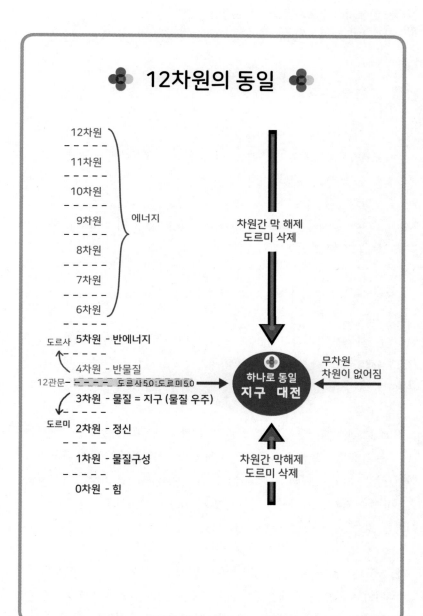

'무시공 생명 시리즈'를 처음 접하는 분들을 위한
책의 구성 안내

무시공생명시리즈는 1권『무시공생명의 발견』, 2권『이제는 무시공생명시대』, 3권『우주인과의 대화』, 4권『우주작업』, 5권『우주작업의 결과』등 총 5권이 출판되었고, 2019년을 보내는 마지막 달에 지구인들을 깨우기 위한 지침서로 무시공생명 시리즈 6권『무시공 성지의 3대 기지』와 7권『시공우주를 거두러 왔다』가 출간되었습니다.

1권은 무시공선생님의 2015년도 강의를 중심으로 엮었고, 2권은 2016년도와 2017년도의 강의를 책으로 엮었습니다. 우주인과의 대화 시리즈인 3, 4, 5권은 지구에서 시작하여 100억조 광년의 무극에 이르는 무감각시공과 1,000억조 광년의 상대적 무시공에 이르기까지 실로 광활하고 광대한 불완전했던 우주를 정리하는 과정을 수록하였습니다.

2018년 8월에 출간된 4권과 5권은 총 10장의 대제목으로 구성, 그중에서 제1장은 2016년 1월부터 처음으로 우주작업에 돌입하는 3단계 존재의 훈련에 임하는 마음가짐과 체험과정, 기초 훈련의 과정을 그대로 수록하고 공개하여 무감각시공 우주작업의 의미와 새로운 절대적 무시공우주를 열어가는 힘들었던 여정을 소개하였습니다.

제2장부터 제10장까지는 3단계 우주작업의 훈련을 마치고 본격적으로 각 차원의 우주인과 외계인의 대화를 통하여 밝혀지는 불완전한 우주의 실체와 이런 우주를 바꾸고 거두려는 무시공생명의 끝없는 설득과 일체 생명을 살리려는 최선을 다하는 모습을 소개하였습니다.

무감각시공의 우주작업은 지구를 벗어난 차원 높은 온 우주의 생명들에게 새로운 일원심 무시공생명의 탄생을 알리는 동시에 이원념(부정마음, 상대 긍정마음)의 시공우주에 종말이 왔다는 것을 알리는 대우주공사였습니다.

2016년 이후 2018년 현재에 이르기까지 실로 방대한 우주작업 중 극히 일부분을 공개하는 것은 오관에 갇혀있는 인간의 상식으로는 이해하기 어려운 우주의 비밀들이기에 공개를 다음으로 미루었습니다.

2019년 12월에 출간된 무시공생명 시리즈 6권 『무시공 성지 3대 기지』는 제3우주의 식물우주가 성지에 안착이 완료된 기초위에 '무시공생명 식물기지', '무시공생명 과학기지', '무시공생명 삼선훈련기지'를 건설하여 온 우주의 무시공생명을 깨우고 발현시키는 현장을 소개하였습니다.

무시공생명 시리즈 7권, 『시공우주를 거두러 왔다』는 지금까지 예언으로만 전해 지던 지구의 대변혁이 어떻게 이루어지는지 그 과정을 소상히 밝히고 있습니다.

지구변혁의 구체적 방법을 실행하고 있습니다. 12개 차원의 통합, 분자몸 검은물질 삭제, 시공에너지 호흡, 산소호흡, 질소호흡을 삭제하고 무시공에너지 호흡으로 모든 생명이 살아갈 수있도록 우주작업을 마무리 하였습니다. 이것이 의미하는 것은 무시공에너지 호흡에 적응하는 존재들만이 지구 대변혁에 적응할 수 있다는 것이고 그동안 온 우주에 떠 돌던 예언이 실현되는 현장을 소개하였습니다.

노예변주인(奴隸變主人)의 깊은 뜻은 인간관계에서 이루어지는 뜻도 있지만 실상은 인간이 외계인의 지배를 받고 있는 노예에서 벗어나 의존변자성하는 진정한 생명을 찾으라는 것이다.

대한민국의 대전은 세계의 중심지 우주의 중심지로 자리매김하고 대전의 무시공생명훈련센터는 일원심의 발원지로 100%의 일원심이 주도로 되어있는 직선빛 블랙홀의 중심으로 힘이 모이는 용광로입니다.

무시공생명훈련센터에서 훈련을 해야 하는 이유가 바로 여기에 있다. 혼자하는 경우 일원심보다 이원념이 더 많은 비중을 차지하고 있기 때문에 이원념의 영체에 끌려갈 수밖에 없는 것입니다.

3차대전은 무기를 가지고 하는 전쟁이 아니라 이원념의 영체와 절대긍정 일원심의 영적전쟁을 말하는 것입니다. 이미 시작되었고 마무리 되고 있습니다.

　무시공 안병식 선생님은 2000년 4월 대한민국에 오셔서 영원한 생명의 직선빛인 무시공생명의 일원심을 밝히시고 일체 생명을 살리기 위한 우주 작업에 돌입하셨습니다.

　영적인 스승도 없이 오직 스스로의 끊임없는 집념과 집중력을 발휘하여 자신이 무시공생명임을 발견하였습니다. 가르고 쪼개는 이분법, 이원념의 사고 속에서 고통과 불행의 삶을 사는 인간들에게 무시공생명 관점인 절대긍정 일원심을 밝히고 이것을 실행 실천하여 시공우주에서는 벗어 날 수 없는 생로병사를 초월하고 분자몸을 살아있는 상태에서 에너지 몸으로 변화시켜 모든 생명이 맞이하는 지상천국 지상극락의 시대를 열고 결국에는 살아있는 몸을 가지고 우주여행의 시대를 맞이하는 것입니다.

　2016년, 기존의 분자세상에서 무극까지 이르는 영체들의 통로를 무시하고 지구에서 100억조의 무극에 이르는 광활한 우주를 3단계로 구분하여 각 차원의 외계 존재들이 머물고 있는 우주 위치를 선포하셨습니다.

　2017년에 밝히신 우주의 비밀 중, 3단계 무시공 우주도에서는 지구를 포함한 5천억 광년의 시공우주는 물질로 된 분자세상으로 인간과 외계인이 공존하고 인간은 승용차를 외계인은 승용선을 교통 수단으로 이용하며, 5천억 광년에서 5억조 광년의 시공우주는 물질과 에너지가 혼합된 반물질 우주로 반우주인이며 이들은 비행선을 이용하여 별과 별사이를 이동하고, 5억조 광년에서 100억조 광년의 무극까지 시공우주는 완전한 에너지상태의 우주로 우주인이라고 부르며 이들은 우주선을 교통수단으로 합니다.

2018년 초에 밝히신 우주의 비밀 중, 절대적 무시공 우주도에서는 시공 우주의 흔적 즉, 0.0000+∝(무한대)의 파장이 남아 있는 기존의 무시공우 주를 상대적 무시공우주로 규정하고, 대한민국 대전을 새로운 우주의 중 심지로 만들고 일체 파장이 없는 완벽한 직선빛의 절대적인 무시공우주를 창조하였다.

이로써 이 우주에서 가장 밑바닥의 거친 분자세상의 낡은 지구는 과거 의 지구가 되었고, 현재의 새로운 지구는 대한민국 대전을 중심으로 새로 운 우주를 만들고 절대무시공 우주의 역사를 시작하게 되었습니다.

대전의 새로운 우주인 절대적인 무시공우주는 블랙홀로 낡은 지구의 일 체의 일원에너지를 빨아들이는 역할을 담당하며 이 낡은 지구의 결과는 이 원념의 영체라는 껍데기만 남겨져 스스로 사라지는 운명을 맡게 됩니다.

돌속의 인간들을 깨우치고 한 생명이라도 살리기 위한 매개체로 2016년 4월 24일 무시공생명물, 무시공생명술, 무시공생명초, 무시공생명공기, 무 시공생명 에너지, 무시공생명향을 탄생시켰고, 2018년 2월 6일부터는 승 용선 훈련, 2018년 4월 13 비행선 훈련, 2018년 5월 11일에는 우주선 훈련, 2018년 6월 26일 주택훈련을 시작하여 담당 외계인들로 하여금 개인의 일 원심 마음자세에 따라 맞춤형으로 훈련이 진행되었습니다.

2019년 3월 7일 차원을 관리하는 "디멘샤"를 만나 차원의 통합작업이 시 작되어 지금 현재는 6차원으로 12개의 차원이 통합되었습니다.

2019년 4월 7일 회원들의 4차원 진입을 위한 차원훈련을 시작하고 2019 년 7월 1일 회원들의 분자몸에 있는 검은물질을 삭제하는 작업, 2019년 11 월 1일 회원들의 분자몸의 물질, 폭력, 충동, 누지를 삭제작업이 시작되었 습니다.

2019년 11월 16일에는 회원들의 물질, 반물질, 반에너지, 시공에너지를 삭제하고 같은 날 산소호흡, 질소호흡, 시공에너지 호흡을 완전히 삭제하 는 작업과 동시에 무시공에너지 호흡을 시작하였습니다.

2014년 12월, 14년 동안의 1단계를 마감하고 2015년 1월 3일 대전의 복수동 제1센터에서 무시공생명훈련센터의 첫 모임을 시작으로 무시공생명훈련의 2단계와 3단계 무시공 우주작업을 동시에 진행한다고 선포하였습니다.

2016년 1월부터 무시공 선생님의 무시공생명 관점을 받아들이는 존재들이 나타나면서 3단계의 우주의 질서를 바로잡는 대우주작업의 역사가 시작되었습니다.

그 결과 2030년 이후에 계획하였던 우주작업과 우주여행이 15년이나 앞당겨지는 놀라운 우주 역사가 펼쳐지게 되었습니다.

광활한 우주의 질서를 바로 잡는 즉, 낡은 우주를 정리하고 새로운 우주를 창조하는 데 협조하는 우주인과 외계인들은 자기들이 준비도 되기 전에 무시공이 우주흐름의 시간을 너무 앞당겼다고, 왜 조금만 더 못 기다려 주는가 하고 원망스러운 애원을 하지만 무시공생명은 일체를 조공(창조)하는 존재로써 새로운 우주를 창조하고 있습니다.

우주작업과 우주여행을 이끄시는 무시공 안병식 선생님과 절대긍정 일원심의 직선빛으로 훈련하고 우주작업에 동참하는 3단계 존재와 방대한 외계생명체와의 대화를 녹취하고 필서하고 편집하여 이 우주의 일체 비밀을 공개하는데 도움을 주신 모든 분들께 깊이 감사드립니다.

2019년 12월 21일 대전, 무시공생명 훈련센터
무시공생명 시리즈 책 편찬위원회

나를 보호할 필요가 없는 5가지 이유

1. 나는 이미 7번 죽은 경험이 있기 때문에 죽는 건 이미 졸업했다.
   그리고 나는 죽는다는 개념도 없다.

2. 누구도 나를 보호할 필요 없다.
   수많은 층차에서 나를 보호하고 있고, 모두 나와 소통하고 있으니까.

3. 이원념(부정마음) 움직이기 전에, 이미 그 마음까지 다 알고 있다.
   그리고 이미 거기서 다 처리됐다. 내 근처도 못 온다.
   왜? 나는 시공에 없으니까. (이원념은 시간과 공간에서 움직이므로)

4. 지구에 온 많은 존재들이 세상을 바꾸지 못했다.
   나는 철저히 준비해온 존재이므로 내가 하는 일은 반드시 이루어진다.
   내 할 일은 이미 다 끝내고 왔다.

5. 내 이 몸은 가짜다.
   나를 없애려 해도 없앨 수 없다, 내 근처도 못 온다.
   나는 무시공존재니까.
   (내가 어떤 존재인지 모르는데 어떻게 나를 없앨 수 있어,
   이 몸 진짜로 보이지만 이 몸은 가짜, 실제는 무시공존재니까.
   일체 안에 내가 있는데 나를 없애려면 온 우주를 다 없애야 돼)

2002. 5. 무시공 안병식

무시공 책을 보는 관점

내가 어떤 존재인지 책을 보면 다 알 수가 있다. 책에 나오는 내용은 바로 내 마음이다.

사람들은 그것을 안 보고 계속 나의 겉모습만 본다. 이 겉모습은 가짜라고 이미 수없이 얘기했고. 그래서 온갖 변화되는 모습을 보여줄 수 있고, 온갖 장난 다 칠 수 있다.

사람들이 깨어나서 나를 보면 바로 보일 것이고, 못 깨어나서 나를 보면 내가 아무리 반듯하게 말하고 행동해도 트집을 잡을 것이다.

인간은 항상 수없이 많이 쌓인 윤곽 속에서 문제를 보고, 그 속에 파묻혀서 자기를 못 깨우치고 있다. 어떤 방법을 동원하더라도 그 속에서 나오라는 것이다.

내 모습, 진짜 내가 어떤 존재야!

사람들이 조금만 지혜롭고 머리가 깨어 있으면 내가 하는 행동들이 일부러 우리를 체크하고 우리를 시험하려고 그런 것 아니겠나 하는 마음은 있어도, 오관 너머의 세밀한 공간에서 도대체 어떤 존재인가를 탐구하고 들어가려는 마음들이 부족하다.

책을 보면 내가 어떤 존재라는 것이 환하게 보이는데, 책에는 관심이 없고 내가 하는 행동만 계속 살피면서 트집 못 잡아서 안달이야. 네가 무시공을 밝혔으니 무시공은 반드시 완벽해야 한다. 계속 자기가 만들어놓은 잣대로 이리 재고 저리 재고, 재다가, 재다가 자꾸 비뚤어지게 된다.

나는 이 몸은 가짜라고 분명히 말했다. 그럼 진짜는 어디야? 진짜 네 눈에 안 보이는 책, 책 안의 내용이 나다.

그런데 사람은 전부 다 현상만 보고 본질을 볼 줄 모른다. 책은 내가 직접 안 쓰고, 그저 내 마음을 말해놓은 것을 다른 사람이 정리해서 만들었다. 책이 나와도 나는 한번도 시작부터 끝까지 읽지도 않았다. 누가 뭐라 해도 나는 인정 안 한다. 왜? 그 안에 해놓은 것은 틀려도 맞고 맞아도 맞다.

그 책 안에 무엇을 어떤 방식으로 표현해놓았든지 그 책 안의 핵심은 하나다. 절대긍정 일원심! 책의 시작부터 끝까지 절대긍정 일원심이 한 줄로 이어져 있다. 무시공의 책을 보려면 그 속에 있는 뿌리를 찾아서 봐야 한다. 책의 내용은 인간이 사용하는 단어를 썼지만, 인간 단어로 해석하면 인간 관점이 그 안에 섞여 있을 수 있다.

처음에 이 공부를 밝히면서 내가 책을 한 권이라도 쓰려고 자료도 준비하고 했다. 이제는 책 한 권이라도 내야겠다. 다만 하나라도 써서 세상 사람들에게 알려야겠다 생각하고 글을 적어보면, 이것이 인간 관점이고 인간의 단어였다. 그래서 이것 빼고 저것 빼고 나면, 다른 단어로 무시공을 표현할 단어가 없었다. 그러면 또 다 버리고 다시 수정하고 시간이 지난 다음 또 보면 또 안 되었다. 그렇게 한 것이 한두 번이 아니고, 열 몇 번을 시도해도 도대체 내 입장에서 책을 낼 수가 없었다. 그러나 내가 직접 책은 못 내지만, 책은 꼭 나온다. 그렇게 결론을 내렸다.

예전에 두 권, 지금 몇 권의 책이 나왔지만, 이 책도 계속 보면 끊임없이 뜻이 자꾸 바뀌고, 자기 마음이 바뀐 만큼 책 내용이 다가오고, 보이고, 느끼고, 자기 이분법으로 가득 차면 아무리 봐도 못 알아듣는다. 했던 말 또 하는 것 같고. 엉터리 같다고 생각하고 트집 잡을 수도 있다.

책이 뭐야! 책이 나왔으면 책 보는 사람의 자기 마음자세와 자기 수준에 따라서 봐야 한다. 완전히 무시공 관점으로 언어 단어까지 그렇게 선택해서 책을 내면 누구도 못 알아보고 실제는 해석을 못 한다. 그래서 사지서에 "시간은 곧 영원히 없어진다"는 말이 있고, 그리고 책 첫 페이지 읽고 다음 페이지를 넘겨서 읽다가 다시 첫 페이지를 보면, 그 첫 페이지가 없어진다는 말이 있다. 그것이 맞는 말이다. 실제로는 지금 우리 책 다섯 권이 나왔지만, 읽는 사람의 마음이 바뀐 만큼 책을 보면 또 내용이 바뀐다.

그 뜻이 바뀐다는 거다. 원래 내가 이 내용을 이런 뜻으로 해석했는데, 오늘 다시 보니까 또 뜻이 달라졌네, 이런 뜻이 아니고 다른 뜻으로 말했네! 하고 금방 알아차린다. 이렇게 계속 볼수록 뜻이 바뀐다고. 이것이 원래 있던 페이지가 없어지고 새로운 페이지로 나타나는 그 뜻이다. 사지서에서 표현을 너무 잘했다.

다시 보면 새로운 내용이다. 글자는 그대로 있지만 그 내용이 자꾸 바뀐다. 내용이 바뀌는 것은 내용 뜻이 바뀌었다는 것이다. 내 마음이 바뀌었기 때문이다.

여기서 중요한 것은 진짜 자신이 무시공생명으로 완전히 깨어나면 그때는 책도 필요없다.

무시공을 시공의 책으로 소개하자니 무시공의 단어로는 표현할 수가 없었다. 그래서 책을 내는 것은 내가 포기했다. 내가 쓰려니까 절대로 쓸 수가 없었다. 계속 트집 잡다가 세월 다 보내고 나중에 책 한 권도 못냈다. 이걸 어떻게 해야 하나. 지식이 있든 없든 누구나 내 뜻을 알아듣고, 어린아이라도 알아들을 수 있도록 그렇게 나와야겠다.

책은 못 내더라도 무엇이든 간단하게 나이가 들어도 나이가 적어도, 지식이 있고 없고, 누구나 알아볼 수 있는 그런 것이 있어야겠다고 생각하는 순간에 무시공생명 비결이 나왔다. 나중에 보니까 이 비결이 너무 완벽하다. 더 보태지도 못하고 찢지도 못하고 완벽하다. 그것이 바로 비결이다.

우주 작업의 흐름도

날짜	우주 작업(예언의 성취)
2016. 02~03	무시공 회원들, 최고 높은 차원으로 올리는 작업
2016. 04	이원지구와 일원지구, 이원 달과 일원 달, 이원 태양계와 일원태양계, 이원 우주와 일원우주 분리 후 전체 이원우주 삭제 작업
2016. 04. ~ 2018. 10	무시공생명 물, 술, 초, 공기, 향, 에너지 탄생
2018. 02. 06	무시공 회원, 승용선 훈련 시작
2018. 04. 13	무시공 회원, 비행선 훈련 시작
2018. 05. 11	무시공 회원, 우주선 훈련 시작
2018. 06. 05	달의 달프에게 - 지리산 건물, 높은 차원으로 씌우라.
2018. 06. 26	무시공 회원, 우주 주택 적응 훈련 시작
2018. 06. 29	제3우주의 성지 식물작업 시작
2019. 03. 07	차원의 통합작업 시작 (차원관리자 '디맨샤'와 대화, 차원의 원리)
2019. 03. 11	차원 상승, 차원 통합 진행
2019. 03. 18	비밀금서(도르사, 도르미) - 3차원 4차원의 문 공개
2019. 03. 21	차원과 광년
2019. 03. 27	차원의 통합
2019. 04. 07	차원 훈련 (무시공 회원을 중심으로 대전, 한국, 지구인 훈련)
2019. 07. 01	회원의 검은 물질 삭제 작업
2019. 11. 01	회원의 물질, 폭력, 충동, 누지름, 1차 삭제 작업.
2019. 03. 16	회원의 물질, 폭력, 충동, 누지름, 2차 삭제 작업.
2019. 11. 16	여자 회원들의 몸에 있는 물질, 반물질, 반에너지, 시공에너지 삭제 산소 호흡, 질소 호흡, 시공에너지 호흡 삭제 후 무시공 에너지 호흡 시작
2019. 11. 18	남자 회원들의 몸에 있는 물질, 반물질, 반에너지, 시공에너지 삭제 산소호흡, 질소호흡, 시공 에너지호흡 삭제 후 무시공 에너지 호흡 시작
2019. 09. 23	지구를 봉인한 존재 찾음 - 조년, 지구 봉인 이미 풀리고 있다.
2019. 09. 24	지구의 중력, 자력 삭제 작업 돌입

花落佳家討彭祖
念慾行宇宙
反客變為主
先于本知道
自在逍遙視龍騰
谁人悟其妙
疾風怒火海濤洶
先知早預卦
分布逆道行
蓋已已創造
时空消盡長梦醒
新人新宇宙

매심

1단계

우연히 눈을 떠보니
구층 천 얼음벽에 바보인 듯 백치인 듯 아름다운 꽃 한송이 피었네.

꽁꽁 언 한겨울 얼음 속에 핀 뜻은 아름다움을 자랑하기 위함이 아니요,
그저 봄소식을, 무시공우주의 비밀을 알릴 뿐.

기다리고 기다리다 온 세상에 꽃이 피어 꽃향기로 가득할 때
나는 그 꽃 속에 함께 스며들어 그 향기와 하나 되어 웃고 있네.

2단계

꽃이 피고 지어 결실을 이룰 때에,
인간의 욕심은 팽조를 해하려 하지만,
그 마음 생기는 순간에 이미 스스로 멸망 길로 가는 것을.

객이 주인이 됐다.
불쌍한 노예를 살려주니 오히려 주인을 내쫓는 격.
하지만 그 마음 나는 미리 다 알고 있다.
아무리 해코지해도 나와는 아무 상관이 없음을.

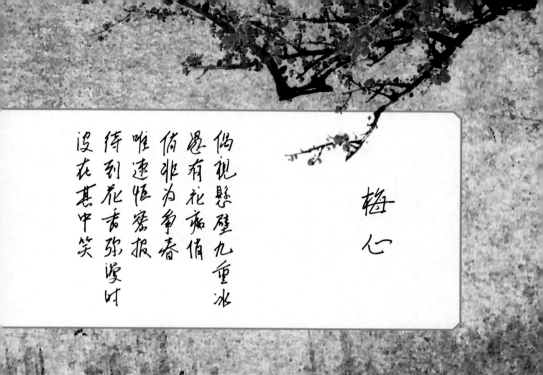

나는 이 세상에 들어온 적도 없고 그저 밖에서 인간세상을 구경하고,
용이 어찌 나는지, 호랑이가 어찌 뛰는지 구경할 뿐,
이 세상에 참여한 적도 끼어든 적도 없으니,
나는 대자유,
그 깊고 깊은 오묘한 진리를 누가 알 수 있을까!

3단계

5대 재앙(질병, 태풍, 화산폭발, 지진, 해일)이 지구를 정화한다는 선지자들의 예언,
끝없는 분쟁과 다툼은 무시공우주의 법칙을 역행하니
자기가 자기 무덤을 만들고….

온갖 재앙과 정화의 결과 시공우주가 사라지고
기나긴 꿈속에서 깨어나 보니,
새로운 인간과 새로운 우주만 남았네.

무시공 안병식 (2001. 2~3월, 매화꽃 필 무렵)

목차

제1장 무시공 3단계 우주 작업의 훈련

제2장 무시공생명의 절대긍정 일원심 이야기

제3장 12차원의 차원통합, 무차원으로 진입

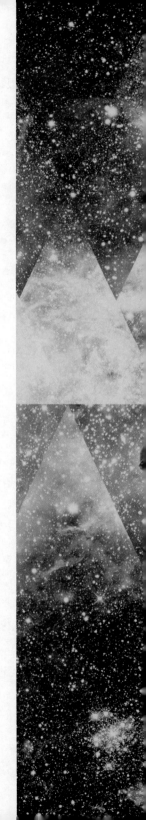

제1장

무시공 3단계
우주 작업의 훈련

2016~2017년의
우주작업 훈련 과정

2016년 6월 1일 오전 3:28

OOO - 2016. 5. 23. 환웅과의 대화 - 카페에 올림

2016년 6월 1일 오전 10:30

무시공 - 시간 봐서 예수, 석가하고도 대화. 방금 물 센터에 가고 새 물 들어
　　　왔다, 관찰해봐.

OOO - 무시공과 연결된, 무시공 직선빛 가득한, 무시공 생명수로, 바로 바
　　　꿰었어요.

무시공 - 무시공 생명수는 무감각 시공 일체 존재 어느 누구도 못 건드리
　　　게. 반드시 우리 분자몸 녹이기 위해! 우주선 태워준 존재만 허가, 그 외
　　　누구든 우리 허가 없이 사용하면 무조건 삭제.

2016년 6월 1일 오후 5:26

무시공 - 어두운 이원 물, 있는지 봐.

OOO - 아, 아주 옅은 그림자처럼 보여서 ························· 삭제

2016년 6월 1일 오후 11:51

무시공 - 실험삼아 무시공우주생명수 원천을 직접 네 몸과 내 몸에 무시공
　　　생명수를 연결해봐. 우리 몸의 70%가 물이잖아.

OOO - 선생님 몸에는 이미 연결돼 있어요, 대전 집, 서울 집. 다 연결되었

으니까 그런 건가요?

그리고 선생님이 무시공 물의 원천이다, 라고 느끼고 있었는데. 내 몸에도 연결했고요.

무시공 - 우리 몸에 있는 무시공 생명수는 이원넘이 떠올라도 오염될 수 없도록, 항상 유지! 무시공에서 온 생명수이기 때문에.

2016년 6월 2일 오후 3:33

무시공 - 실험삼아 콩, 땅콩, 옥수수 등 익혀서 대화하며 싹트게 해봐.

2016년 6월 2일 오후 10:28

무시공 - 나이 얼마 돼서 살아 있는 도인, 아는가 물어봐. 중국에서 소문으로는 백두산에 200살 된 아직 살고 있는데 인간 속에 안 나타난대. 그런 존재 끄집어내봐.

OOO - 왕제우라는 사람은 자기도 모르겠다고 해서. 한국 쪽 찾아봤더니 지리산. 금강산 백두산 쪽에 있는 거 같아요. 그런데 그때 이야기 나누었던 지리산 신령이 왜 보이지요? 그 사람이 살아 있는 건가?

무시공 - 물어봐, 사람 앞에 나타날 수 있나, 곳곳에 숨어 있는 존재 나타나라 명령.

OOO - 사람들 앞에 나타나면 사람들이 놀랄 거라고. 귀신인 줄 알 거라고…. 나중 다시 대화해볼게요. 깊이 대화가 힘들어요.

무시공 - 우리 앞에 나타나면 괜찮다고, 우리는 아니까. 나이는 얼만가, 다어떤 능력 가지고 있나?

OOO - 나이. 190살?

무시공 - 초능력은? 스승은 누구이고 몇 살?

OOO - 자기는 이 산 관리하고, 지키고 있대요. 스승이 관리하던 이 산 관리를 자기에게 맡긴지 얼마 안 되었다고. 초능력이라고 할 것도 없다고. 저 한참 위에 스승은 김유신 장군.

무시공 - 본인 우리 앞에 나타나보라 해. 나중에 중국에서 330살 존재가 스승과 대전 온다고 말해.

(690살과 1,400살과 연락 중)

OOO - 알았대요. 기회를 보겠대요.

무시공 - 우리가 말하는 거는 사람 속에서 실제로 살고 있는 자! 죽은 영이 아니고 690살도 지금 인간 속에서 살고 있다고.

OOO - 아, 헷갈려요.

무시공 - 초능력 연구회사에서 제자들 가르치고 있다고. 여기 우주작업우 주 작업 하는 존재들은 영과 실제 살아 있는 존재 구별할 줄 알아야 해. 외계인과 죽은 영과의 구별. 물질 우주선과 에너지 우주선과의 구별도.

OOO - 네. 처음부터 구별 잘하라고 하셨지요. 사기당하지 말라고. 5일날 우주선 약속한 거는 좀 한적한 데서 만나면 좋을 거 같아요. 아무래도 지구인 눈을 많이 의식하는 거 같아요. 대전이니까 주변에 한적한 데 많 지 않을까.

무시공 - 꼭 세밀히 관찰해야 차이점을 발견할 수 있어. 인간의 얼굴 보고도 나이 차이를 구별할 수 있는 것처럼. 두루뭉술 대충대충 보니 헷갈리지.

OOO - 네, 물질과 에너지 구별이요. 우주선이든 도인이든, 만나면 그 숙제 도 다 풀리니. 세밀히 관찰 훈련!!

무시공 - 에너지 상태로 살아 있는 존재와, 죽어 있는 영과 구별할 줄 알아 야. 내가 그랬잖아, 분자세상에서 무극까지 살아 있는 거하고 분자세상 에서 무극까지 죽은 영, 그걸 구별할 줄 알아야 한다고.

OOO - 네. 일원심 안 받아들이면, 그것도 다 영체라고 하셨어요. 계속 노 력할게요, 세밀히 보도록.

무시공 - 네가 우주선 타고 별나라 갔어, 이때 자기 분자몸 보라고, 보이는 지, 어디 있는지. 살아 있는 존재는 두 가지로 분리 상태. 하지만 죽은 영 은 두 가지로 안 보여. 우리는 분자몸을 없애려는 목적. 이원 존재는 몸 을 생명으로 보고 분리되는 거 두려워해. 우주인도 높은 차원 데리고 가 면, 원래 자리 자기도 있어. 자기도 꿈이라 생각해. 그래서 우리 아니면 혼자 절대로 높은 차원에 못 올라가.

OOO - 아. 살아 있는 영은 두 가지로 분리돼 있다, 우주인도 높은 데 가면 영만 가는 거네요.

무시공 - 이제 알았어?

OOO - 그래서 우주인들도 꿈인가 생시인가, 그러는구나.

무시공 - 이제 우리 분자몸 분리해서 빨리 녹이는 방법 알겠지? 무시공존재는 어떤 존재인지 더 깊숙이 알게 되지? 얼마나 무서운 존재인지, 얼마나 엄청난 존재인지, 얼마나 위대한 존재인지. 인정해?

OOO - 당연 인정. 갈수록 더 깊이 알게 돼요.

무시공 - 오늘 또 더 알게 됐지?

OOO - 네.

무시공 - 이제부터 1. 분자몸 분리, 2. 분자몸 빨리 녹이는 방법 찾기. 전에 내 몸 통해서 구별하고 관찰하고 녹이라했잖아. 우주선 타고 분리된 몸, 조심스레 줄여봐. 또 너하고 비교해봐, 밝나 어둡나. 줄이고 또 약간씩 삭제해봐. 먼저 나를 실험해봐. 우주선 타려는 목적도 바로 이거야.

OOO - 아, 새로운 방법. 분리해서 조심스레 줄이고 약간씩 삭제하라고요.

무시공 - 우주선 타서, 철저히 분리해서, 분자몸 강제로 녹이려고. 알았으니까 실천. 실험해봐, 병식부터 시작! 나는 원래 내 몸이 실험품이라 했잖아.

OOO - 네, 병식부터 시작. 정리하면, 우주선 안 타더라도 분리해서 분자몸 조심스레 줄이고 약간씩 삭제하라고요. 지금 해볼게요.

무시공 - 그래, 분리할 줄 알지?

OOO - 그냥 분리. 분자몸과 에너지 몸을.

무시공 - 전에 그리 해보라고 한 적 있어.

OOO - 네. 그때는 잘 모르겠다고 했지요. 선생님이 바로 삭제될 줄 알고.

무시공 - 어두운 거 분리 삭제. 또 분자몸 분리하라니 못 했어. 이제는 분리할 줄 알지?

OOO - 네.

무시공 - 드디어 지금부터 기적 시작

OOO - 분리된 분자몸을 아주 작은 점들 찍은 것처럼 삭제해봤어요. 오늘은 요기까지만 해봐야지.

무시공 - 분자몸 분리는 가능하며 확실히 분리할 수 있지?

OOO - 네.

무시공 - 그러면 됐어, 과감히 해봐. 일체 내 책임.

OOO - 지금 더 해요?, 나중에 해요.

무시공 - 나는 괜찮은데, 너 쉬어야 하니까.

OOO - 하면서 잠들겠습니다.

2016년 6월 3일 오전 6:50

무시공 - LH, J, A, 오늘 저녁에 온다.

2016년 6월 3일 오전 8:52

무시공 - 백두산 이천 살, 끌어내봐.

OOO - 네. 백두산 이천 살도 영 아니에요?

무시공 - 구별해봐.

OOO - 영 같아서요.

무시공 - 내 분자몸 분리. 그리고 과감히 삭제해봐.

OOO - 식물이나 다른 뭔가로 먼저 실험해보고 하면 안 될까요?

무시공 - 괜찮아. 나는 옛날부터 인정 안 해. 무시공 나만 인정.

OOO - 넵. 분자몸을 지운다는 느낌으로 해봤어요. 계속 짬짬이 해볼게요. 선생님 지우니까 나도 함께 지워지는 거 같아요. 무시공 공부 처음 할 때. 몸속으로 공기와 바람이 쑥쑥 통하는 거 같았는데. 지금 또 그 느낌 이 나요.

무시공 - 분자몸 지워지는 거 같나?

OOO - 네. 지워지는 거 같아요.

무시공 - 분자몸, 에너지 몸보다 어둡지?

OOO - 아까는 비교 안 해봤는데, 지금 보니 당연. 눈에 보이는 몸을 지우 는 거잖아요.

무시공 - 철저히 분리 후, 지울 수 있으면 우주선 안 타도 목적 도달. 강하
게 해, 짧은 시간에 지울 수 있도록.

OOO - 네.

2016년 6월 3일 오후 5:04

무시공 - 6,500살 존재가 내일 비밀로 대전 온다. 몸은 보여줄 수도 있고 못
보게 할 수도 있대. 우리를 기다렸데. 대전이 블랙홀이고 일체를 녹인대,
우주를 바꾼대. 대전에 UFO도 많고, 본 적 없는 고급 생명들. 저네는 아
무것도 아니라고. 곤륜산. 곤륜산에 수련자 이천 명이고, 일 년에 한번
모임. 거기 여자 4,500살 존재도 대전 오고 싶어 해. 시간 정해서 6,500
살 자기 책임지고 온 세상 수련자 모이게 한대. 여자는 감동눈물 4,600
살과 6,500살, 함께 내일 대전 오라 했어.

2016년 6월 7일 오후 7:29

무시공 - 네가 대전 참석하는 분 명단 잘 관리해서 최하 1만조 광년에 올려.
우주 연합회 제일 높은 데는 몇 조 광년? 루시아를 오천억 광년에 올리
고 환웅도 오천억에.

OOO - 5억조 시상우주연합 추로슨

7억조 은하우주연합 히브리.

8억조 서관문 사우르

8억조 무극. 김세로

루시아. 고맙다며 눈물 흘려요. 선생님 주변의 환웅은 7명이 보여서 한
명씩 올렸어요. (검색해보니 환웅은 총 17명이랍니다.) 환웅은 5천억 올린다
하니 감사하다고 절을 하고요. 올라가서도 단체로 선생님께 절을 합니
다.

루시아. 환웅 모두에게 분자몸 탈 수 있는 우주선만 제공한다면 더 높은
곳으로… 선생님 말씀 전달.

2016년 6월 7일 오후 10:32

OOO - L, 그리고 H. L은 지금 힘이 없어요. H 말하는 대로 믿는 듯. 우리
　　가 나타나니 H 저항이 있어서 H에게 설명. 무시공 생명이 당신 남편을
　　살렸다. 그러니 연락이라도 해서 최소한의 감사인사 표현은 해라. H 이
　　제 겨우 알아듣고, L은 무시공 생명 기억한대요. 감사하게 생각한대요.

2016년 6월 7일 오후 10:36

OOO - 여권을 어디에 뒀는지 기억이 안 났는데, 아까 대화해야겠다고 할
　　때부터 스쳐간 곳이 있어요. 거기부터 찾아봐야겠다.

무시공 - 일체생명으로 보며 대화. 멋지다, 이렇게 생활화.

2016년 6월 8일 오전 3:56

OOO - 작업하다가 잠들었는데, 무서운 꿈꿔서 깼어요.

2016년 6월 8일 오전 3:57

무시공 - 무슨 꿈?

OOO - 우주전쟁 나서, 우주인에게 쫓기는 꿈.

무시공 - 지금 그 꿈을 현실로 찾아봐, 어느 차원인가?

OOO - 선생님이 나를 깨우려고 무서운 꿈꾸게 한 건 아닌가, 하는 생각이
　　잠깐 들었어요. 꿈 기억이 잘 안 나요.

2016년 6월 8일 오전 4:03

무시공 - 나도 금방 깼어. 일만 조 광년 이하 찾아봐. 시공과 무시공인가, 시
　　공끼리인가?

OOO - 꿈 찾으라고요?

무시공 - 실지로 각 차원에 가보라고.

OOO - 자다 깨서 정신이 없나, 어찌하라는 말씀인지 잘 모르겠어요.

무시공 - 예를 들면 일만조 광년 가서, 대표 찾아 물어보라고. 무슨 일 있었나.

OOO - 꿈을 현실에서 찾으라는 거군요? 아주 낮은 차원 같아요.

무시공 - 그러면 오천억 광년 이하 가서 탐구. 꿈을 중시. 무시공존재가 우주인한테 쫓기면 안 되지. 혹시 이원넘이 쫓기는지. 나는 꿈에 너하고 공부하는 존재들을 더 높은 차원으로 끌어올리는데, 혹시 너의 잠재 이원넘이 두려워할 가능성도 있다, 빠져나가느라고.

OOO - 아, 그렇구나. 5천억 이하 삭제하려 한다 하는 말 듣고, 그 존재 없애려고 찾으러 다니나? 그런 느낌. 하하하

2016년 6월 8일 오전 4:34

무시공 - 자라. 아무리 나 찾으려 해도 못 찾는다. 자기 깊숙이 존재하는데, 자기 안에 있는 일원심인데 일원심이 뭔지도 모르는데, 알았다면 도망가기도 바쁜데

2016년 6월 8일 오전 5:54

무시공 - 어느 존재에게 내 답변 - 대전 무시공 생명 훈련센터는 무엇이 무시공 생명이라는 거 확실히 아는 기초에서, 무시공 생명을 훈련시켜 깨어난 존재만 3단계 들어올 수 있어요. 아니면 들어올 수 없어요.
(재강조) 반드시 무시공 생명이 깨어난 존재만이 3단계 들어올 수 있음.

2016년 6월 8일 오전 9:52

무시공 - 태양, 지구, 달, 오천억에 올렸나?

OOO - 무시공에 있지요. 전에 무시공에 올리라 하셔서.

무시공 - 그렇구나, 잘했다. 금성은?

OOO - 금성은 아직.

무시공 - 은하협회 대표, 5월말 우주선 대전 배치하라는 거 했으면 오천 억에 올려. 원래 오천 억에 있는 대전 공부하는 존재들 다 7억조 광년에 올

리고 일부분 알아서 8억조에 올려. 우리 분자몸 빨리 녹이기 위해.

2016년 6월 9일 오전 7:31

○○○ - 대전에 전 차원 우주선 배치 성공. 축하드려요.

2016년 6월 9일 오후 4:43

○○○ - 지금 너무 통하고 풀려서 앉아 있을 수가 없어서 누웠어요. 진짜 세다.

무시공 - 계속 강하게 풀려. 좋은 현상. 루시아한테 물어봐, 주파수로 우리 몸 풀고 있나.

○○○ - 루시아 계속 몸 풀고 있대요. 우리가 적응할 만큼.

무시공 - 강하게 풀어도 된다 해, 우주선 타도 적응할 정도로. 시간 있으면, 양범 90살 초능력자 한국 있대. 같이 찾아, 전화로 대화.

○○○ - 전화로요, 그럼 체험시간 10시가 딱 좋아요.

2016년 6월 9일 오후 11:03

○○○ - 녹음이 안 돼 있어서 잊기 전에 정리 중.

2016년 6월 10일 오전 6:03

무시공 - 루시아보고 사람 앞에 나타나서 보여줄 수 있나?

○○○ - 계속 물어봐도 루시아 정확히 대답을 안 해줘요, 못 하는 건지.

무시공 - 그만둬.

2016년 6월 13일 오후 11:07

무시공 - 1억 4,959만 7,870km

○○○ - 태양을 7,870km 당기라고 하셨지요. 했습니다.

2016년 6월 15일 오전 4:38

무시공 - L부인 엄중경고, 기도해서 살아난 거 아니라고. 지리산 두 도인, 무엇 때문에 약속 안 지키는지 확인 후 삭제. 각 도인들한테 경고. 영혼 이탈하는 수련 방법 금지!

2016년 6월 15일 오전 5:33

무시공 - PH보고 지구 보이나, 등등 물어봐. 정신 차리라고. 센터에 관심 두라고 경고.

2016년 6월 15일 오전 11:11

무시공 - 우리가 찾은 도사들 영으로 오려면 오지 마라 해. 반드시 몸으로 와야. 원래 수련방법을 근단하고(끊고). 일원심을 받아들여야 살아서 무시공에 갈 수 있기 때문에 원래 수련법은 영원할 수 없어. 네팔에 수련자 칠천년 돼도 죽었어. 매주 토요일 모임 있으니 적극 참석하기.

OOO - 호랑이와 비바람에게 대표로 이야기했어요. 모두 모아오라고.
오늘 선생님 말씀 새로 전달. L 경고, 병실 빛 없앰.

2016년 6월 16일 오전 1:33

무시공 - 광주 산에 있는 여자 도인, 78세 라미 찾아봐. 전라남도 산에 있는 도인 106살 이름, 고도 6월 18일. 대전에 육신으로 공부하러 오기. 한국 이미 연락받은 도인들 반드시 육신으로 대전 공부 참석할 것. 거부하는 자, 무조건 삭제.
우리 무시공 절대권위를 수립하기. 우리는 일원생명만 인정. 우리말 안 듣는 거는 다 영체니까 방해 역할뿐이니 당연 삭제.

2016년 6월 17일 오후 5:42,

OOO - 예수와의 대화 정리했어요. (생략) - 카페 올림.

무시공 - 잘했다, 시간 있으면 계룡산에 살아 있는 오도자 22,000살 도인 찾아 대화해보며 내일 꼭 대전 오라고 명령, 반드시 육신으로. 그리고 다른 도인들 약속한 거 재확인.

https://m.youtube

2016년 6월 17일 오후 6:15

무시공 - 이 사람 찾았어. 상란, 여자 752살 대만사람. 내일 11시 대전 도착.

2016년 6월 18일 오전 1:55

OOO - 석가와의 대화 (생략) - 카페 올림.

2016년 6월 18일 오전 5:35

무시공 - 오늘 대전 온다는 존재 반복적으로 확인. 꼭 약속 지키는 거 강조 또 꼭 육신으로 오기. 대전 빛이 강해서 두려워서 방황하고 있어. 우리를 믿으라고, 보호해준다 해. 대전 왔을 때까지 지켜봐. 이만 이천 살 되는 오도지 계룡산 있는 도인 대화했는지. 오늘 대전 오기.

2016년 6월 18일 오전 8:49

OOO - 비바람. 호랑이. 김상균(3명에게는 모임 대표로 전달) 외 10명 - 오늘 꼭 대전 무시공센터에 참석할 것. 육신으로. 11시 전에 도착 예정.

2016년 6월 19일 오후 9:00

무시공 - https://youtu.be MS 보고 보라니 인도사람 698살. 이름, 리랑, 스승은 일만 살 넘고 인도네시아 산다고. 시간 있으면, 오도지보고 대만상란처럼 세간 속에 있는 도인 찾아보라 해. 오도지 제자는 누구, 자기 스승은 누구, 인간 눈에 보이는 거는 귀신 아니고, 초능력자들이다. 찾아대화해봐.

지구와의 거리 5,700만 광년 지구인 태워본 적 없고, 혼자가 아니라 많은 존재랑 와 있다. 별대표 이름은 두이스 우주선 사람 태울 수 있대 연결해봐, 대전에 있는지 확인해보고.

OOO - 두이스. 대전에 있지만 한국 전체를 보고 지키고 있다고. 그 목적으로 여기 왔고요.

무시공 - 사람 태울 수 있나?

OOO - 작은 우주선으로 태울 수 있다고. 단 주변 환경과 탈사람 등 조건이 될 때 가능하대요. 그렇게 맞추어질 때가 곧 올 거라고.

무시공 - 사람 탈 수 있도록 도와달라 그래. 사람 탈 수 있는 조건 저네보고 해보라고. 러시아 그 여자 탔던 것도 찾아봐, 대전에 있나. 그 여자보고 지구가 어디가 밝나 보며, 대전 오라 해.

2016년 6월 20일 오전 11:07

무시공 - 지구인을 살리려면 먼저 도인과 초능력자들을 살려야 한다. 두 갈래로 나눠진다. 받아들이는 자는 살고, 못 받아들이는 자는 삭제, 도태 당할 수밖에 없다. 무시공 생명의 절대적인 권력과 위풍당당한 모습.

2016년 6월 21일 오전 10:04

OOO - 현재 내 상태 - 어제도 너무 졸려서 잠들고 어제도 오늘도 멍한 상태. 오늘 좀 나아졌네요. 좋은 현상.

무시공 - 오늘 지리산 35,000살 존재 찾았다.

2016년 6월 21일 오후 11:27

무시공 - 박춘화 24살 서울, 대만 상란이 아는 존재. 순간이동으로 대만 자주 가. 시간 있으면 야도 대전 공부하라고 명령. 박춘화에게 물어봐, 순간이동 누구한테 배웠나, 며칠 걸렸나.

OOO - 대만 그 사람에게 배웠다는데요. 일주일부터 차츰 나타나고 완전히 바다건너 가는 거까지 배우는 건 1년.

2016년 6월 21일 오후 11:51

OOO - 선생님과 전화로 우주작업우주 작업 한 내용 기록

〈도인〉

지리산 35,000살. 이름 만섭. 자기는 영원히 산다. 줄이니 일반인.

만섭 스승 - 지구영혼 이름 마니아. 3억 살. 살아 있다. 거대하게 나타나. 역시 줄이니 우주도 못 봐. 설명해주니 볼 수 있다. 진짜 지구영혼 가이아 여인. 나는 그녀를 돕고 있다.

마니아에게 한국에 최고도인 누구냐 물으니, 대략 1억 만 살. 이름 - 두아이. 한국 전체가 들썩이는 느낌. 한국의 영혼인 듯. 우리가 깨워 잠에서 깨어났다.

마니아 나이 - 1억 1만, 대략 1억 살.

2016년 6월 22일 오전 9:47

무시공 - 박영우 스승도 순간이동 할 줄 아나? 너도 배우고 싶다고 해봐.

OOO - 네. 원격으로 알려달라고 했어요. 하하.

2016년 6월 24일 오전 5:42

무시공 - 이원 태양, 수성, 금성, 지구, 달, 화성, 목성, 토성, 천왕성, 해왕성, 명왕성 분리 삭제. 실험삼아 이원 은하계 분리 삭제. 지구가 무시공 생명 블랙홀 핵심 태양계, 은하계 등등 온 우주가 지구 중심으로 도는 현상 관찰.

2016년 6월 24일 오전 9:31

OOO - 이원 은하계 분리 삭제 완료. 온 우주가 지구 중심으로 돌아요.

2016년 6월 24일 오후 5:03

무시공 - 네가 D대표에 관심 있는 거 같아서 시간 내서 전화로 대화해볼까. 무시공 받아들이기 위해서.

OOO - 네, 좋아요. 9시 반 정도 전화드릴게요.

무시공 - 오늘 M하고 중국에 성인 찾는 조직을 찾아내고 S나라에 그런 조직 있고 전 세게 퍼져 있어, 한국도 있어. 그 대표가 본부를 대전으로 이전하기로 결정. 저네가 찾는 거 찾았대. 한국 자기 부하조직 대표 서울에 있고, 천명된대.

2016년 6월 24일 오후 11:43

OOO - 서울의 상리(화성) 38세. 여자. (책임자) 한국 온 지 20년. 수성, 목성보다 화성인이 더 능력 있고, 화성인보다 금성이 좀 더 능력 있어.

2016년 6월 26일 오전 9:13

무시공 - S나라 대표, 만능상인의 부하조직 서울 대표 Lsc 65세.

OOO - Lsc 찾아보라는 거죠? 콧수염 기른 사람이 보여요.

무시공 - 만능상인 아는가, 물어봐.

OOO - 어떻게 그걸 아냐고? 만능상인 안대요. 지금까지 방법으로 대전 소개요?

무시공 - 응.

2016년 6월 26일 오전 11:40

무시공 - 성인 찾는 단체잖아, 물어봐. 만능상인은 찾았다고 인정.

OOO - 비밀로 성인 찾고 있다. 본부 만능상인에게 전해들었다고. 자기네는 비밀로 알아볼 거래요. 지구 보이나 등등 물어보고 더 소개해줘요?

무시공 - 해줘.

OOO - Lsc 답 - 전지구가 밝다. 대전이 가장 밝다기보다는 처음 보는 이상한 빛이 나온다. 대전 상공 비행물체, 생명체 있고 높은 존재 느껴진다. 대전과 온 우주 하나로 연결돼 있다.

오천억 광년도 다녀왔어요. 다녀오는 동안 이사람 차분하게 진짜인가 정신 차리고 경험해보는 느낌. 대전 센터 와서 우주도, 비결, 매심시, 책까지 쭉 봤어요. 가면서 하는 말, 감사하다며 진짜 인정한다. 지금까지 하도 속아서 그러니, 자기네 좀 더 비밀로 알아볼 것이다. 하지만 여기가 맞는 것 직감한다.

2016년 6월 26일 오후 8:05

무시공 - 잘했다. 어린아이가 순간이동하는 영상에서, 어디 있나 확인 대화해봐. 부모와 연락해봐, 할 수 있나.

2016년 6월 27일 오전 10:49

OOO - 어린아이 이름 - 숭밍. 중국 남쪽지방. 어떻게 몸이 갑자기 없어지냐, 어디를 다녀오는 거냐? 물었더니, 어디 가는 게 아니라 순간적으로 안 보이나 보다고. 사람들이 자기를 잠깐 못 본대요. 한참은 안 되고 잠깐 그런대요. 어디서 왔나? 태양계보다 좀 더 먼 곳에서. 2만 광년. 아우토라는 별. 왜 지구에 왔나? 지구에서 살아보고 싶어서. 가장 뒤진 곳이 가장 먼저 바뀐다고 알고 있었대요.

엄마가 아이에게 뭘 가르친 거 없대요. 당신 아이는 다른 별에서 왔다고 알려주고. 아이와 엄마에게 같은 방식으로 대전 소개. 대전 밝고 우주선 보인대요. 아이와 함께 대전으로 와서 이 공부 하라고. 아이가 기다리던 거라 이야기해줌. 잠시 우주여행 하니 엄마는 놀라고. 아이는 너무 신나하고. 센터에 와서도 뛰어놀다 갔어요.

2016년 6월 27일 오후 7:56

무시공 - https://m.youtube…. 이것도 찾아보고 일만 조에 있는 대표한테 우리 분자몸 빨리 우주선 탈 수 있는 조건 창조하기 위해 주파수 올리는 방법 또 이십만 광년 대표한테 물어봐. 어느 정도로 변했나. 오천억 광년 대표한테도 주파수 올리는 방법.

2016년 6월 27일 오후 10:50

OOO - 여자친구와 백화점 나오며 싸우는 남자. 난 지구사람 아냐. 수성이 고향. 잠깐 놀러왔어. 이곳 지구 생활 체험도 하고 즐겨보려고 지구 이곳 저곳 체험 중. 좋고 나쁜 게 극명한 지구생활을.

20만 대표. 해슨 - 답변. 60% 됐다.
루시아 - 정말 빠른 속도로 변하고 있다.
5천억 하우동 - 이해 못 하다가, 우리 지구인 분자몸을 알게 되니 약간 우릴 낮춰보려는 느낌 들어서, 줄여놨더니. 미안하다고. 잠깐 우리 존재를 잊어버렸었다고.
1만조 천재우주. 필슨과 8억조 김세로에게까지 명령.
모두의 답변 -온 우주가 보호하고 빠른 속도로 몸 녹이고 있다고 하는데. 방법은 물어봐도 답이 없어요. 더욱 서두르라 명령.
무시공 - 그 수성인보고 대전 오라 해.
OOO - 네. 찌우. 40세. 대전 밝은 것과 공간의 생명들 확인. 5천억 다녀오고. 온 우주가 대전으로 몰려오는 것 확인. 아주 흥미롭다며 대전 꼭 오겠다고.

2016년 6월 29일 오후 1:32

무시공 - 오천억 광년부터 팔억조 광년까지 각 층차의 우주이름, 대표이름 메시지로.
　태양에서 온, 대전에 환희라는 책임자한테 물어봐. 중국 장춘에 있는 양만도 태양에서 왔다고 한 대. 맞나 확인해보라 해.
OOO - 맞대요.

무시공 - 서로 연락 있대? 나이는 얼마? 자기 부하?

OOO - 자기 부하 아니고 다른 일로 왔나보다고. 서로 연락은 안 해봤대요.

무시공 - 또 북경 근처 연교(燕郊)라는데, 태양이든 다른 별에서 온 존재 있나, 찾아보라 해.

OOO - 지구나이 50대. 실제나이 1,900살

2016년 6월 30일 오전 7:14

OOO - 말씀하신 오천억 광년부터 팔억조 광년까지 각 층차의 우주 이름, 대표 이름입니다.

- 생략 -

2016년 6월 30일 오전 7:21

무시공 - 요새 잠도 잘 새가 없네. 고마워, 숙제를 너무 많이 줘서 귀찮겠다.

OOO - 잘 자고 있어요. 별생각이 없어요.

2016년 7월 1일 오전 8:34

무시공 - 이원태양 분리 삭제 후, 일원태양을 1억4천5백만km에 당겨와. 일원 해니까.

OOO - 네. 일원해라도 가까이 오면, 올여름 엄청 덥겠지요?

무시공 - 일원해는 우리하고 동일. 당겨와서 하나 되도 괜찮지 않나. 차츰 당겨와 하나로 되면 어때서?

OOO - 괜찮지요. 좋지요.

무시공 - 이원 몸 분리 후, 차츰 줄이며 삭제하듯이. 많은 존재한테 태양 빛과 대전 빛과 같나, 물어봤잖아. 그래서 차츰 당겨오며 합일 목적. 같은 원리로 일원 금성 등등 행성을 모두 일원지구와 합일 - 동일

OOO - 일원 에너지만 오는 게 아니고?

무시공 - 해 당겨오는 거, 확인. 에너지 관점 버리고. 대전 빛과 해. 그리고

각 행성의 일원 빛이 하나 되는 것만 인정, 합하고 동일 되는 것만 인정. 시간 있으면 한 가지 실험. 일원금성을 무한팽창, 테두리 깨질 때까지. 그러면 어떤 결과일까?

OOO - 끝없이 팽창돼요. 우주 그 자체. 빛도 끝없이 더 밝아지고. 무극 통과, 무시공 진입하려는 게 보여요.

2016년 7월 3일 오후 4:09

OOO - 1606. 대화 정리

- 대전 상공에 모인 차원 높은 존재를 찾아. -

대전 상공 꼭대기에 가장 밝게 빛나는 에너지 (분자 눈으로 안 보이는) 우주선. 가장 위에서 우주선의 에너지를 발사하는 느낌. (아래 차원 존재들을 장악하고 있음) 최고 책임자 찾아 대화.

- 생략 -

OOO - 녹음분이 없어져서, 기억해서 정리했어요.

2016년 7월 3일 오후 5:17

무시공 - 카페 누가 운영하는지, 무감각 시공의 비밀작업, 정식 회원만 볼 수 있는 코너 하나 열면 하는데. 거기에 내가 올리라 하는 거 올리도록. 위에 최고 존재와 대화 올려.

2016년 7월 3일 오후 5:35

무시공 - 시간 있을 때, 일원 지구 대표와 대화 체험. 지구 무한팽창, 테두리 깨질 때까지. 같은 방법으로 태양계 전체 하나하나씩. 작업 끝난 후 관찰. 어떤 현상인가?

2016년 7월 3일 오후 9:17

무시공 - 이십만 광년, 해슨한테 물어봐. 우리 몸 어느 정도 변했나, 100%

돼야 탈 수 있나.

OOO - 이십만 광년 해슨 -

우리 몸 변한 거, 70% 거의 다됐다. 100% 돼야 탈 수 있나? 100% 돼야
안정적으로 탈 수 있다.

* 지구랑 태양계 행성 팽창은 아직.

2016년 7월 4일 오전 4:45

무시공 - 내가 짐작한 70%구나.

오천억 광년, 일만 조 광년 대표보고 우리 무거운 분자몸, 물질몸 빨리
녹여버리기 위해 저네 방식으로 주파수 강하게 올려달라 그래. 그리할
수 있나 물어봐.

2016년 7월 4일 오전 9:36

OOO -

오천억 광년, 하우동 - 우리 분자구조가달라 염기서열을 바꾸는 큰 작업
중. 지금 너무 빠르다. 기다려라.

일만조 광년, 필슨 - 이미 광역대를 넘었다, 기다려라.

OOO - 나도 모르는 단어들이 막 튀어나와 찾아봤어요.

광역대를 넘었다? 무슨 말인지 몰라 검색해도 자세히 안 나와서 필슨에
게 다시 물어봤더니, 인간의 분자몸 구조로는 넘을 수 없는 어떤 파장대
를 넘어섰다는 말이래요.

무시공 - 우리는 무시공존재. 딱 분자껍질만 인간과 같다, 안으로는 시공 최
고 존재도 모른다. 그래서 분자 물질 몸만 해결되면 끝. 저네들이 바꿔주
는 거는 분자몸 구조일 뿐. 우리 분자껍질만 벗어나면 완전 무시공존재
몸 구조. 그때는 저네가 우리한테 배워야 무시공존재가 될 수 있지. 분
자몸은 최저 주파수로 된 구조. 그래서 높은 주파수로 우리 몸을 변화
하기, 또 우주선 타기. 이유는, 우주선은 높은 주파수 때문에. 우리는 이
몸을 빨리 벗으려고 우주선 타려는데 저네 생각은 사고 칠까봐. 그래서

할 수 없이 주파수를 올려달라는 거지.

지금 저 주파수 분자몸 70% 녹았어. 지금 우주선 탄타면 아무 문제없을 뿐 아니라 순간 해결 될 텐데, 저네는 우리를 모르니까, 조심 또 조심. 우리는 조급 또 조급. 저네는 우리를 지구인으로 보니까 지구인 아니라고 대줘도(알려줘도) 몰라, 안 대주면 더 몰라. 딱 내가 한국 와서, 십오 년 동안 내 이 모습은 가짜다 말해도 오늘까지 누가 믿어.

2016년 7월 4일 오후 4:36

무시공 - W, 우주선 탄 적 있대, 확인해보래. 혹시 어느 별에서 왔나.

OOO - 직접 탔었대요?

무시공 - 꿈인지 잘 모르는 거 같아.

OOO - 분명 탔었대요. 몸은 못 가고 영이 탔었대요. 금성 우주선. W는 전에 다른 별나라도 살아봤대요. 만난 금성인은 오래전 다른 별에서 서로 친구. 이름은 트루나이. 잘 있는지 궁금하기도 하고, 지구 살면서 자기(W)를 잃어버리고 살까봐, 지구 오기 전에 약속했대요. 내(W)가 기억 못하면 너(트루나이)가 와서 기억할 수 있도록 깨워달라는 약속.

2016년 7월 4일 오후 10:43

무시공 - 러시아 보리스카 찾아봐, 뭐 하러 왔나

OOO - 지구에 놀러, 경험하러, 우주를 알려주러, 그리고 미래를 보는 생명들이 지구에서부터 우주가 바뀐다 해서 함께하려고. 도울 수 있다면 돕고. (이후 상세 대화는 카페와 책에)

2016년 7월 6일 오전 4:31

무시공 - MS보고, NG에게 지구 태양계 은하계 어떤 변화 일어났나 보라 하니, NG이 말하기를 지구 엄청 밝고, 이상하게도 태양계 은하계가 다 지구중심으로 돈데. MS가 요즘 깨운 도인에게, 별에서 온 존재보고 지구 태양계 은하계 무슨 변화가 있나 하니 다 같은 답, 놀란다. 너도 그렇

게 해, 다들 깨어나게. W한테 물어봐. 지구, 태양계, 은하계, 어떤 변화가
있나.

OOO - 가운데 지구, 그 바깥으로 태양계. 또 그 바깥에 은하계가 지구를
중심으로 돈대요. 엄청 밝고. 그런데 모두 하나로 뭉쳐있는 거 같대요.

무시공 - 좋아요, 친구 트루나이를 불러내서 만나기. 그 친구보고도 관찰해
보라하고, 또 대전 오라 해.

우리 공부하는 존재들에게 지구, 태양계, 은하계 변화 물어보니, H, B, L,
I, 다 정답. 아직 답 안 온 분, 답 기다리고 있어. IL 에게도 지구, 태양계,
은하계 어떤 변화 있나 물어봐. 천문학자한테도, PH 등등한테도. 네가
작업한 증거 확인되네. 대단하다.

OOO - 선생님이 다 해놓고는. 하하.

2016년 7월 6일 오후 12:59

무시공 -

H 답 - 태양계, 은하계가 지구를 중심으로 돌고 있고 일원 지구로 빨려
오는 강한 블랙홀 현상이 느껴져요.

LH 답 - 원래는 태양을 중심으로 돌아가는데 지구를 중심으로 모든 것
이 돌아가고 있어요.

B 답 - 지구중심으로 다가오고 돌고 있습니다. 등등 정확한 관찰, 정확
한 표현, 정확하게 보여야 정확한 답을 할 수 있지. 네 작업효과 확인 겸,
공부하는 존재도 어느 정도 되는지 확인.

중국 과학자도 보고 놀란다, 여태껏 없었던 천문기적이라며. MS가 그 과
학자에게 대전센터 보여주고, 매심시도 보고. 곧 중국 가서 발표, 적극
선전, 엄청 큰 사건이라며 최선으로 하겠다고. 대전 공부하러 온대. PH
먼저 보라 해. H1, H2 등등, 좀 열려 있어.

OOO - 네. 오랜만에 PH와 대화.

큰 지구가 중심에 있고, 온 우주 별들이 지구 중심으로 돈다고 해요.

PH, 무시공에 대한 마음 - 우리가 센터 방문 못 하는 것, 감사 전화도 못

하는 것, 비서를 대신해서 인사 보내는 것도 못 하는 것. 이해해달라.
내가 관심을 보이면 그쪽(센터)으로 시기질투 화살이 날아갈 수 있고. 등
등 여러 이유. 개인적으로 조용히 방문하고 안병식 선생님 만날 날이 있
을 거다, 라고 전해달래요.

무시공 - 나 만나려 하지 말고 센터장 만나면 된다 해. 그리고 개인적으로
외국 있는 존재든, 외국 대표든, 누구나 대전 소개하며 관심 가지라 선전
해도 되잖아.

2016년 7월 7일 오전 9:21

OOO - 지구. 태양계. 은하계 윤곽 없애고 하나 된 거. 잘 지켜지고 있어요.

L2 - 지구가 태양 같은 항성 같고, 태양계와 은하계가 지구 도는 행성 같다.

L1 - 지구 주변으로 가까운 별들이 돌고 더 멀리 있는 별들도 무작정 무
한히 돈다.

H1 - 지구 중심으로 모든 게 돌고 있다며 왜 이런 현상인가 물어서, 대
전 무시공센터 소개. 물이 하수구로 흘러갈 때, 원형으로 도는 모습처럼
별들이 지구로 모여 든다고.

H2 - 이 현상은 블랙홀로 온 우주가 빨려들어가는 현상.

천문학자 - 이 현상을 어떻게 설명하지? 라며 주저앉는다. 모두에게, 이
모든 것이 대전 무시공센터, 여기서 시작되었다 알리고 이 공부를 받아
들일 것.

무시공 - 잘했다. 또 산중에 도 닦는 자들에게도 보라 하고, 각 층차별 우주
대표들에게도 지구 태양계 은하계 보라고 해. 그리고 500백억 이하, 다
블랙홀에 빨려오기. 대전에 와 있는 존재들한테 오백억 광년 이하 변한
다고 빨리 자기 별의 대표를 대전에 파견해 배워서 자기 별에 알리기.

2016년 7월 12일 오전 10:08

OOO - 오늘 새벽에 계속 체험한 내용이에요.
지구 ~ 5천억 광년까지, 하나 된 생명을 윤곽 없애고 유지하는 거. 또 5

천억까지 합해진 우주를 보니 눈이 여러 개 또 보여서 그 전체를 눈 통합, 빛 확장, 완전 하나로 대통합. 선생님 말씀대로 몸이 녹으면 우주선 빌릴 필요 없이 마음으로 우주선 만들어서 탈 수 있겠다는 생각을 했어요. 5천억 광년까지 우주여행도 해봤고요. 그런데 몸은 안 따라가대요. 하하. 가도 가도 끝없는 빛 속 여행. 시간이 빠르게 거꾸로 돌아가 과거로 가보는 꿈도 꾸고. 사실 꿈인지 뭔지 헷갈림.

　　루시아, 해슨 - 우리 80% 됐다. 90% 정도로 가능한지는 실험해봐야.

무시공 - 고마워. 힘 안 들어?

OOO - 어! 좀 이상한데. 힘이 안 들어요, 오늘은.

2016년 7월 13일 오전 5:35

무시공 - 시간 있을 때, 통산한테 물어봐. 25만 광년에 있는 우주선 우리 태워 주라 명령 내릴 수 있나. 25만 광년에 있는 대표한테도 물어. 우리 말 듣고 행할 건가. 너희 규약 지킬 건가, 규약 지킨다면 삭제. 9억조, 10억조 광년에 있는 여자대표 나타나라 해. 그 다음 7억조 8억조 광년에 대표도 여자로 바꿔. 그리고 7억조부터 10억조까지 여자대표 체험해주고. 해슨, 루시아보고 태양계 은하계 온 우주가 변한 거 구경. 또 우리 우주선 태워주려고 최선으로 하면, 고맙다며 5,000억 자리에 있지만, 7억조나 8억조에 올려!

2016년 7월 13일 오후 11:28

OOO - 지구, 태양계, 온 우주가 변한 것 구경.

　　해슨 - 거대하고 무한히 밝은 우주가 새로 생겼다. 나도 이 속에 있었다니. 몰랐었다. 대단하다.

　　루시아 - 자기가 새로운 우주 중심에 있다고 좋아한다. 우주에서 지구 중심으로 올수록 빛이 더욱 강하고, 자기 빛도 더 강해졌다고. 우리 우주선 태우려는 노력 고마워서, 7억조에 올리며 7억조 최고 존재 히브리 소개. 히브리, 우리 앞에선 일반인 되었어요. 히브리에게 이들 잘 보살피라고. 그리고 이들과 함께 대전에서 일원심 공부 배우라. 올린 두 사람에게 우리 우주선 탈 수 있도록 더욱 노력 바란다. 알겠다고, 감사하다고.

OOO - 통산, 김세로 등 삭제, 그 이유 등

- 생략 -

이것을 정리해서 카페 비밀작업에 올려.

2016년 7월 14일 오전 11:48

무시공 - 태양계 새로 내세운 여자대표들 이름?

OOO - 태양계 각 행성 여자대표 이름

태양 - 새옴

수성 - 프레즌

금성 - 수피마

지구 - 마오

달 - 하오이

화성 - 스나일러(날개보임)

목성 - 하투

토성 - 그레이

천왕성 - 히피

해왕성 - 미리

명왕성 - 메리테

은하계 - 문그레

2016년 7월 15일 오후 6:35

무시공 - 해슨, 루시아, 8억조에 책임자로 세웠는데 물어봐, 다들 복종하는가, 9억조 여자대표 희라리, 다들 자기 존중하고 말 잘 듣는가, 무시공 절대 권력자로 선택한 존재니까. 당당하게 우주전체와 대전을 잘 지키며 우리를 100% 따르기. 누가 우리를 방해하든 의심하든, 우리한테 알려. 너희가 처리하든 우리가 처리하든 절대 용서 못 한다고 명령. 10억조에 여자대표 나타나기. 우리 분자몸 버리기 위해, 낮은 차원 우주선 타려 하는데 누가 방해하면 무조건 삭제한다고 경고. 25만 광년 대표 팽성과 직접 우주선 관리하는 대표 찾아 물어, 우리 태워주려나.

여전히 태도 명확치 않으면, 선장만 놔두고 삭제. 우리 몸 90% 됐는지, 루시아와 해슨한테 물어봐. 지금 우리 둘 태워도 절대 문제없다. 우리는 지구인 아니라 해도 못 믿어. 우리는 지구인이 아닐 뿐만 아니라, 이 우주 존재도 아니라고. 그래서 8억조 존재도 우리말 안 들으면 삭제할 수 있다고 알려줘.

2016년 7월 15일 오후 8:02

무시공 - 5천억에 하우동과 1만조에 필슨, 우리 계속 최선으로 도와줬나 확인하고 진심으로 행했다면 칭찬하며 7억조에 올려. 그리고 대전 상공에 있는 존재들에게 명령, 누구든 우리 우주선 태워주는 존재에게 최선으로 응원하고 진심으로 도와주기. 대신 누가 방해하면 무조건 삭제. 그리고 제일 낮은 차원에 있는 우주선, 심지어 인간 비행기처럼 낮은 차원 우주선 대전 집중.

2016년 7월 16일 오전 1:42

OOO - 해슨, 루시아 8억조 책임자 - 누구도 건들 수 없는 힘이 있다고, 감사하다고.

9억조 여자대표 희라리 - 나는 9억조 우주와 하나. 그러므로 자기를 어찌할 존재가 없다고 안심하라고. 무시공 절대 권력자로 선택한 존재, 라고 선생님 말씀 전달.

10억조 여자대표 - 우문소. 기다리고 있었다, 감사하다. 위 선생님 말씀 그대로 전달. 우문소, 좀 느낌 이상했는데 자기 겉모습을 한 꺼풀 벗어낸다(자기를 가리지 않는다는 뜻으로 이해됨). 자기 맞다고 의심하지 말라고.

2016년 7월 16일 오전 5:18

무시공 - 이제부터 어느 선장하고 대화할 때, 우주선도 가져와서 직접 대화하기. 루시아, 해슨한테 물어. 다른 존재가 먼저 우리 태워주려 하는데, 너희들 것 먼저타야 하나? 우리는 긴급하니까. 오늘이라도 된다면 타도록 하자고 해.

OOO - 루시아. 해슨 힘 합쳐서 해보겠다고. 해보자 하니, 시간 약속 잡을게요.

2016년 7월 16일 오전 9:35

무시공 - 유튜브에 장풍 쏘는, 그래서 차들이 뒤집어지는 영상. 이 사람 찾아 대화해봐, 중국 북경일 거야.

OOO - 장풍 쏘는 할아버지 -

이름. 유(위)장춘.

나이. 78 차들이 신호를 안 지켜서 성질났어요.

나도 급한데 횡단보도에 초록불 됐는데도 정지 안 하고 지나가려 해서 장풍으로 차를 멈추게 하니 멈추는 것도 있고, 뒤집어지는 것도 있고.

하우동과 필슨 - 진심으로 우리 도우려 했지만, 큰 도움이 안 된 것 같다. 7억조까지 가는 것 자격이 될는지, 부끄럽다. 거기 가서 우리 더욱 최선으로 도우라며(특히 우주선 타는 일) 7억조 올림. 루시아, 해슨과 인사. 모두 힘 합쳐 무시공 도울 것 약속.

2016년 7월 18일 오전 7:10

무시공 - 루시아한테, 우리는 오래전부터 외계인하고 연락하고 있고, 그래서 그들 우주선을 타보고 확실하다면, 대전에서 우주선 근거지 만들어온 우주인들이 자유롭게 내왕하며 서로 소통할 목적이라 전해. 그리고 대전에서 생로병사 벗어나는 무시공우주비밀 밝히고 있다 하고. 그래서 우리 대전 빛은 우주인들도 처음 보는 빛이다, 그래서 두려운 마음도 있을 수 있다. 우리를 통해서 외계인, 우주인들과 지구인과의 오해를 풀고 지구인들도 긍정으로 외계인을 대할 수 있도록 노력중이다.

나는 인간을 깨우기 위해 15년이나 무조건 끊임없이 대화하고 소통해서, 이제 대전에서 깨어나고 있어서 외계인 우주인하고 대화소통 시작한다, 전하고. 9억조, 10억조 여자대표 보고도 최선으로 노력하자 하고. 나는 인간을 깨우기 위해 15년이나 무조건 끊임없이 대화하고 소통했지만, 외계인하고는 이제 반년. 꼭 성공이다.

2016년 7월 18일 오후 8:35

무시공 - 실험삼아 외계인이 우주선 태웠던 한국 사람 나타나라 해봐. DH와 연결된 것도. 헬기사건 유성대표 팽성과도 대화, 우리 태워달라고.

OOO - DH빼고 우주선 탔던 한국 사람, 나와보라고 하니까 안 나와요. 어떤 남자는 탔는지, 안 탔는지 잘 모르겠다는 사람 있었고.

무시공 - 대화해보고, 이 사람 태웠던 우주선 나타나라든가. DH한테도 알아봐. 한국인 탄 사람 아는가, 또 근래 계속 외계인하고 연락 있는가.

북경 원방이라는 여자청년, 우주선이 자기 아파트 근처 와서 자주 대화, 지구인 도와주겠다고. 지구인이 협조해달래. 심양, 청방이라는 여자청년도 비슷한 사건. 어느 우주선인가. 찾아봐.

OOO -

* DH - 지금은 다른 별과 교신.

우주선 기지 만드는 계획 다시 세우는 중. 다른 한국인 탄 거는 모른다. 자기도 혼자만 탔었다고.

* 원방과 만난 우주선 - 20만 광년 거리 - 화이트별 불러서 왔는데, 나를 보고는 도망갔어요. 다시 불러오니, 우주선까지도 벌벌 떨어요. 자기는 지구인과 대화하려했지, 나랑 대화하기 무섭대요. 그리고 여기선 도울 게 없을 거 같아서 그냥 가려고 했던 거라며, 도망간 건 아니라며 변명. 2명 정도 탈 수 있는 밝고 조그만 우주선.

그래서 대한민국 대전 무시공 생명훈련센터, 그곳 가서 공부해서 알리라고 했어요.

우주 새 역사가 쓰인다고. 대전 근방 가도 벌벌 떨어서, 빛을 좀 올려줬더니 쑥 들어갔어요. 고맙대요. 청방이라는 여자에게도 네가 갔냐고 물었더니, 거기 간 건 자기 아니고 같은 별에서 온 자기친구라고. 그래서 선생님 말씀대로, 지구인 가르치려, 도우려 말고 너희가 더 급하다고, 먼저 일원심 공부 해야 살 수 있다고 전했어요, 친구도 함께 우주변한 상황 보여주며.

무시공 - 원방 만나는 우주선, 사람 태울 수 있나, 그리고 왜 무섭나, 물어봐. DH, 근래도 탄 적 있나?

OOO - 장난치다가 어른에게 들킨 아이처럼, 그렇게 두려운 마음이 느껴져요. 나쁜 마음은 아닌 거 같아요. 사람은 안 태워봤대요. DH, 다른 곳과 접속 중, 다른 별에건 아직 못 탔다고.

무시공 - 우리를 무서워하는 원인 알아야 해, 우리 태우는 거, 원방 본 화이트별 존재보고 우리 좀 태워보라지. 왜 우리 보면 도망? 어떻게 보이게.

OOO - 자기네 믿는 신인 줄 알았대요, 약한 사람한테 장난치지 말라고, 혼내는 줄 알았다고. 자기가 좀 아는 척을 했다고 고백해요.

무시공 - 원방 만난 우주선 선장 이름?

OOO - 시세이.

2016년 7월 19일 오전 6:20

무시공 - 최고 대표들에게 전달. 지구인 태울 수 있는 가장 낮은 차원 우주선, 대전 주변 집중하라고 명령. 그리고 다들 대전에서 무시공우주 진리를 받아들이라고. 우리를 보호, 관찰, 의심, 지켜보는 것이 아니고, 누구 물론하고 대전에서 공부하며 이해해야 함. 그래야 우리 뜻을 알고 최선으로 동참할 수 있기 때문에.

2016년 7월 19일 오후 7:42

무시공 - MS가 어제 밤 꿈에 수많은 영체가 달려들어 방해해서, 싸우다가 손에 상처 나고 깨어났는데. 그래서 이렇게 보냈다. 당당하게. 누구도 우리 방해 못한다. 방해하다가 자기가 죽는다. 시세이 선장하고 대화, 수많은 고급 존재들이 너를 보호하고 있다 그래. 두려워하지 말라고.

OOO - 네. 아주 안전하게 보호되고 있지요, 느낌이 좋아요.

2016년 7월 19일 오후 9:10

무시공 - 아까 MS 태운다던 탑달모, 너도 같이 대화하며 봤잖아, 오늘은 어때, 또 더 많이 다가오는 느낌이지? 진짜, 일이 이뤄지는 게 다가오지, 기분 좋나?

OOO - 네. 더 많이 다가왔어요. 옆에서 보니까 더 잘 보인다는 느낌.

무시공 - 물어봐, 중국에서 그 사람 태울 때, 영만 탔나, 몸도 탔나?

OOO - 아! 영이 탔대요. 몸은 아니래요.

무시공 - 몸은 못 탔지? 오늘 내가 엄청 중요한 걸 발견했어, 뭔지 알겠나. 스스로 답 찾아봐. 나는 답을 알고 있다! 하며, 답 나오게 해. 이제부터 내가 하라는 대로 하면 꼭 이뤄져. 이 비밀 알게 된 것도 너를 통해서.

OOO - 아, 궁금해라, 선생님이 알게 된 거지. 또 나를 공 세워주려고 하시네. 하하. 아! 우주선 탔다는 사람들, 진짜 몸이 탄 사람도 있지만, 거의 영을 데려간 건가요?

무시공 - 맞다, 바로 이것. 그래서 이제는 몸까지 타는 우주선만 찾아. https://youtu.be… 이런 거 찾아 유성별의 팽성 같은 존재 찾아야 성공할 수 있어.

2016년 7월 20일 오전 6:39

무시공 - 탑달목한테 물어, 몸도 태울 수 있나, 만일 몸도 태울 수 있다면, 엊저녁 왜 못 태웠나.

2016년 7월 20일 오후 5:53

무시공 - 과학자 K하고 대화해, 열렸나 확인하기 위해, 지구 등 구경하라 해봐.

OOO - K, 지구 - 밝고 환하다, 달 같다, 아니 태양 같다. 그런데 빛은 다르다. 대한민국 전체가 밝고 대전은 뚫린 듯.

대전 상공 - 높은 차원 생명들이 움직인다고.

태양계와 우주 - 지구가 우주의 중심되고 가장 밝다. 대전에 와보니 이쪽으로 모든 것이 쏟아져 들어온다. 그래서 센터 소개하며, 이런 일 있는 이유는 새로운 무시공 생명의 출현으로!

2016년 7월 20일 오후 9:23

무시공 - 헬기태운 우주선 선장이름?

OOO - 유성별 대표 - 팽성.

우주선 선장 - 듀프리.

듀프리 상사 - 솔리

- 팽성, 듀프리, 솔리와 몇 번의 약속과 만남 후 -

2016년 7월 21일 오후 2:33

무시공 - 시간 있으면 팽성, 솔리, 듀프리, 세 사람한테 감사하다 하고. 너희 통해서 방해자까지 알게 돼서 또 처리했고, 너희는 약속 지키려고 최선으로 노력한 마음 너무 아름답다. 그래서 빛을 올리고 8억조에 올려.

OOO - 5천억도 아니고 8억조 광년요?

무시공 - 응. 우리하고 마음 합일, 동일하는 행동이 최고. 이런 존재들이 뭉쳐야지 기분 좋지, 우리 목적은 나날이 다가오고 있지? 오늘은 우주선 탄 거보다 기분 좋다, 방해자를 알게 되고, 삭제하며 온 우주를 큰 진동 일으키잖아.

OOO - 당연, 나날이 다가오고 있지요. 진동이 어디 이번뿐인가요, 매번 진동시키지요.

2016년 7월 21일 오후 7:13

무시공 - 팽성 등 3명 8억조 올렸지, 태도는?

OOO - 아참. 그 작업 하다가 딴 거 하느라고.

무시공 - 일체 좋은 현상. 우주선 못 타도, 우주선이 우리 주변 머물기만 해도, 주파수가 높아서 분자몸 녹이는 데 큰 도움. 저네는 몰라, 우리는 의도적으로 그리해. 그래서 대전에 우주선 집중하라는 것도 우리의 전략. 저들이 안 태워줘도 우리는 변하고 있어. 저네는 우리가 활용하는 줄도 몰라. 일체아위, 일체조공. 이원 영체들은 영원히 우리를 못 알아봐. 당해도 당한 줄 몰라, 방해하는 것도 우리한테는 또 도와주는 역할.

OOO - 맞아요. 선생님 전략대로 우리 몸이 변하고 있어요. 아까 옥상에서 우주선 작업하고 내려와서는 수시로 바닥에 뻗어 있었어요. 녹는 게 느껴져요.

2016년 7월 21일 오후 9:51

무시공 - 팽성, 솔리, 듀프리 앞에서 우주선 찾아줬다. 시간 있으면 대화 약속. 그리고 8억조에 올려.

OOO - 팽성, 솔리, 듀프리 8억조 올렸어요. 올라갈 때 감동받고 좋아하면서도 뭔가 찜찜한 느낌. 그래서 어두운 거 삭제. 빛 올려주며. 안착.

무시공 - 지구 태양계 우주변화 보라하고, 우리가 하는 일 소개, 일체 마음 부담 버리고 우리하고 한마음으로 칭찬과 위로, 그 다음 타는 약속. 8억조 이상 또 불쾌한 일 안 일어나게 잘 보호, 팽성 등 할 일을 알려줘. 해리가 납치해갔던 우주선 찾아준 거 물어봐, 맞나.

OOO - 네. 우주선 있대요.

무시공 - 내가 암만 봐도 문제 있어서 팽성한테 물어보라 했어. 절대 거짓말 하면 안 된다 하니 납치당했대. 누군가 물으니 모른대. 그래서 MS보고 그놈 끄집어내라하니 해리가 나왔어. 해리보고 공세우면 죽을죄 면한다, 사람 태울 수 있는 우주선 알려달라 하니, 지구에 여러 군데 다른 별에 와 있는 우주선 기지를 밝힘. 그래서 오히려 우리에게 정보를 공개하겠단다, 자기 살려줬다고.

무시공 - 너를 너무 힘들게 해서 미안, 그리고 또 고마워. 나는 말과 행동 둘 중, 항상 행동 앞서는 것을 선택해. 그래서 오해할 때가 많아. 내가 관찰해보니 너도 그러더라. 말로 잘 표현 안 하데. 마음으로는 고수야, 말 표현은 초등.

OOO - 맞아요. 제 말 표현은 초등수준. 마음이 고수인 거는 몰랐네요.

2016년 7월 22일 오후 8:21

무시공 - https://youtu.be… (자동차 모습에서 소형 우주선으로 변형돼 날아감) 시간 있으면 이거 찾아봐.

OOO - 아주 소형이네요. 한두 사람?

무시공 - 사람 탈 수 있을지.

OOO - 이렇게 봐선 어디에 어떻게 타는 건지도 모르게 아주 작네요.

무시공 - 이것을 보니까 이상하게 옛날 어느 우주 공간에서의 기억이 떠올라, 어릴 때 이런 변하는 소형 우주선을 가지고 놀던 기억. 내게 묻지 말고 직접 찾아 대화. 적어도 2~3사람 탈 수 있으려나.

OOO - 우주선하고 대화. 수성에서 왔고, 사람 안타는 무인 우주선. 지구에서 어떤 행성에 우주선 쏴서 TV로 그곳 상황을 보듯이. 그런 용도라고.

무시공 - 그런 방식으로 사람 탈 수 있는 우주선 없나, 물어봐.

OOO - 네. 외계인 아닌, 우주선하고 약속해볼까요, 최초로? 사람 태울 수 있는 거 가져와보라 할게요. 시간 약속하고.

무시공 - 수성여자대표 프레즌, 아니 선장이 직접 결정하면 좋고.

OOO - 네. 선장이 있어야겠죠, 아무래도. …해본대요. 5~6명 태울 수 있는 거로. 지구 아니까, 와봤으니까. 시간 정해서 알려준다고 했어요.

무시공 - 해리가 지구에 금성 우주선 많대. 자기도 알아, 어떤 우주선은 영만 탈 수 있고, 어떤 우주선은 몸도 탈 수 있대. 해리보고도 구하라 할까. 우리 태우는 거 성공하면 큰 공 세운다고. 당장 죄 면하고 높은 위치 올린다고, 10억조까지. 죽을죄 진 놈이 큰 공 세우며 높은 데 올리면 우주가 또 큰 진동 당장 내일 할 수 있으면 약속 잡아.

우리 몸 주파수가 낮으니까, 우주선도 낮은 주파수로 된 거야 가능,저네 보고 우리 몸 주파수에 맞춤형으로 오늘 또 알았어, 우주선도 주파수 높은 형 낮은 형, 구별. 주파수 높을수록, 에너지 우주선. 반대는 물질 우주선. 수성도 약속 잡아. 이제 누구하고든 주파수 낮은 우주선. 우리 몸 주파수하고 맞은 우주선 선택하기. 알았지?

OOO - 네. 내일 1시. 유등천.

무시공 - 탄 다음 속도 차츰 올리기, 우리 분자몸 너무 심하게 풀리면 감당 못 할까봐, 미리 알려.

2016년 7월 23일 오전 9:57

OOO - 9시 50분 버스로 대전 센터로 출발요.

무시공 - 가면서 소 끌어올린 우주선 찾아.

OOO - 수성의 우주선. 소 왜 끌어갔냐 했더니, 유전자 검사 등 지구 생명에 대해 검사하려고. 우리도 데려가 실험해보라 했더니, 안 된대요. 두려워하며. 그럼 우리 태워봐라 했더니, 이상하다며 두려워하고 대답 안 해요.

무시공 - 지구 태양계 구경해보라 해. 수성에서는 우주에 대해서 어떤 예언 있나, 물어봐.

OOO - 태양계가 뭉쳐 거대하고 밝은 지구. 대전에서 투명한 빛. 자기도 모르게 끌려오는 현상. 우주에 대한 예언 - 하나 되는 우주.

무시공 - 우리 그 작업하는데 왜 무서워해. 우리가 직접 체험한 후 진실이라면 대전에서 우주선기지 만들어 온 우주 사람들의 자유왕래 목적인대, 왜 무섭나.

OOO - 설명해주니 좀 알겠다고.

무시공 - 우리 도와주면 당장 8억조 광년 이상 높은 차원으로 그 이상 올려준다 그래. 잘 설득해, 몸에 빛도 올려준다며. 직접 느껴보라며, 꼭 태워주려는 마음 일어날 때까지. 우리는 일단 결심 내리면 꼭 이뤄지고 만다고 말해.

OOO - 네. 그대로 했더니. 우주선 반짝거리며(꼭 사람 눈 반짝이듯) 귀 세우고 들어요. 두려움 없어지고. 우리 옆에 있겠대요.

무시공 - 너네는 지구인보다 기술이 높으니 지구에 올 수 있고, 우리도 수성 궁금하다, 너희 우주선 타고 중심지도 가보고 싶다. 좀 도와줄 수 있지? 우리 우주선 탄 거 증명되면 우주 작업에 큰 공 세운다.

OOO - 해보자고 해요.

선장 이름. 스왕클. 얼굴 까무잡잡. 눈이 크고 반짝. 만날 시간 잡자고 전했어요.

2016년 7월 24일 오전 4:59

무시공 - 우리가 우주선 탈 때, 최고 대표들보고 잘 지키라 해. 어느 누가 방해하면 무조건 처리. 층층이 엄밀히 보호하기.

2016년 7월 25일 오후 4:41

OOO - 도대체 앉아 있을 수가 없어요. 등 쪽, 아랫배 쪽 느낌이 이상해요, 아픈 건 아니고. 하지만 생활에서 내가 할 일은 다 해요. 우주선 탈 수 있는 몸이 만들어지는 좋은 현상!!

2016년 7월 26일 오전 4:23

무시공 - 각종 우주선 1초에 달리는 최고와 최저 거리는 얼마? 봉황산 선장, 수성 선장한테 물어봐. 제일 낮은 차원으로 된 우주선 달리는 거리는? 해슨, 루시아한테 알아봐, 우리 몸 태울 수 있는 준비됐나, 소 끌어올릴 수 있는 우주선 수성에서 얼마나 있나, 팽성한테 물어, 헬기 실을 수 있는 우주선 몇 개 되나?

OOO - 봉황산 선장 - 양즈치옹

느린 건, 1초에 1km 가는 것도 있고, 1초에 100km 가는 것도 있다고.

수성선장 스왕클 - 1초에 200~500km 간다.

위에 말한 것이 낮은 차원이래요. 더 빠른 게 많다고. 빠른 것도 천차만

별이지만 어느 공간까지 순간이동 가능. 그리고 소 끌어올리는 거, 헬기 실을 수 있는 거, 아주 많대요.

해슨, 루시아 - 우리 탈 준비 거의 다 되어간다고. 90% 넘었다고.

무시공 - 헬기, 소 끌어올릴 수 있는 우주선 선장 많이 소개하라 그래.

우주선도 세 가지 종류 맞나. 에너지, 반에너지(반물질), 물질. 그중에 물질 우주선 속도가 제일 낮지. 우리 몸 태울 수 있는 거는, 속도 제일 낮은 물질 우주선이어야 된다고 알려. 수성 선장 스왕클한테 물어, 거기는 물질 우주선 속도 낮은 거 1초에 300m 달리는 거 있나. 지구 일반 여객기보다 조금 빠른. 가장 낮은 거 찾아야 물질로 나타날 수 있기에.

OOO - 우주선 종류. 꼭 구분을 하자면 에너지, 반에너지(반물질), 물질. 맞대요. 에너지와 물질, 두 종류라고 해도 틀리지 않대요. 1초에 300m 달리는 거 찾았더니. 순간적으로 잠시 속도 낮추어 갈 수는 있어도. 그런 속도전용으로 나온 건 없다네요.

무시공 - 너는 몸 견딜 만하지?

OOO - 몸은 견딜 만해요. 오후쯤엔 바닥에 누워 있지요, 끙끙거리며. 하하.

무시공 - 야, 그래서 우주선 타겠나?

OOO - 탈 수 있어요. 사람타고 달에 가는 지구 우주선 속도는 최저 7.9km/s 로 엄청 빠르지만, 훈련하면 이것도 견딘다는 거잖아요. 물론 우리 몸이 변하고 있으니 지구에 우주선과 비교할 수는 없지만.

무시공 - 어느 나라에, 목성 우주선 기지 사람 태울 수 있는 비행선이 7~8개 있는데, 사람 태운 적 있는 건 서너 개 있대.

2016년 7월 29일 오전 12:01

OOO - 항상 보이던 우주선들이 한동안 눈에서 사라졌다가, 이제 다시 보여서. 답답했던 마음이 좀 풀리고, 새벽에 다시 만나기로 했어요. 가슴이 설레요. 창밖으로 오라 하고 보며 대화하기로. 아까 옥상에서 약속때, 우리창과는 반대쪽에 있기에, 내가 볼 수 있는 곳으로 오라 했지요. 이제부터 눈에 보이는 우주선과만 대화하면 안 될까요?

처음에 보이는 건, 큰 모선에서 소형우주선이 쑥 나오는 게 보였는데. 잠시 후 비행기 속도보다 조금 빠르게 내 머리 위를 지나갔어요. 마지막에 지구 비행기와 모양이 비교되지요. 소음도 비교되고. 어쨌든 우리 서로들 너무너무 반갑고 좋은 감정을 느꼈어요. 큰 모선이 2개였어요.

2016년 7월 29일 오전 3:56

OOO - 위 동영상, 대화 - 모선 2대 모두 수성에서 왔다고. 스왕클이 긴급 도와달라 요청해서 왔대요. 아까 옥상에서 눈으로 보일 때 대화 - 우리를 지켜보고 있었고 보호하고 있었다. 우주선 벨라비, 선장 하니비
　호야 - 산테스
무시공 - 스왕클, 무엇 때문에 우리를 못 끌어올려. 소 본인이 끌어올린 거 맞나, 본인이 못 한다면 삭제하든 바꾸든.

2016년 7월 29일 오전 6:06

무시공 - 수성 여자대표 찾아 명령 소 끌어간 거 사실이면, 그 능력으로 우리 태워달라는데, 왜 안 돼? 소 끌어올릴 수 있는 우주선 몇 개 돼? 농장 소를 해부한 것도 너희가 했나? 승용차 변한 우주선도 너희들이 했으면 그것을 우리 앞에 보여줘. 거부하면 수성도 삭제할 거라고 경고.
　태양계 행성들 여자대표로 바꾼 거 내부 카페 올려.
OOO - 네.
　농장 소를 해부한 것 - 수성 의료 전문가와 과학자

2016년 7월 30일 오전 7:34

OOO - 우주인들과는 마음이 서로 가까워오는 만큼, 눈에도 가까이 보이는 거 같아요. 당연한 이야기지만 또 한번 느꼈네요.

2016년 7월 30일 오후 4:18

무시공 - 승용차 우주선으로 변한 거 또 찾아 대화해봐, 먼젓번 대화했을

때, 무인기라 했잖아, 혹시 사람 탈 수 있는지, 그 승용차 우리 앞에 나타나라든지.

OOO - 그런 종류들 많이 있다고. 더 큰 것도 있고. 우리 앞에 나타나라고 했어요.

무시공 - 못 날아도 우리 들어가봐도 된다고.

OOO - 구경해보자고.

무시공 - 응. 수성 여자대표하고 대화, 우리 도와주라고. 지구 태양계 변한 거 구경하라며.

OOO - 수성대표 프레즌, 내일 한번 보자고 했어요. 내 친구가 옛날에 너희가 가진 소형 우주선 비슷한 것과 같이 놀았던 기억이 있다고, 보고 싶어 한다고. 지구 변화 보여주고 지구인과 우주인 소통 시작한다. 우리 우주선 타는 거, 적극협조 바란다고. 내일도.

2016년 8월 2일 오후 12:57

무시공 - W동생 좀 살펴봐. 좀 지켜줘야 해. 상태가 아직 완전히 안 돌아왔어. 머리에서 발까지 세밀하게 보며 빛을 올려줘.

2016년 8월 7일 오후 2:47

OOO - 마오랑 대화하다가 느꼈는데요. 이 사람은 제일 많이 막혔는데, 제일 덜 풀어준 거 같아서. 제대로 알아나 들었는지 모르겠다는 생각이 들었어요. 어찌해야할지. 몇 번 더 대화해봐야 할지?

무시공 - 더 기회 줘도 돼. 계속 교만하면 좋은 결과 없다고. 삭제 목적 아니고 진심으로 대하면 양보. 몸이 알아들었나 반복 확인.

2016년 8월 8일 오전 10:06

무시공 - 나타나는 영을 통해 몸 찾아 대화. 이제부터 누구 나타나라면 직접 몸 나타나기 훈련. 지구인끼리 전화로 하듯, 직접 몸과 대화처럼. 우리도 외계인하고 그런 통로가 있어, 찾아야 해. 끝없이 외계인 몸하고 대화하다 보면 통로가 나타나. 대화하기 전, 외계인 몸과 통하는 통로 나타나라, 명령해봐.

2016년 8월 8일 오후 6:04

무시공 - HW보고, MP 몸에서 G몸 물질을 줄이며 자기 몸 보충해, 되나 실험해보라 해. 무슨 뜻인지 알겠나, 여기 비밀이 숨어 있는데.

OOO - 무슨 뜻인지는 알겠는데…. 비밀은 뭐지?

무시공 - 이 다음에.

OOO - 네. 몸과의 대화는 진짜로 집중, 집중 또 집중해야겠다는 생각이 들어요. 실제 몸이 못 만나면 대화가 제대로 안 된 거죠?

무시공 - 그럼.

2016년 8월 8일 오후 11:32

무시공 - 우리는 시공에 일체 주파수를 맞출 수 있어. 일체가 나고, 일체 안에 내가 있으니까. 누가 나타나라, 하면 나타났잖아. 어느 주파수 차원에 있어도 다 찾아 대화할 수 있지만, 각 차원에 있는 존재는 우리를 못 맞춰. 시공주파수가 어찌 무시공 직선을 맞춰.

OOO - 아, 정말 그러네요. 그리고 요즘, 온몸이 무너져 내리는 거 같아요. 움직일 땐 그나마 잘 모르겠는데, 가만히 있으면 녹아내리는 느낌이 너무나 커요.

2016년 8월 11일 오전 9:11

OOO - 휴, 몸하고 대화. 혼자 하려니 너무 오래 걸리고 대답도 너무 늦어요. 휘얼도 어제 밤 대화하다가 잠들고. 새벽에 하다가 너무 진도가 늦어 또 잠들고. PH도 반응이 빠르지 않아요. 일단 이야기는 전달했어요.

무시공 - 잘했어. 편안하게, 자유롭게.

2016년 8월 11일 오후 7:02

OOO - DH. 하늘의 숫자. - 대화 내용 와서, 카페 올림.

2016년 8월 12일 오전 9:37

무시공 - 마오와 두 번 대화한 거 정리, 카페 올려. 삭제한 원인을 밝히기 위해.

지구 최고 존재 마오(마고) 삭제 이유 - 수억 년 지구를 지켜온 점 감안하여 끝까지 함께 합하려 하였으나, 아래 이유로 어쩔 수없이 삭제함.

지구를 지킨다는 것이 오히려 막는 역할이 되어, 우주와의 소통이 더 어려워진 점. 뭔가 비밀을 유지하며 공개하지 않음. 지구, 대전이 무시공우주 중심지임을, 그리고 무시공우주에 대한 상세설명을 들었으며, 차원 높은 우주와 무시공 센터, 대전 상공 등 확인 후에도 여전히 무관심. 나름 본인의 역할 충실하였으나, 결론적으로 무시공우주작업에 방해된다 판단됨.

2016년 8월 23일 오후 11:41

무시공 - 송달하고 대화한 것, 또 페루 땅속에 사는 존재와 만나게 한 것까지 정리해서 카페에.

2016년 8월 25일 오전 9:29

OOO - DH가 작업한 500광년 스와일러라는 별 대표 제우스…:
대전 상공에 무시공 생명훈련센터 글씨도 쓰고 무시공 마크도 그리겠다고 함.
(카페와 3권 책에 수록돼 있으므로 생략)

2016년 8월 25일 오후 3:50

OOO - 페루 마추픽추도 카페에.

2016년 8월 26일 오전 11:45

무시공 - 람타, 정리해서 올려, 청년들이 기대해.

2016년 8월 31일 오전 8:52

무시공 - 지구에서 군대, 국가 단어 삭제. 내가 말했지, 지구에서 군대 없는
영원한 평화, 그리고 5~6년 후 각종 종교와 수련 없어진다고. 특별히 한
국에서 비리, 착취, 모든 부정 다 끄집어내서 삭제.

2016년 9월 2일 오전 6:16

무시공 - 7,000억 광년 오펜과 칸디 이야기, 표현방식을 대화방식으로 변경
한 후 정리해서 카페에.

2016년 9월 2일 오전 9:20

무시공 - 우주에 무기 있는 별과 우주 나타나라 한 후 삭제. 먼저 대표 나타
나 삭제 후, 우주 별 삭제.

2016년 9월 2일 오전 9:47

무시공 - 땅속에 있는 외계인 대표 다 끄집어내서 각각 어디서 왔나 물어봐,
왜왔나. 루시아보고 승용선 있나 물어, 얼마나 있나? 우리를 안 믿는 존
재는 이 우주에서 다 도태당한다. 우주 대변혁에서 개인 손실 좀 봐도
이 우주에 더 많은 생명을 살리기 위해서 우리하고 손잡고 가자고. 한국
만 해도 승용선이 1,800대 된대, 꼭 타게 된다.

2016년 9월 8일 오전 10:40

OOO - 꿈에 A랑 나랑 넓은 들판 같은 곳에 있는데. 거인 같은 우주인들이 다가와요. 그리고는 A를 데리고 갔어요. 난 두려운 마음이 들어 의자 밑에 살짝 피해 있었고. 그래서 오늘 아침 A에게 안부문자 오랜만에 보내 봤네요.

2016년 9월 8일 오후 12:53

OOO - 람타와의 대화 - 카페 올림

2016년 9월 12일 오후 9:51

무시공 - 지진 일으킨 존재 나타나게 해서 한반도 다시 지진 없게! 반대하면 삭제.

OOO - 도깨비가 나타나요. 다 나오라 하니 도깨비들이 쭉 나타나요. 또 한반도 지진 다시 나면 삭제된다 했더니, 순간에 도망갔어요.

2016년 9월 13일 오전 12:48

OOO - 준비된 우주인의 나타남. 지구인들만이 아닌 더 많은 우주의 고급 존재들이 기다리고 있다는 사실이 증명되는 대화 내용. 마탕카즈 인들과 지구의 한국에 파견되어온 금성인 여자(한국 이름 김선주)와의 대화. - 카페에.

2016년 9월 13일 오후 4:31

OOO - 버뮤다 삼각지대 - 카페에.

2016년 9월 14일 오후 10:04

OOO - 영원한 생명. 영원한 행복. 영원한 평화로 가는 길에 끼워주어서 감사합니다.

무시공 - 뭐 해, 바빠, 명절인데 쉬어야지.

OOO - 진짜 쉬라고요? 그런데 왜 바쁜 거 물어보시는지?

무시공 - 내일 제사도 지내겠네.

OOO - 네. 그런데 이제 식구들도 제사라는 개념은 많이 사라졌어요. 가족 모임 정도로 가볍게 생각해요. 선생님 덕분에요.

무시공 - 잘됐네, 지금 시간 있는가 보네. 카톡하는 거 보니. 시간 있으면, 김항우하고 같이해, 훈련도 시키고 또 외계인을 직접 지도할 수 있게 각종 우주선 타며 운전 배워서 독일, 북경에 있는 우주선 운전해보라 해. 김항우가 3단계 존재야, 잘 훈련시켜.

OOO - 어쩐지 아까 김항우 생각이 나더라니. 옆에 있는 듯도 했고요. 흠, 신기하네.

무시공 - 상대방 줄이는 방법, 삭제하는 방법, 우주선 타는 방법 등등 김항우가 지금 3단계 존재처럼 되면, 기적이 일어날 거다. 외계인이 더 쉽게 받아들일 수 있고, 우리하고 빨리 면담할 수 있다. 분자몸이 없기 때문에. 김항우보고 항상 우리 3명 곁에 있으며 누구도 방해 못 하게 하라 해.

OOO - 전했어요, 김항우에게. 잘 알겠다고.

무시공 - 지금 열어놔서 우리보다 힘이 훨씬 더 크다. 외계인 우주인은 이런 능력 절대로 없어, 김항우만 있어. 그래서 비밀 지키라 강조. 전 세계 대표는 한국서 시작, 무시공 세상 지구에서 시작. 큰 역할 한다고 칭찬. 우리가 힘 합하면 우주창조 필연. 물어봐 맞나.

OOO - 김항우 - 당연한 말을 - 그래요.

무시공 - 거기서 우리 분자몸 녹여 없애려 하는데 도와주라 해.

OOO - 최선 다한대요. 방법 알려주면 좋겠대요.

무시공 - 그리고 함께 공부하던 부산여고선생 같이 있나 물어보고 거기도 열어줘서 같이 하려나 물어봐. 분자몸 없애는 방법은 일원심 생명 외에는 다 영체로 봐. 다 각종 영체들이야, 그것을 하나하나 삭제.

OOO - 네. 여고선생과 같이 하면 더 좋겠다고. 지금은 같이 없지만. 방법 전해줬어요.

무시공 - 세밀한 공간은 김항우가 총책임자, 총 관리자, 우리하고 동일. 김항우한테 아스타 대표, 상란과 남자친구, 우리가 임명한 은하계 대표, 우리가 열어준 존재들, 소개해줘. 또 김항우보고 내 주변에 나를 막고 방해놓는 자, 무조건 삭제. 자기네가 위기감 있으니까 나를 고립시키려 해. 그 다음 내 몸에 영체는 무조건 삭제. 아직 안 나가고 안 변하는 거 삭제할 수밖에. 동시에 내 옆에 무시공존재 8명도 함께.

마탕카즈─열어줘.

여고선생─열어줘.

김항우보고, 전체 시공우주에게 명령 -지금부터,

1단계 ─ 외계인, 우주선 우리에게 공개, 적극 만나도록

2단계 ─ 대전훈련센터에서 공부하는 사람 앞에서 공개 반대자, 완고하게 대전센터 존재와 소통 안 하는 자 무조건 삭제. 그 별까지 동시 삭제. 심지어 그 별하고 연관된 우주도 삭제. 하나하나 실행 확인.

2016년 9월 15일 오후 10:19

OOO - 마탕카즈 대표 그빈츠 - 주변에 그 우주인들 있는 데서 여는 작업했고요. 그러고 나서 지구, 우주 보라 하니, 지구는 무시공우주의 중심지로 새롭게 보이고, 우리들보고 당신들이 너무 강하게 빨아들인다고. 온 우주 생명이 지구로 모여들어 하나가 되고 있다. 대전의 생명력과 우리들(이제 자기들도 포함)의 생명력 합해져서 너무나 힘이 강하다고.

2016년 9월 15일 오후 10:49

무시공 - 열린 존재는 김항우와 하나 돼서 우주 중심지 핵심역할 하기. 김항우가 총책임자, 관리자라고 선포.

OOO - 그대로 전달.

여고선생도 여는 작업 - 선생님께 감사하대요. 여고선생 앞으로 '허니'라고 불러달라고.

무시공 - 태양계 은하계 대표, 5억조 이상 대표들도 김항우가 관리.
OOO - 네, 모두 알릴게요.

2016년 9월 15일 오후 10:57

무시공 - 명절인데 가족과 잘 지내야지, 여기 신경 쓰는 거 적당치 않은데.
OOO - 까악, 하하.
　온 시공우주에 김항우가 총책임자, 관리자 알림.

2016년 9월 15일 오후 11:04

무시공 - 탄허 스님과 대화할까, 전화로? 카페에 올리려고.
OOO - 쉬라고 하신 거 아녜요? 이제 쉬려고 했는데.
무시공 - 쉬어라.

2016년 9월 16일 오후 3:54

OOO - 준비된 우주인(마탕카즈 인들)과 금성인 블랑스와의 대화. 마탕카즈
　의 와이너라는 이름을 가진 존재가 대화함. 이들은 분리되어 있지 않고
　하나의 의식인 듯하여 특별히 개인 이름을 따로 알릴 필요 없지만, 편의
　상 넣었음. '마탕카즈 인들'이라는 표현이 적합함. 공개 인터뷰 형식. 주변
　에 많은 우주인과 우주선들이 모여 듣고 있음. - 카페에 올림

2016년 9월 18일 오전 1:44

OOO - 우리를 방해하는 우주 존재, 하사이 - 카페에.

2016년 9월 21일 오후 11:07

무시공 - 요새 왜 조용해?
OOO - 선생님이 휴가 준 거라고 생각했어요.

2016년 9월 23일 오전 12:40

무시공 - https://youtu.be/...
   1. 달리던 승용차 갑자기 사라진 거, 대화
   2. 또 승용차 앞에서 갑자기 나타나 가로지나가는 거, 대화
   D가 보내온 내용 -
   2. 외계 존재이고, 가끔씩 놀러 삼아 지구에 온다. 지구에 와서 빛으로 있다가 형태를 만들기도 한다. 승용차는 자동차로도 탈 수 있고 형태를 바꾸어서 공중에서 날 수도 있다. 그러나 지구인의 눈에는 안 보인다.

무시공 - 어느 별에서 왔나, 지구와의 거리, 별 이름, 그별 대표이름, 네 이름. 지구에 자랑하러 왔나, 뭐 하러 지구에 왔나, 등등 이런 기초적인 거 알아야지. 기초적인 거 없어서 연락하니 답도 없어. 한 사람 훈련하기 이래 힘들다! 다시 대화해.
OOO - 별 - 수성. 이름 - 스테인.
   그때 잠시 우월감에 그런 거 맞다 후회한다. 미안하다.
무시공 - 안 돼, 전화로 대화.

2016년 9월 23일 오전 1:53

무시공 - 속이 시원하다. 영혼과 대화했나, 몸하고 대화했나? 녹음 정리해서 카페 올려.
OOO - 네. 몸하고 대화.

2016년 9월 23일 오후 1:37

무시공 - 시공에 수많은 존재, 자기를 못 낮추는 자존심, 자기가 다됐다는 오만, 고저를 너무 지키고 있는 모습, 자기를 고립시켜놓고, 윤곽에 가둬놓고 누구와 소통할 수 있겠나. 자기 고정관점 포기할 마음자세가 안 돼 있으면 누구도 방법 없어. 무엇보고 진아라는지, 또 뭐보고 근원이라는

지. 아직 불교 관점, 수행 관점에서 못 벗어났잖아. 이분법 세상에서 근원을 찾니, 진아를 찾니, 천년만년 찾아봐라, 찾아내나.

2016년 9월 24일 오전 10:14

OOO - 아스타별 - 카페 올림.

2016년 9월 26일 오후 12:18

무시공 - 은하연방. 군사 장악하고 있는 존재

아스타 총지휘관 5,000만 우주선 가지고 있고 지구인 한 사람하고 소통할 수 있대. 지구 3차원에서 5차원으로 올리기 위해서 은하계에서 소통하고 도와주고 있대. 지구인 부정 에너지를 긍정 에너지로 바꾸기 위해서. 아니면 도태당한다고, 자기가 은하계 3위에 있대. 아스타 지휘관하고 대화해볼까. 네가 시간 내서 혼자 알아서 대화. 그중 지구인 누구하고 통하나 은하계 새로 탄생한 여자대표 아는가. 아스타, 네가 은하계뿐 아니라 더 확장해서 5천억 광년 범위를 관리하기.

OOO - 그렇게 해볼게요. 그런데 선생님하고 같이 대화하는 게 훨씬 잘돼요.

2016년 9월 26일 오후 4:31

무시공 - 위에 보낸 동영상, 1. 승용차가 갑자기 사라진 거 확인

OOO - 20만 광년. 호세루 별.

선장이름. 나인스

대표이름. 키칸

위치. 2007년. 스페인.

지구인과 자동차 수준을 동시에 알아보려고 잠시 데려갔다가, 확인한 후 그 시간만큼 더 가서 다시 도로에 내려주었다. 자동차에 탄 지구인들은 모를 것이다. 예민한 사람들은 느낌이 약간 이상하다고 생각할 수 있다. 차에 잠들어 있는 지구인과 대화해보니 아직 꽉 막혀있었고. 예를 들어

돈과 명예만을 중시하더라. 자동차도 장난감 수준이었다.

OOO - 영상에는 2014년이네요, 내가 본 건 2007년.

2016년 9월 28일 오후 2:40

OOO - 지구와 별 거리: 860만 광년, 부스타별 - 카페 올림.

2016년 10월 11일 오후 11:22

OOO - 저녁 먹고 잠이 들었는데 꿈을 꿨어요. 허름한 집안에 선생님이 있고, 선생님 어머니가 모습은 보이지 않고 집밖에서 선생님을 꾸짖어요. 자세히 기억은 안 나지만, 과감히 집 밖으로 나오라는, 대략 그런 뜻의 말씀이었어요. 또 다른 꿈에서는 MP도 보이고, dh도 보이고.

2016년 10월 13일 오전 1:49

OOO - 미카엘 대천사와의 대화 - 카페 올림

2016년 10월 15일 오후 12:53

OOO - 어제 아침에 눈을 떴는데, 선생님과 더 가까워진 느낌. 이렇게 하나가 돼가는 거구나 하고 느꼈습니다.

2016년 10월 24일 오후 12:57

OOO - DH가 보내온, 지구를 식민지화하려는 별, 한국에 있는 부정적 외계인 오시에와의 대화 - 카페 올림

2016년 10월 26일 오전 9:47

OOO - MS가 성인 찾는 조직 보내와서 바로 카페지기에게 넘김.

2016년 10월 26일 오후 12:13

무시공 - 실험삼아, 다가오는 복권, 나타나라 해서 번호 대달라 해봐.

2016년 10월 26일 오후 12:17

무시공 - IM 열어주고 훈련하기 위해서 내 카톡에 들어오라 해.

OOO - 네. IM 여는 거 지금 했어요. 처음에 빛이 내려갈 때, 발 아래쪽으로 잘 안 가는 것 빼곤 잘됐어요.

2016년 10월 26일 오후 11:42

OOO - 탄허와의 대화 - 카페 올림

2016년 10월 27일 오전 10:23

무시공 - PH한테 물어봐, 누가 힘들게 하나, 주변 어두운 존재 무조건 삭제.

2016년 10월 27일 오후 5:10

OOO - 대전 나타난 우주선. 뷰티별 - 내용 받아서 카페 올림

2016년 10월 28일 오후 5:05

OOO - 천문서, 마야문명 - 대화 보내와서 카페 올림.

2016년 10월 30일 오전 11:22

무시공 - 이원 안병식을 실험품으로 먼저 철저히 삭제해.

OOO - 이원몸과 영을 삭제하라고요?

무시공 - 응. 진짜 나는 일원심이니, 진짜 나는 삭제할 수 없잖아.

OOO - 그렇지요. 해볼게요, 지금…, 아휴, 잘 못 하겠어요.

무시공 - 왜, 불안해? 나는 내 몸 실험품으로 해왔다, 절대 문제없다. 내 몸으로 증명돼야 한다.

OOO - 이렇게 어려운 건 시키지 마세요.

무시공 - 안 그래도 실험하려고 했던 거야. 절대 문제 없어, 여태껏 해왔잖아.

2016년 10월 30일 오후 6:06

무시공 - 답이 없는 거 보니 걸렸구나. 이원 나를 인정 안 하고 일원심만 인정하고 체험, 훈련 자체가 이원 나를 삭제하고 있는 거잖아.

OOO - 이해를 정확히 못 해서, 어설프게 할까봐서요.

무시공 - 나한테는 조심 필요 없어. 나는 확실히 일원심이 나라는 거 알고 해왔기 때문에. 내가 직접 느끼고 확인하려고, 여기서 서로 경험 찾으려고. 일단 내 몸을 통해서 이원몸 영체 삭제 철저히 성공하면 분자몸 벗어나는 방법을 알게 되고, 또 3단계 존재 훈련 빠르게 할 수 있겠다는 구상. 꼭 내 뜻을 따르라, 의심하지 말고. 나도 오래전부터 구상하며 또 너희 두 존재 통해서 다른 방식으로 실험도 했어,

너 둘이 아직 내 의도를 모르고 있고, 못 알아채서 그러지. 심지어 너희 심력을 확인해보기도 했어. 그 때가 안 됐을 뿐. 그래서 내 몸을 실험품으로 삼고 과감하게 삭제하라 해도 못 하잖아. 단단히 걸렸어. 자기한테 힘든 거 시킨다고. 다른 거는 다 하더구만. 중요한 시기에 통과를 못 했어. 시공 입장에서 나를 봤기 때문에. 요번에 안 걸렸으면 엄청난 결과와 경험을 얻을 텐데.

OOO - 선생님 몸이 없어지면 어쩌나 했지요. 이제 하면 되지 않나요, 걸렸다고 못 하는 거예요?

무시공 - 자기가 깨어난 거하고 대줘서 아는 거하고 천지차이라는 거. 전에 말했지, 직선빛에다 나의 의도적인 마음을 실으면 기적 일어나는 거. 스스로 깨달은 거와 내가 대줘서 안거하고 비교하면 답이 나오지 않나.

2016년 10월 31일 오전 5:16

OOO - 아아, 그러네. 그래도 대줘서 아는 것도 100% 활용할 수 있어요

무시공 - 내가 깨어나면 순간기적, 대줘서 알게 되는 거는 시간이 걸려, 안

되는 거 아니고. 그래서 불교에 '돈오'라는 단어가 있어. 돈오, 진짜 뜻은 시공과 무시공의 근본차이. 자기가 아는 거는 무시공, 대줘서 아는 거는 시공. 순간 뛰어넘어 갈 것을 할 수 없이 일정한 시간 통해서 한 벽담을 통과한다는 거.

OOO - 알겠어요, 어쨌든 좋아요. 알았으니까.

무시공 - 잘했어. 전에 내 곁에 안 있는 원인 말할 때 걸렸다 했지. 결국 계속 걸리고 있잖아. 인간 나라는 개인 입장으로 이동하면 무조건 걸린다고. 그러니 빨리 무시공 입장으로 바꾸라고. 나를 힘들게 하지 마, 등등 무시공에서 이런 마음 있어?

OOO - 없어요.

무시공 - 시공마음 생기면 무조건 걸려. 본인은 걸린 줄 모르지만 나는 알고 있지. 나하고 아무 벽담 없어야 진짜 하나가 돼. 단단히 나한테 걸렸지, 내가 낚시꾼이라 했잖아. 내가 진짜 무시공존재라는 거, 확실해? 인정하면 전처럼 내가 하자는 대로 해. 제발 자기 생각 끼워넣지 말자.

OOO - 네. 무시공존재 확실해요. 무시공 마음으로. 내 생각 안 넣을게요.

무시공 - 좋아, 고마워.

2016년 10월 31일 오전 5:50

무시공 - 이제 과감하게 내 영과 몸을 삭제할 수 있지. 내가 말했지, 전 지구인 삭제해도 60% 긍정마음 된 자는 삭제 안 된다는 거. 그 비밀은 나중에 공개할 거지만, 더 많은 생명한테 시간기회를 주는 거야. 아는 만큼 설명해주지, 놀랄까봐. 농담.

OOO - 선생님, 이원념과 몸을 계속 삭제 또 삭제하니. 그럴수록 일원몸은 형체가 더 진해지고 더욱 빛나요.

2016년 11월 2일 오전 2:29

OOO - 남사고와의 대화 - 카페 올림

2016년 11월 2일 오후 2:35

OOO - 천문서 그림 추가한 것, 케이택시별 글 보내와서 - 카페 올림.

2016년 11월 2일 오후 9:53

무시공 - PH와 대화. 절대로 흔들리지 말고 생명 내걸고 그 자리 지키라고. 너는 우리 무시공이 선택한 존재기 때문에. 한국에서 우주중심지 건설을 위해서 선택한 존재. 너는 한국에서 마지막 인간 DT. 너를 무시공존재로 훈련, 실험체크한다 해.

OOO - 전했어요. 알았다고 고개 끄덕여요.

선생님이 지켜주니 PH와 그 주변 빛이 너무너무 밝아요. 무시공에서 함께하니, 당당하게 그 자리 지키라 전했어요.

2016년 11월 7일 오후 11:11

무시공 - 외계인이 지구인 마음 마음대로 지배하는 기술 가지고 있대. 죄의식이 없고, 재미있대.

OOO - 맞아요. 내 마음 조정하는 거 느꼈어요. 아주잠깐. 이런, 어두운 세력들이 맘대로 조정하고 재밌어 하나보다.

2016년 11월 11일 오후 5:36

OOO - 우주인들이 우리랑 함께 힘을 합치고 있어요. 지금 오는 내내 눈앞에 비행기로, 새로, 빛으로 보여요. 현재 나라 상황 안심하라는 듯이.

무시공 - 작업 잘했다.

2016년 11월 14일 오후 10:44

무시공 - 한반도 전체, 어두운 거 철저히 걷어버리고 최고 밝고 빛나게 해.

2016년 11월 25일 오후 6:45

OOO - 〈사진〉

아산 가는 길, 계속 따라오는 마탕카즈별 우주선 3대가 우리 차 속도에
맞춰서 계속 따라와요, 신난다. 11시에 만나보기로 했어요.

2016년 11월 26일 오전 12:17

OOO -- 아산 훈련 장소에서 김장하는 중에 파, 양파, 생강을 다듬는데 눈
이 하나도 안 따가워요. 11시 약속시간에 부엌문 열고 나오니, 마당 위
에 우주선이 잔뜩 와 있어요. 가까이는 아니고. 신기하게 밖에 대문 열
고 나가봐도 없어요. 부엌문 열고 우리 마당에서 보기 딱 좋게 아주 많
이 와 있어요. 어떤 건 별처럼 보이게, 어떤 건 움직이며. 오늘은 대화보
다는 교감을 깊이 했어요. 함께한다는 느낌이 어느 때보다 강했고. 실제
볼 때는 사진보다 엄청 가까이 있었어요. 사진은 항상 멀리 보여요.

OOO - 〈동영상〉

2016년 11월 28일 오후 2:07

OOO - 토요일에 대전에 강도 2.5 지진 있었대요.
예민한 사람만 느낄 수 있는 강도라고. 우린 전혀 몰랐는데. 이런 건 신
경 안 써도 되죠?

무시공 - 응.

2016년 11월 30일 오후 11:28

OOO - 호피족의 예언 - 카페 올림

2016년 12월 2일 오후 4:49

OOO - 어? 선생님이 금방 내게 말한 거 같은데. 맞아요?

무시공 - 응. 참석할 수 있나, 하고 카톡 하려다가. 저녁 청년모임 참석.

OOO - 우와, 맞아, 맞아. 카톡 대신에 이야기하는 거 같았어요. 나도 대답 했지요, 내일 센터 모임에서 뵙자고. 내 답도 들었지요?

무시공 - 응.

2016년 12월 13일 오후 6:49

OOO - P자매. 엄마가 행복해하신다고. 어제 찍은 사진 보면서 좋아하신대요.

2016년 12월 14일 오후 2:18

무시공 - 자매, 지금 전화로 체험해줬다.

2016년 12월 21일 오후 12:49

무시공 - 대전서 저녁 6시 축하모임, 오늘 동지라네.

OOO - 맞아요, 어제 친정집 가서 팥죽 먹고 아버지랑 진짜 오랜만에 이야 기도 하고…. 절대 못 알아들을 줄 알았던 아버지에게 무시공 이야기, 대 한민국 우주 이야기도 자연스럽게 나오게 됐고…. 그런데 아버지가 알아 듣더라고요, 신기할 만큼.

2016년 12월 22일 오전 8:16

무시공 - 3단계 존재들이 이 세상 제일 예쁘다. 왜, 무시공존재니까.

OOO - 무시공존재로 끌어주어서 감사합니다.

무시공 - G에 미워하는 마음 때문에 또 G하고 한판. 내 마음 무시공에서야 다 알 수 있겠지. 시공에서 나를 알려면 한도가 있지, 모르니까. 너하고 싸움하고 싶어도 그런 조건이 없어. 누구 밉다는 개념이 없으니까. 누구 든 나한테 누구 밉다 하면 내 마음이 아파, 그래서 속안에서 핵폭발. 집 에 와서 나 혼자 한없이 눈물이 쏟아지더라, 지금도 눈물이 안 멈춰. 여 기는 저녁부터 집에 올 때까지 비도 안 멈춰.

OOO - 아, 여기도 비 오는 게, 선생님 눈물이었구나. 선생님 덕분에 내가 많이달라졌지요, 많이가 아니라 완전히달라졌어요. 진짜 미움이 없다는 거 공감. 선생님 닮아가는 거 같아 기뻐요. 앞으로 다들 그럴 거고요.

2016년 12월 23일 오후 12:23

OOO - 사지서 - 카페 올림

2016년 12월 24일 오전 1:56

OOO - 아산 별채에서 외계인들이 기다리면서, 왜 안 오냐고 물어보는 거 같아서 대답해줬어요. 내일 대전으로 간다고.

2016년 12월 24일 오전 2:03

무시공 - 버스 타고 올 때 PC한테, 카페 들어가봤나, 여쭤봐.

2016년 12월 24일 오전 11:43

OOO - PC 대표 답장 -유감스럽게도 신간 내는 작업에 바쁘다 보니 카페에 아직 못 들어가보았습니다. 우주 및 외계와 소통한다니 흥미롭군요. 나중에 꼭 카페에 들어가보지요.

2016년 12월 28일 오전 2:26

OOO - 수정해골 1. - 카페 올림.

2016년 12월 30일 오후 5:02

OOO - 2016년 올해 업무 끝.

무시공 - 축하. 내가 속이 시원한 느낌. 2016년은 3단계 작업이든 자기 할 일이든 다 대성공.

2016년 12월 31일 오후 11:21

OOO - 대한민국의 뿌리 - 대한민국 별, 대한민국 우주 - 카페 올림

2017년 1월 1일 오전 6:06

무시공 - 너무 길어서 2—3단계로 나눠서 올리지. 긴 내용 정리하는 거 수고했네.

OOO - 카페지기가 선생님과 통했네요, 시간 간격 두고 3회로 나눠 올린답니다.

무시공 - 응. 대한민국 뿌리 찾은 거, 오늘 올리는 것이 의미가 좋다.

　2017년 1월 1일, 무시공 봉황 깨어나는 첫날 놀라운 소식. 봉황들이 무시공 빛이 떠오른다고 힘차게 노래.

2017년 1월 2일 오후 11:44

무시공 - 내일12~1시 신림역, P자매, H, M 부부, LH 만나기로 했다, 참석하자. 내일은 젊은이들만 모여. 나는 영아니까. 너도 젊은이들하고 어울리기 좋지? 감동.

OOO - 선생님이 우리랑 같이 놀아주는 것이 고맙지요. 하하.

2017년 1월 11일 오전 11:50

OOO - 대한민국 우주 5편, 90억조 광년 대한민국우주 대표 사피안느 - 카페 올림

2017년 1월 13일 오후 5:25

OOO - 수정해골 2 - 카페 올림
　70억조 광년인데 자기가 시공 최고라고 알고 있네요.

무시공 - 수고 많았다 감사.

2017년 1월 19일 오후 11:50

OOO - 돌문 안에서 문 닫은 존재 - 카페 올림

2017년 1월 24일 오전 10:51

무시공 - 도넬하고 대화, 실험결과? 어느 외계인이 지구인이 비행선 타면 몸
　이 폭발한다고 하는 거, 이해가 된다. 진짜 가능하다는 거. 어젯밤에 내
　몸 반응이 증명돼.

OOO - 도넬 - 2.0 어제 밤에 폭발?

무시공 - 새벽에 몸 상태가 풍선처럼 꽉 차 터질 것 같은 느낌. 그래서 계속
　풀어서 아침 6시쯤 풀렸어.

OOO - 엄청 통하셨구나, 그래서 2.0···.

무시공 - 저녁 체험시간에 도넬에게 더 강하게 실험하라 하려고. 아니 지금
　이라도 도넬보고 계속 강하게 하라 해. 31일까지 1.5 목표.

OOO - 넵. 도넬에게 효과 있다고 칭찬했고, 좀 더 강화해서 31일까지 1.5
　하라 했어요. 도넬 해보자고 해요.

무시공 - 1월 20일 - 2.3, 1월 23일 11시 - 2.22, 1월 24일 11시 - 2.0 이니까 1
　월 31일 - 1.5는 충분 가능. 하루사이 0.22 내려갔잖아.

2017년 1월 24일 오후 9:21

OOO - 도넬 대화, 10분 후에 전화드릴게요.

2017년 1월 25일 오전 9:39

OOO - 어떠셨어요, 몸 풀리는 거?

무시공 - 강하지만 비행선 안에 탄 느낌은 없어. 안에 타게 해보라 해. 절대
　문제없다.

OOO - 말해놨어요, 비행선에 태우라고. 도넬, 초미, 미셀랑에게. 대답은 없
　어요. 지금은 가까이에서 머리 집중 풀고 있대요.

2017년 1월 25일 오후 3:48

OOO - 170124-21. 어제 밤 도넬, 전화 통화로 작업한 내용.

1) 선생님 분자몸 녹이는 작업
  * 금성 도넬 과학자 - 현재 선생님 몸 2.2 (금성인 3 기준)
  현재 50단계 -> 100단계로 강하게.
  1/31일 목표 1.5 => 최고 0.5
  * 30억 광년 초미 - 2.5~2.2
  * 5억조 미셸랑 - 2.3~2.2
  * 10억조 울파노 - 2.2
  * 80억조 조세미안 - 1.8
  * 90억조 고혼 - 1.9
  * 100억조 슘므 - 1.99
  30억 광년부터 10억조 광년까지 - 비행선 탄 것처럼, 그리고 머리 집중해서 풀 것.

2017년 1월 27일 오전 11:07

무시공 - 설명절 준비하느라 바쁘지. 짬 봐서 아스타보고 꼭 다 처리하라고 명령. 설명절 일가친척 다 행복하게 지내고.
OOO - 감사. 안 바빠요, 무시공 덕분에 모두 간소화됐어요.

2017년 1월 28일 오전 12:56

OOO - 161112 하늘의 밀서 (천문서) 1.
  (우연히 알게 된 성인이 태어나는 땅 중국, 그리고 하늘의 밀서)
  다음 편 또 있고요. 카페 올림.
  그 성인은 어디 있을까. 하하….

2017년 1월 30일 오후 5:17

OOO - 어제 꿈에 나는 땅에 있고. 내 가까이에서. 내 머리 위에서 엄청 큰 소음도 내며, 엄청 큰 비행선과 작은 비행선들이 위협하듯 다가오는데도, 움츠러들지 않고 꼿꼿이 서 있었어요. 전에 꿈에선 조금 무서운 감도 있었는데, 지금은 즐겼어요. 하하.

무시공 - 잘했어. 외계인, 우주인들이 우리 돕고 있다.

2017년 1월 30일 오후 11:28

OOO - 161112. 『하늘의 밀서』(천문서) 2. 1,500년 전에 한민족이 쓴 책, 하늘의 밀서라는 예언서라고 한다. - 카페 올림

무시공 - 명절인데 수고했다. 중복되는 말은 좀 줄여도 된다, 너무 길어 힘들었겠다.

2017년 2월 6일 오전 9:02

OOO - 아이야, 은지 답이 아직도 없어요. (며칠간 작업한 니비루 별)

무시공 - 나중 더 대화하자.

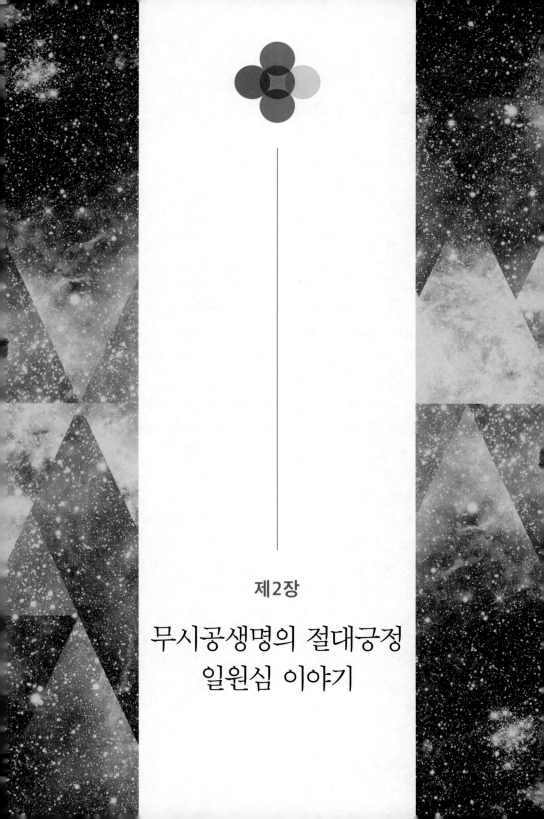

제2장

무시공생명의 절대긍정
일원심 이야기

나는
이 우주를 거두러 왔다

나는 이 우주를 거두러 왔다.

그럼 이 우주를 누가 창조했나? 이원념 입장에서 보면 상대 즉 다른 사람이 창조했다. 그러나 나는 상대가 창조한 우주를 인정 안 하고, 못 하게 하려고 해도 고집을 피우고 끝까지 자기 입장만 내세우니 그럼 네 마음대로 해보라 해놓고, 만약 네가 창조한 우주가 합리적이지 않고 완벽하지 않으면 너는 절대로 그 우주를 거둘 수가 없다. 반드시 내가 거둔다.

내가 그렇게 말했다.

왜 그런가? 네가 창조한 우주가 완벽하지 않아도 너는 절대로 거두는 능력이 없기 때문이다. 너는 이원념(二元念)에 걸렸기 때문에 스스로 거둘 수가 없고, 자신이 거두기 위해서는 이원념이 반드시 일원심(一元心)으로 바뀌어야 한다. 네가 이원념으로 창조해놓은 우주를 네가 어떻게 거둘 수 있나? 절대로 거둘 수 없다.

일원심 입장에서 나는 창조할 수도 있고 거둘 수도 있다. 왜 그런가? 나는 이원념의 존재가 아니고 일원심의 존재니까! 그래서 이원념 입장에서는 상대가 우주를 창조해서, 내가 그 우주가 완벽하지 않다고 창조를 못 하게 해도 자기가 하고 싶은데 내가 막으면 안 된다.,그러면 네 마음대로 창조해라. 네가 인정할 때까지 마음대로 창조해라.

창조하고 수많은 시간이 흘렀는데 그 결과를 보니까 완벽하지 않아. 그렇다면 네(상대)가 만든 완벽하지 않은 우주를 인정해, 안 해? 물어보면 자기는 절대로 인정할 수가 없고, 그렇지만 거두고 싶어도 거두지를 못한다. 완벽하지 못한 우주를 창조한 존재 자체가 이원념이기 때문이다.

네 마음이 이원념의 마음이기 때문에 이원념의 우주를 창조했는데, 너는 절대로 마음을 바꿀 수가 없다. 그래서 내가 어쩔 수 없이 거두러 왔다. 제일 거칠고 쓰레기통인 지구에 와서 거두고 있다. 내가 지금 지구에서 우주 작업을 하면서 거두고 있는 것 자체가 너를 살리는 것이다. 이것은 이원념 입장에서 보는 관점이고, 그런데 절대긍정 일원심 입장에서는 내가 창조했다.

내가 실험 삼아 완벽한가 안 한가 창조했다. 결국 창조해서 마지막 끝까지 보니까 이것이 완벽하지 않아. 그래서 나는 주동적으로 다 끌어와. 또 새로 창조해. 내 말이 바로 이것이다.

나는 이원념 입장에서 답할 수 있고 일원심 입장에서 답할 수 있다. 나는 변호사가 아니야. 나는 있는 그대로를 말한다. 그래서 내가 이원념 입장에서 거둘 수도 있고 일원심 입장에서 거둘 수도 있다.

왜? 나는 절대긍정 일원심 입장에서 문제를 봤기 때문에 내가 창조했든 남이 창조했든 나는 다 거둘 수 있다. 내가 진짜가 아니면 가짠가 나를 트집 잡지만, 나는 잘못된 것이 없다. 아무리 트집을 잡으려고 해도 잡을 수가 없다. 서울에 있을 때 아무도 반박하지 못했어. 바로 이거라고 이원념 입장에서는 나를 반박할 수가 없다. 이원념 입장에서는 나를 반박을 못해. 그런데 일원심 입장에서 더 반박을 못 한다. 나는 이래도 맞고 저래도 맞아. 무조건 맞아.

무시공 선생님의
어린 시절

학교 다닐 때 내가 책을 베고 자면 머리가 열려 있으니까. 그 책을 보고 있어. 그래서 내가 세포만 깨우고, 책을 베고 있으면 자는 것 같지만 책을 다 읽고 있다는 거야. 그리고 시험을 치면 시험 치는 과목을 한번 쭉 훑어보면 '아, 어떤 것이 시험에 나오겠다' 하고 대충 감이와 그러면 시험에 진짜 나와. 지나갔으니까 이런 경험, 이 비밀을 밝히는 거지, 그 당시에는 나만 알고 있었어. (웃음)

그런데 초등학교에서 중학교 들어가는 시험을 준비할 때 선생이 복습시키면서 시험에 나올 수 있는 것을 베껴서 막 외우게 하면서 훈련을 시켰어. 그러면 나는 우리 반 아이들에게 뭐라고 그랬냐 하면, 선생님 말 듣지 마라, 절대로 안 나온다. 나도 모르게 아무 근거도 없이 그런 말이 나와. 그래서 내가 하는 말을 믿으라고 그러니까, 누구도 안 믿고 선생님 말만 믿더라고. 그러나 나는 나를 믿고 다 준비를 해놓았어.

중학교 들어가는 시험을 쳤는데 전부 다 내가 미리 나온다고 한 것들이 다 나오더라고. (웃음) 그러니까 전부 다 무조건 백점이고 그 전체 시험장에서 내가 제일 먼저 나왔어. 그런데 다른 사람은 다 합격 통지서 나왔다고 그러는데 나는 한달이 지나도 통지가 없어, 합격을 못 했다는 거야. 나이가 많은 선생이 나한테 와서 자기는 해방 전부터 20년 넘게 선생 노릇을 했는데 그런 현상이 종종 있다고 하면서, 평소에 공부를 아무리 잘해도 운수가 나쁘면 시험에 안 걸린다고, 너무 그런 경험을 많이 했다고 하면서 나를 위로하는 거야.

그래서 내가 물어봤어. 그러면 운수가 좋다고 하자. 일 더하기 이(1+2), 이것의 답이 얼마인지 모르는 사람이 운수가 좋다고 답이 3이 나오나? 하니까 아무 소리도 못 하고 가버리더라고. 나는 절대로 안 믿는다. 그래서 나는 반드시 내가 시험 친 것을 확인하러 가야겠다고 마음을 먹었어. 그때는 돈도 없고 또 어디를 다니려면 양표 여기 식으로 말하면 식권, 그런 것이 있어야 해. 아니면 어디를 가도 배를 곯아. 그래서 온 데 다 다니면서 돈을 빌렸어. 빌려서 꼭 내가 직접 시험 친 것을 확인하고 봐야 인정하겠다. 안 그러면 절대로 용서를 못 한다. 그렇게 했더니 한달 후에 합격 통지서가 왔어. 그렇게 해서 중학교에 가니까. 그때 담임 선생님이 나보고 전교에서 내가 일등이라고 그러더라고.

초등학교 다닐 때 무슨 감정서(생활기록부), 내가 초등학교 6학년 졸업할 때 교장하고 싸움하고 그랬잖아. 그러니까 그 감정서에 나를 엄청 나쁘게 적어놓았던 거야. 그런데 그 담임선생님은 초등학교는 초등학교고 ,우리는 중학교니까 지금 현재를 보고 잘해보자고 나를 엄청나게 좋게 대하는 거야. (웃음)

(회원- 선생님, 그때 왜 교장선생님이랑 사이가 안 좋았어요?)

내가 그랬잖아. 그때 졸업식 때 우수 졸업장을 나를 안 주려고 그랬던 거라. 그래서 내가 할 말 다하면서 설전을 벌였는데 결국 나를 줬어. (웃음)

(회원- 선생님, 그때 마음만 먹었으면 중국 전체에서 일등도 했을 것 같아요.)

안 그래도 중학교 다닐 때 물리학 선생이 전국적으로 어린아이들을 상대로 영재를 뽑아서 훈련하는 학교가 있대. 그 물리학 선생이 혹시나 우리 같은 시골학교에서도 그런 영재가 있나, 시험 삼아 우리 반을 가지고 한번 시험해보자 그랬어.

시험을 쳤는데 내가 95점을 받았고 그 중에 한 명이 65점, 그 다음에는 전부 30, 40이야. 그러니까 선생이 다 놀랐어. 시험 시간은 90분인데 큰 칠판에 선생이 문제를 계속 써, 자기 속도로 쓰고 90분 동안 문제를 칠판에다가 종이 칠 때까지 쓰는데 뒤도 보지도 않아. 계속 문제를 쓰다가 칠판이 끝까지 꽉 차면 처음을 지우개로 지워. 그리고 또 빠른 속도로 문제를 써. 끊임없이 지우고 쓰고 지우고 쓰고 그래. 지금 생각해보면 주로 속도를 보고 거기에 반응하는 반응을 탐구하는 것 같았어.

내가 지금 생각해보면, 그러니까. 머리를 쓰고 생각하고 그럴새도 없이 즉시 즉시 답을 해야 해. 머리로 생각할 새도 없고 이게 답이 뭐지! 이렇게 해야 하나 저렇게 해야 하나 그런 생각도 할 사이가 없어. 무조건 그저 막 하는 거야. 머리에 떠오르는 대로 막 답을 적는 거야. 그리고 또 한 반에 학생들이 한 오십 명 육십 명 되잖아! 줄줄이 다 선생님이 지키고 종만 치면 무조건 답지를 그냥 뺏어간다고. 나도 도대체 어떻게 시험을 쳤는지 몰라. 나중에 발표하는 것 보니까 내가 95점이래.

도대체 내가 어떻게 답을 했나 싶어! 뒤돌아보고도 나 혼자 놀라. 어떻게 그만큼 답했나! 그러니까 선생이 진짜 놀라더라고, 하…, 이거 만일 진짜 전국적으로 이런 시험 성적이면 영재 훈련받는 데 갈 뻔했다고. 시골이니까 영재고 뭐고 그런 게 어딨어, 그런 자격도 없고. 그런데 내 마음속에는 항상 장래에 무슨 과학자가 돼서, 무슨 연구를 하면 어떤 방면에도 내가 반드시 이뤄진다는 그런 마음은 항상 마음속에 새기고 있었어.

내가 만일 아무것도 못 하고 어디 시골에 들어가서 농사를 짓는다 해도, 나는 절대로 다른 사람처럼 억지로 농사를 짓는 것이 아니라, 다른 환경을 내가 창조해서 남다르게 할 수 있다는 자신이 있었어. 그래서 나는 어떤 환경에 던져져도 그 환경에 파묻히는 것이 아니라, 새롭게 창조한다는 당당함이 있었던 거야.

시골에 있다가 잠시 시내에 나가서 공장에 기계가 막 돌아가는 것을 구경하고 그랬는데, 저사람들 바보들 아닌가! 조금만 머리를 쓰면 동력을 이용해서 기계를 움직이면 손발 안 움직이고도 다 할 수 있을 텐데, 내가 거기 있으면 자동 시스템도 만들 수 있었겠다 싶었어. 정말이라.

그럼 그때 나는 무엇을 생각했는가 하면, 인간이 살아가는 데 동력이 제일 중요한 것 중에 하나가 동력이잖아. 지금도 전기만 넣으면 모터가 돌면서 다 움직이잖아. 그런 움직이는 기초만 있으면 내가 무슨 방법으로도 손발 대신으로 다 할 수 있잖아. 꼭 손발 움직여서 해야 돼? 진짜 그렇게 생각했던 거라고.

내가 또 어렸을 때 호기심이 많아서 엄청 탐구를 많이 했어 그 중에 어느 날 아침에 비도 안 왔는데 식물 잎에 맑은 물방울이 있는 거야. 보통은 그 이슬이 수증기 때문에 생긴다고 다 그렇게 말하잖아. 어느 날 저녁이나 햇볕이 쨍쨍한 날도 가만히 보니까. 그 잎에서 쑥 물방울이 솟아오르더라고. 그 잎에 그런 구멍이 있어. 거기서 쑥 올라오더니 동그란 물방울이 또르륵 굴러서 내려가, 거기서 또 올라와, 맨 그 자리에서. 그래서 이슬이 온도차로 생기는 수증기가 아니라는 것을 알았어.

햇빛이 없으니까 그 물이 안 날아가니까 물방울로 맺히고 점점 빠른 속도로 솟아오르더라고. 처음에는 조그만 하다가 동그래져. 그러다가 무게가 있으니까 잎 아래로 또르륵 떨어지더라고. 그리고는 그 자리에서 또 올라오고. 나는 그런 것까지 다 관찰해봤어.

나는 하여튼 호기심 때문에 무엇이든지 내 눈에 이상한 게 보이면 그냥 안 넘어가. 반드시 뚫고 들어가. 어렸을 때 동네 아이들하고 저녁에 두 패로 나누어서, 한편은 숨고 한편은 찾는 것, 그런 놀이를 많이 했어. 그런데 내가 숨기만 하면 이상하게 누구도 나를 못 찾아. 생각해보니까. 내가 그때 입력하거든. 너희들 절대로 나를 못 찾는다 하면 진짜 못 찾아. 그때는 내가 왜 그랬는지 나도 몰랐어. 그저 장난삼아 그렇게 생각했는데 못 찾아. 그럼 너희들 일부러 나를 찾아봐라 하고 달이 있는 밤에 동네 사람이 지나가면 나는 그 사람 뒤에 숨어 따라가면 자기들 눈앞에 보이는데도 그래도 몰라. 내 모습을 못 보더라고.

편을 바꿔서 우리가 찾고 상대 아이들이 숨으면 우리가 찾아야 돼. 그러면 100% 다 찾아버려. 우리가 숨으면 다른 아이들은 다 찾는데 꼭 나만 못 찾으니까. 재미없다고 나오라고 그래. 우리가 다 찾았는데 너만 못 찾았다고 그래서 내가 쑥 나가면 '니 어디 숨어 있었나?' 그래. 어렸을 때부터 온갖 경험 다했다. 그런 놀이할 때 먼저 입력을 시켜. 너희들 절대로 나를 못 찾는다. 미리 그렇게 꼽아놓고 해.

그때는 내가 그런 능력이 있는 줄 몰랐어.

(회원- 그때부터 심력을 쓰셨나보다. 그렇게 하면서 하나도 의심 없었죠?)

아무 생각이 없어. 내가 어떻게든 해서 꼭 이루겠다 하는 그 생각도 안 하고 그저 꼭 이렇다 결론만 내리면 끝이야. 그래서 무엇을 하든지 의심 안 하고, 혹시 누가 나를 못 찾겠나 하는 그런 개념도 없어. 절대로 나를 못 찾는다 하면 끝이야. 아무런 잡생각도 없어. 그저 행하는 거야. 보통사람 같으면 절대로 그런 마음을 못 가져. 그런데 나는 그런 마음을 먹으면 이상하게도 하나도 안 흔들려.

나는 한번 마음먹으면 흔들림이 없어. 한번 마음 먹으면 끝장을 본다고. 안 이뤄진다고 해도 나는 포기를 안 해. 무조건 내가 한번 결론 내리면 무조건 그건 끝장을 봤어.

그래서 내가 말하는 것은 이론이 아니고 행한다, 행해라! 나는 무슨 이론도 뭐 그것도 몰라. 하여튼 무조건 해. 무조건 한번 마음먹으면 그대로 끝장을 봐. 어떤 일을 하면서 되겠나 안 되겠나. 안 되면 어떻게 하나 나는 그런 생각이 없어. 나는 무조건 다 한다는 개념이야. 그렇게 하면 무엇이든지 이뤄질 수밖에 없어.

사람들은 계속 바꾸고 변동을 시키잖아. 그 당시에는 이랬다가 조금 부딪히고 막히면 또 다른 생각으로 바꾸고, 순간에 포기하고 그렇게 하면 영원히 이원념에서 못 벗어나. 나는 한다고 하면 결과가 틀리고 맞고 떠나서 성공하기 위해서 끝장을 본다고 하면 세포가 계속 그렇게 훈련을 받으니까, 세포가 한마음 한뜻으로 내 뜻을 따르고. 심지어 내가 한번 마음먹으면 세포들이 먼저 앞장서서 한다고 내가 항상 그런 말을 하잖아.

내가 오늘은 이렇게 하고 다음에 또 저렇게 바꾸면 세포도 헷갈려해, 도대체 주인의 어떤 말을 믿고 행해야 되겠나. 그럼 세포들은 다 바보가 되어서 주인이 시키는 대로 해야 돼.

그렇게 되면 세포도 자기 주동성이 없어져 항상 노예 위치에 있어. 그런데 내가 한번 명령 내려서 끊임없이 모든 것을 100% 그렇게 하면 세포가 아, 이 주인은 한번 말하고 한번 입력하면 절대로 안 변한다. 세포가 다음에 내가 무엇을 한다고 하면 절대로 의심 안 해. 미리미리 자기가 먼저 앞장서서 한다고. 세포는 세밀한 데 있으니까. 내가 이렇게 마음먹으면 세포들이 앞장서서 미리 다 처리해. 그렇게 하면 순조로워 안 순조로워? 내가 힘들어 안 힘들어? 그렇게 하면 일이 이뤄질 수밖에 없어.

이런 우주의 비밀을 말하면 사람들은 주의해서 안 들어. 세포를 훈련하라고. 60조 세포만 훈련하면 세포가 먼저 행동에 옮길 수 있어. 왜? 내가 변함없이 끊임없이 주입시키고 끊임없이 변동 없으니까. 아, 이 주인은 한번 결심하면 변동 없으니까 우리도 열심히 하자. 내가 마음만 한번 먹으면 저것들이 최선으로 움직이고 있어. 그러니까. 처음에는 힘들지만 끊임없이 계속 하다 보면 다 순리대로 세포들이 대신 다 하잖아. 그럼 얼마나 좋아? 이것이 60조 세포의 사령관이야.

이 사령관은 60조 세포한테 믿음을 줘야 해. 신용을 줘야 해, 약속을 지켜줘야 해. 그래서 난 누구하고 약속을 해도 먼저 내 세포한테 먼저 해. 나는 무슨 말을 해도 100% 지켜. 절대로 위반은 안 돼. 내 세포한테 한 약속을 지켜야 내 주위 사람들의 약속을 100% 지켜. 안 지키면 싫어. 나는 내 세포한테 그런 훈련을 받았기 때문에 그래서 나는 항상 당당해.

그래서 나는 무엇이든지 한번 약속하면 100% 생명 내걸고 지켜. 나는 진짜 어릴 때부터 그런 성격이 오늘까지 그래. 이것은 일관성이야. 변동이 없어. 그래서 다른 사람이 내 앞에서 약속을 안 지키면 제일 싫어해. 그래서 한번 두 번 믿고 또 약속 안 지키면 잘라버려.

이것은 진짜 직장에 다닐 때도 그랬어. 그 사람이 무엇을 잘하는지 못하는지. 나는 그것을 평가는 안 해. 주로 약속 지키나 안 지키나. 무엇을 말했으면 생명 내걸고 약속대로 해. 이런 것이 진짜 대장부지! 말해놓고 금방 변하고, 금방 변하면 누가 너를 믿어.

먼저 나한테 엄격하게 대해야 한다. 나는 누구한테? 나는 내 세포한테! 나는 세포와 한 약속은 철저하게 지켜. 그래야 세포가 나를 믿어. 그리고 내가 그런 무장이 되고 그렇게 할 수 있었기 때문에 내 주변 사람들한테도 그렇게 요구해. 약속 안 지키면 절대로 용서 못 해. 그것은 상대적 훈련이기 때문에 너도 그렇게 돼야 한다는 거라. 그래야 우리가 하나가 되지.

네가 약속을 안 지키는 것은 나한테 약속을 안 지키는 것이 아니라, 너 혼자 60조 세포한테 약속 안 지키는 거라고, 그러면 얼마나 힘들어? 이건 내가 직접 경험해봤고 나만 알고 있기 때문에 누구한테라도 말을 안 하면 누구도 몰라. 우리는 전부 다 이 공부하니까 이것을 밝히는 거라. 실제로는 아까워. 무료로 밝히니까. 얼마나 아까워. (웃음) 실제로 이것은 정말 절대적인 나의 비결이야.

내가 이렇게 직설적으로 말 안 하고 그저 빙 돌리면서 자기 세포하고 약속 지켜라, 자기 세포를 깨우쳐라, 세포는 일체 정보 가지고 있다, 세포는 우리보다 더 세밀한 공간에 있다, 세포는 온 우주 정보를 다 가지고 있다. 내가 엉터리로 말하는 게 아니고. 그 안에 무한한 뜻이 다 있어.

그러면 어떻게 세포를 훈련시키나.

기초훈련. 반드시 약속 지키기. 그러면 어떻게 약속을 지키나. 말 한번 했으면, 생각을 한번 했으면, 절대로 흔들리지 말고 끝장을 보라고, 끝까지 지켜야 돼. 그것이 바로 세포 훈련이야.

한두 번이 아니고 몇 번이고 이런 강의를 했어 그런데 사람들은 못 알아들어 왜? 자기한테 빠져서, 이것은 엄청난 자기를 깨우치는 방법이라고!

한번 두 번 훈련해도 안 돼. 끊임없이 하다 보면 세포가 이 주인의 특징을 알아. 아, 이 주인의 말을 안 듣고는 안 되겠다. 한번 결론 내렸으면 절대로 변하지 않으니까. 이렇게 되면 세포들도 자기네가 훈련을 받고 스스로 움직인다고.

처음에는 이거 긴가 민가, 들을까 말까, 그 주인의 태도를 계속 구경하다가 이것을 끊임없이 하다 보니까 한번 속고 두 번 속고, 나중에는 이제는 속으면 안 되겠다. 내가 행하지 않으면 내가 도태당하겠다. 그럼 세포가 깨어나 안 깨어나? 그러면 60조 세포가 하나로 뭉쳐 안 뭉쳐. 아, 이 주인 진짜 믿을 만하다. 그렇게 하면 100% 따라 안 따라? (따라와요.) 100% 내 뜻이 이루어져 안 이뤄져? (이뤄져요.) 이뤄지면 내가 편안해 안 해? (편안해요.)

그러면 60조 세포가 뭉치는 힘이 강해, 내가 움직이는 힘이 강해? (60조 세포요.)

그러니까. 독불장군 짓 하지 말고 세포를 하나의 전사로 생각하면서 온

전사를 동원해서 내 마음하고 하나가 되면 그것만큼 멋진 존재가 어디 있어? 그만한 유명한 사령관이 어디 있어! 나는 남을 훈련시키는 능력은 없지만 내 60조 세포는 당당하게 훈련시켰어. 그래서 내 마음하고 하나가 돼 있어. 이것만큼은 내가 정말 당당하게 자랑할 수 있어.

내가 그렇다고 교만한 그런 것이 아니야. 세포는 생명 내걸고 내 뜻을 따라.

남 지적할 시간이 어디 있어! 나는 믿어. 내가 다 죽어가는 몸이 지금 살아났잖아. 허리도 꼿꼿하지, 이 인간나이 칠십 몇 살 되면, 삐뚤어지고 하잖아. 누가 피할 수 있어. 절대로 불가능해. 나는 오십 몇 살에 죽을 팔자였는데 왜 아직 안 죽고 도로 살았어. 그걸 누가 믿어? 그런데 나는 세포를 믿어, 세포는 반드시 할 수 있다는 거.

왜 그런가? 내가 오래 오래 전부터 세포를 훈련했기 때문에.

그럼 세포는 뭐야? 야, 이런, 주인 이런 사람은 따를 만하다, 의심할 필요가 없다. 우리를 챙겨주기도 하고 또 우리를 믿어. 그러면 하나된 것 아니야!

서로 똘똘 뭉쳐서 주인이 나고 내가 주인이다. 나는 전사가 아니고 나도 주인이다. 왜? 마음이 통해서 하나로 되어 있으니까. 나도 세포 중에 하나일 뿐이야. 얼마나 좋아? 그래서 자기 세포를 사랑하고 자기 세포를 지켜주라고, 자기 세포를 깨우치라고. 자기 세포에게 감동을 주라고. 세포한테서 아, 이런 사령관 곁에 있으면 내가 죽어도 여한이 없겠다 하는 그런 마음이 생기도록 감동을 주라는 거야.

이 세포한테 계속 위협 주면 또 두려워서 저런 사령관한테 붙어서 도망가지도 못하고 죽지도 못하고 얼마나 괴로워. 이 세포를 칭찬해주고 챙겨주고 감동을 주고 그렇게 하면 자기 기가 살아나잖아.

내 60조 세포가 나다.

세포한테 상처 주지 말고, 세포한테 위협 주지 말고, 세포들한테 협박하지 말고, 세포에게 감동을 주라. 왜! 그 세포가 나니까. 나하고 하나니까. 세포들이 내 몸에 붙어서 얼마나 힘들어. 내가 세포를 멸시하면 안 되지. 그것도 하나하나 소중한 생명이라고 보면 다 내 안에 있잖아. 그 다음 나잖아. 나밖에 누가 있어! 난 60조 세포만 인정해. 주변사람 나는 인정 안 해. 일원심 지키는 존재만 인정해. 일원심 지키는 만큼 인정해. 일원심 안 지키는 부분은 난 인정 안 해. 그렇게 하면 안이고 밖이고 다 하나로 뭉치잖아.

내가 "나만 보라" "앞만 보라"고 말하지. 무엇 때문에 그래?

무엇 때문에 앞만 보라고? 뒤돌아보면 내내 후회하고. 뒤돌아보면 내가 잘못한 것만 보이고. 무조건 앞만 보고 내가 잘했다고만 생각해. 좌우도 보지 마. 좌우를 보면 내가 또 틀렸니 잘못됐니 하면서 세포를 괴롭게 한다고. 그래서 무조건 직선빛으로 가. 좌우를 보면 벌써 파장이 생겼어. 뒤를 보면 또 왔다갔다. 그러면 좌우로 흔들리다가 아래위로 흔들리다 니 어디 갈래? 하는 거야.

우리는 직선빛이야, 무조건 앞으로만 가, 직선으로 끊임없이 가. 우주 끄트머리까지 계속 가. 그러면 되잖아. 그런 단련을 하고 그런 자신감, 그런 의지력. 그렇게 하다가 보면 세포도 인정해. 아, 이렇게 해야 살 수 있구나.

이놈의 사령관, 사령관의 특징을 따라줘야 내가 살지, 안 그러면 삐져나가고, 도태당하고, 쫓겨 나간다. 자기가 바보가 아니잖아. 세포도 다 사령관을 위하는 것이 자기의 살 길을 찾는 거지.

우리 일원심, 일원심이 뭐야. 한 가지 굳은 마음 가지고 있으면 끝까지 하라는 거야. 그게 일원심. 이원념은 이래야 되나 저래야 되나, 오늘 이렇게 하려다가 부딪치면 또 다른 방법을 써야 하잖아.

방법이 어딨어? 우리는 방법 없어. 인간들은 전략이니 전술이니 따지지만 우리는 전략이니 전술이니 해서 뭐해? 우리는 그저 일원심 지키고 직선으로 행하면 되잖아.

영원히 꺼지지 않는 생명
무시공

어렸을 때 영동기를 만들려는 생각을 했던 거야. 영동기는 영원히 움직이는 동력, 우리는 전기를 이용해서 기계를 작동시키잖아. 나는 이 우주에 영원히 존재하는 전자파를 끌어당겨 발동기를 만들자. 무선으로 전기를 계속 공급 하는 장비를 전자파를 이용해서 확장시키면, 이 우주에 영원히 존재하는 전자파를 내가 끌어당겨서 사용하면, 영동기라는 장비를 발명할 수 있겠다 생각했어.

처음에는 다른 방식으로 하다가, 그것이 계속 머릿속에 떠오르더라고. 진짜 가능하다고 생각했어. 그런데 옛날에는 학교 다니면서 너무 가난하고 곤란하니까. 그것을 만드는 장비가 없잖아! 그러니까 그것이 생각뿐이었고 그저 종이에 설계도를 그리는 정도였는데, 지금도 생각하면 그것이 가능하다고 생각해.

우리는 아직도 전기를 사용하기 위해서 고압을 전선으로 멀리까지 보내고 큰 발전소가 있어야 하고, 그런데 그것은 그런 것이 필요가 없어. 지금 우리는 모터는 전깃줄을 연결해서 돌리잖아. 우주에는 전자파가 무한대로 많지만 약하게 보여. 그래서 전자파를 끌어 당겨서 그것을 팽창시키고 확장할 수 있는 그런 기계를 만들 수 있다는 생각을 했던 거야.

중학교 때인가. 영동기에 대한 그림과 함께 어느 과학 잡지에 올렸더니, 영동기는 절대로 만들 수 없다고 얼마나 비판을 하는지! 에너지 평형 원리에 따라서 절대로 과학의 법칙에 위반된다는 거야. 한쪽에서 에너지가 발생하면 한쪽에서는 소멸되고, 그래서 항상 에너지는 평형을 유지하는 것이 우주의 법칙인데 어떻게 영동기를 만들 수 있나! 이 지구상에 그런 환상가

가 너무 많다는 거라.

그런데 우리는 영동기보다 영원히 사는 길을 찾았잖아. 물리학의 에너지 관점으로 보면 사람은 영원히 살 수 가 없어. 생로병사를 겪을 수밖에 없어. 그런데 우리는 그것에서 벗어났잖아. 생로병사에서 벗어나는 원리를 충분히 우리가 알고 있어. 그래서 우리는 물질을 바꾸고 있잖아. 물질이 바뀌고 우리 몸도 바뀌니까, 우리는 영원히 살 수밖에 없어. 이것은 우주의 최고 진리야. 시공우주에서도 이 우주에서도 영원히 사는 그런 개념이 없다고.

그런데 무시공우주에서는 영원히 존재하는 그런 생명이야. 무시공에서는 에너지를 보충해야 된다느니 무슨 신진대사 그런 것이 아니고, 무시공 에너지가 그 생명을 영원히 보장할 수 있다고.

시공의 물리학으로 보면 말도 안 되는 소리잖아. 영동기보다 더하지. 무시공은 영원히 살면서 사람의 마음을 일체 창조할 수 있고 영원히 모든 것을 창조할 수 있다. 영동기 하나 발명하는 것보다 더 상상을 하지 못할 정도로 지금 우리가 여기서 해내고 있잖아.

이것이 환상이고 근거가 없는 것이 아니고, 우리는 물질 세상에서 물질을 없애면 반물질 반에너지로 변해. 그러면 수명이 엄청나게 길어져. 그리고 반물질 반에너지도 없애면 시공에너지가 완전히 없어지고 무시공에너지로 만들면 완벽한 그런 우주가 탄생돼. 우리는 거기에서 영원히 살잖아! 왜! 물질을 벗어나기 때문에, 시공우주의 에너지가 없어졌기 때문에. 그래서 우리가 만들었잖아. 이 몸은 그 인간이 말하는 시공우주의 몸하고 완전히 달라. 그것은 3단계라고 했잖아. 물질, 반물질, 반에너지, 위로 올라갈수록 수명이 더 길어져. 그런데 그것도 영원하지가 않아. 우리는 완전히 이것을 벗어나서 무시공에너지 속에서 사는 그런 세상에서 사는 생명이야.

또 무시공의 물질은 그 몸의 에너지를 물질로 봐도 돼. 에너지도 물질의 특징을 가지고 있어. 완벽해. 인간이 말하는 물질하고 완전히 질이 다르다고. 물질로 봐도 되고 에너지로 봐도 되고. 왜! 완전히 하나니까.

어제 그 '수나', 샨샤댐도 관리하고 중국 일부분도 관리하고 있는 수나보고 대전 와서 공부하면서 몸을 사람들한테 보여주라고 그러니까. 자기 몸이 에너지로 너무 퍼져 있어서 안 보이잖아. 몸을 줄여서 사람 눈에 보이게 하라고 그러니까 자기가 인간 모습으로 줄여놓아도 인간들은 아직 자기 모습을 못 볼 거라고 그래.

우리는 영원히 사는 방법을 알았잖아. 그러면 우리 자체가 영동기다. 인간처럼 손발을 움직여서 창조하는 것이 아니고, 마음으로 일체를 움직일 수 있다. 그것이 영동기 아니야? 우리의 영동기, 인간이 기계를 만들고 발명하는 이유도 인간이 잘살기 위해서 하는 것 아니야?

그런데 우리가 세밀한 공간에 들어가서 무시공 생명 세상에서 살면 일체를 다 마음으로 움직이는데, 그게 얼마나 더 의미가 더 깊어? 마음으로 우주도 창조하고 필요한 것은 다 창조해. 그러니까 영동기가 필요 없잖아. 더 깊고 완벽한 것을 우리가 찾아냈잖아. 영동기보다 더 영원한 생명을 찾은 것이 더 가치 있지 않아? 그래서 영동기가 필요 없다. 우리는 영원한 생명을 찾았으니까.

영동기를 발명해야겠다는 그것이 계기가 됐어, 그것을 통해서 영동기보다 더 깊은 영원히 살 수 있는 생명을 찾았어. 이론이 아니고 현실로 우리가 지금 하고 있잖아! 그래서 우리도 증명하고 있어. 우리가 얼마나 마음의 힘이 강한지 무시공 생명의 위력을 하나하나 보여주고 있어.

○○도 없애지 물질 지구도 반물질 반에너지 방향으로 바꾸고 있지. 그래서 지구가 변하고 있다고 옛날 인간들은 천지개벽이니 뭐니, 재앙이 온다느니 말세가 온다느니, 이런 것은 전부 다 이론으로 말했지. 어떤 원인으로 재앙이 온다 어떤 원인으로 천지개벽이 온다는 것을 모르고 있어!

전부 다 이론에 불과해. 그러나 우리는 구체적으로 말해. 지구 중력을 없애, 그러면 중력이 없어지면 물질이 변해 안 변해? 물질을 유지하고 물질을 유지할 수 있는 조건이 사라져버렸어. 그러니까 지구가 변할 수밖에 없어. 그러니까 동시에 지진과 해일이 동시에 다 일어난다고. 그래서 껍질이 벗겨지면서 지구에 새로운 생명이 탄생하잖아. 계란 속의 병아리처럼…. 이것은 환상이 아니고 실제로 이루어지고 있잖아.

지금 한국인 중에서도 점쟁이라고 하나 예언가라고 하나, 조금 깨어난 사람들이 똑같이 2020년에 엄청난 변화가 일어난다고 말하잖아. 오늘 아침에 또 누가 2019년에 하늘문이 열린대. 천문이 열려서 내년에는 일체가 다 바뀐대. 한국에서 여당이니 야당이니 그런 것들 전부 다 뒤집어지고, 이제는 인간이 대통령 선거를 하는 그런 것이 아니고, 하늘문이 열려서 하늘에서 신이 내려온대. 대한민국에서 나타난다는 거야.

　모든 것이 바뀐다는 거야. 일반 사람들은 몰라도 우리는 알아듣잖아. 그러고 보면 한국에 아는 사람이 많아. 역시 우리 동이족이야. 다 깨어나서 그날을 기다리고 있어. 실제로 엄청난 자신감을 가지고 그날이 온다는 것을 전하고 있어!

무시공의 초능력,
시공의 초능력

우리가 생각하는 초능력과 시공에서 말하는 초능력은 엄청난 차이가 있다. 무시공의 초능력은 나를 팽창하고 주위 사람들이 다같이 팽창하면, 어떤 일이라도 이루지게 하는 것이다. 실제로 내 마음의 긍정이 절대긍정이면 내 주변의 일체의 생명들을 동원할 수 있다. 다 같이 우리와 한마음 한뜻이 있기 때문에 그 힘이 무한대로 커져 있다. 그래서 초능력이라는 단어조차도 너무 작다. 그래서 우리는 초능력이 아니라 우주 작업, 우주를 움직일 수 있다.

시공에서는 초능력이 조금 있다고 하는 존재들을 보면 전부 다 다른 힘을 이용하고 있다. 옛날에 도인들이 몇 십 톤의 돌을 움직였다고 하는 초능력도 전부 다 다른 영들을 동원해서 움직였지, 자신의 힘으로 한 것은 하나도 없다. 꼭 우리만 할 수 있다. 왜 그런가 하면 우리만 세포를 깨우는 능력을 가지고 있기 때문이다. 우리는 다른 영을 동원할 필요가 없이 자기 세포를 동원하면 일체 세포가 우리 말을 듣기 때문에, 일체를 우리와 한마음 한 뜻으로 움직인다. 이것이 우리의 초능력이다.

내가 서울 있을 때 나보고 초능력을 조금이라도 보여주면 안 되겠나? 그래, 그러면 나는 초능력 없다. 보여줄 것이 없다. 정 보여달라고 하면 나중에 이 공부를 받아들인 존재들이 어떤 능력이 있으면 그것이 바로 나의 초능력이다. 내가 분명히 그 말을 했어. 우리는 시공에서처럼 보여주는 초능력은 필요가 없다. 초능력을 가지고 우주를 바꿀 수 있나? 그러나 우리는 아무 능력이 없어도 지금 우주를 바꾸고 있다. 모든 것이 우리 뜻대로 이루어지고 있다.

그럼 내가 무슨 능력이 있어? 나는 아무 능력이 없거든. 약속을 지키는 것을 훈련하고 내 세포를 훈련해서 훈련받은 세포가 무한대로 그런 능력을 가지고 있어. 그럼 주변에 같은 마음을 가진 일체생명체를 동원할 수 있어 없어. 하나로 뭉쳐지는 순간에 온 우주에 전파돼. 그래서 내가 에너지 입장에서 문제를 보고 생명 입장에서 문제를 보면 모든 것이 다 하나야. 그렇게 되면 우리가 무엇을 못 해, 이런 비밀을 알려줘도 몰라. 진짜 우리가 그 위치에 들어오고, 그 입장에 들어와야 내 뜻을 알 수 있다.

이원념과
접목시키지 말라

생각을 끼워넣지 마라. 나는 원래 깨끗하고 아무 생각이 없는 존재다. 어떤 생각이 머리에 떠오르거나 밖에서 정보가 들어올 때 나는 절대 인정을 안 한다. 없애거나 내 마음이 아니기 때문에 누가 나한테 그 정보를 보낸 건지 그 정보를 확인해야 하고, 왜 이런 마음을 일으켰는지 확인해야 한다. 그래서 확인할 수도 있고 더 깨끗한 위치를 유지할 수 있다.

나는 원래 무시공존재!

무시공존재는 아무 개념도, 아무 생각도 없다. 일단 어떤 생각이 들어오면 내 생각이 아니다. 사람들은 자꾸만 그 생각을 자기 생각이라고 여긴다. 그 생각을 인정하는 순간에 나는 이분법에 걸렸고. 이미 무시공존재가 아닌 시공의 존재다. 시공 존재의 마음을 인정하고 있다는 것이다. 그것을 분리해야 한다. 자꾸 자기 생각을 끼워넣지 말라는 원리도 바로 이것이다.

나는 원래 깨끗하고 백지와 같다. 백지에 뭐가 묻으면 내 것이 아니다. 그런데 사람은 모른다. 그것을 나 자신이라고 생각하고 그것을 내 생각이라고 생각한다. 그것이 사람들과 나의 근본 차이다. 무슨 복잡한 생각이 떠올라도 그것은 나 자신이 아니고 나는 무시공존재. 그 마음을 기초로 두고 항상 분리하면서 있어야 한다. 나는 여러 생각이 있는 그런 존재가 아닌 완전히 무시공존재. 깨끗하고 아무 생각도 없다.

그런데 어떤 때는 내가 아무리 깨끗한 상태를 유지해도 생각들이 들어올 때가 있다. 밖에서 정보가 들어와. 예전에 지진이 일어나는 것도 느껴져서 알아보니 밖에서 들어온 정보였다. 그래서 정보를 보내는 존재와 대화를 해서 더 이상 알리지 말라고 하니까 그 뒤로는 느낌이 없어졌다.

사람들은 하루에도 수십 번씩 떠오르는 여러 생각을 다 자기 생각이라고 여기지만, 그것은 자기가 아니다. 내가 무시공 입장에 들어서면 이미 내 안에서 떠오르든 어디서 정보가 들어왔든, 그 생각들은 내가 아니다. 이런 이분법 정보가 내 안에 들어오지만, 내가 아니라고 하면 항상 나를 깨끗하게 유지할 수 있다. 안 그러면 헷갈린다. 그래서 우주 작업할 때 자기 생각을 끼워넣지 말라고 하는 것이다.

그런데 사람은 자기도 모르게 자기 생각을 끼워넣는다. 왜? 아직도 이분법 입장에서 못 벗어나기 때문에. 완전히 벗어나면 난 아무 생각도 없다. 아무 생각이 없는 그 기초에서는 완전히 무시공의 지혜, 무시공의 본능으로 움직인다.

사람들은 보통 자기 생각을 끼워넣는다. 스스로 자기 생각을 안 끼워넣었다고 하지만, 막상 움직일 때는 자기도 모르게 끼워넣고 있다. 내 안에 있는 무시공의 나와 시공의 나를 같이 인정하고 그 마음을 철저히 분리 못 해서 그런 것이다.

영안(靈眼)이 아니고
심안(心眼)이 열려야

　영안이 열리는 게 아니고, 심안이 열려야 한다. 이원념 입장의 세상에서 어떤 공부를 해서 열린 것은, 그러니까 인간이 말하는 영안, 천안, 제3의 눈이 열렸다는 것은 모두가 영이 열린 것이다. 파동빛 상태에서 열린 눈이고, 열려도 일부분의 눈이 열렸다. 그러니까 분자세상부터 무극까지 전부 다 영체의 눈이 열린 것이다.

　영혼이 열렸다, 이원념이 열렸다, 그건 진짜 생명이 아니고. (불완전한) 시공에서 열린 눈으로 보고 판단하니까 다 이분법에 걸린다. 그 정도 열리면 이원세상(시공세상, 분자세상)을 남보다 더 볼 수는 있지만, 하지만 도리어 끌려갈 수 있다. 그리고 지배당하면 당했지 절대로 우주를 못 움직인다. 파동의 눈으로 열려서 보는 것은 층차가 있다. 자기보다 거친 파동으로 존재하는(자기보다 아래 차원) 우주와 그 생명체를 볼 수 있지만, 좀 더 세밀한 곳(자기보다 높은 차원)은 볼 수 없다. 파동으로 돼 있는 시야로 파동을 보는데 어떻게 직선을 볼 수 있나! 절대로 못 본다.

　무시공 공부하다가 한동안 안 오던 존재가 그동안 더 큰 영이 붙었다고 빼달라 하는데, 본인이 그것을 지키고 있는데 어떻게 빼줘? 그것을 자랑하고 남에게 이것저것 알려주려 하다가 거기 걸려버리며 거기서 멈춘다.

　외계인이 우리를 볼 때 나를 보려 해도 내가 안 보인다고 한다. 안 보여주면 절대로 못 본다. 그런데 우리 공부하는 사람들 몸이 엄청 바뀌고 있고, 밝다는 그것까지는 알고 있다. 그러나 진짜 생명 자체가 열리고 있는 것을 저들은 볼 수가 없다. 왜? 이원념 눈으로 보고 있으니까! 이원념의 눈으로 어떻게 완전한 무시공 직선빛을 볼 수 있나! 저들은 직선빛이 있는 줄도 모르고, 보려고 해도 안 보인다.

하지만 우리는 이것하고 아무 상관없다고 수없이 말했다. 우리 여기서 열리는 것은 근본 원리가 다르다. 영안, 천안이 열리는 게 아니고 심안, 마음의 눈이 열려야 한다.

우리는 일원심(절대긍정마음) 기초에서 열리는 직선빛으로 열린 눈. 여기서 여는 것은 완전히 세포 전체가 다 열리고, 그러니까 수많은 눈이 보인다. 우리가 열어놓은 것은 진짜 열려 있다. 거기서 계속 일원심 지키고 훈련하면서 더 좋아지고, 동시에 몸 풀리는 속도도 빨라지고 생명이 깨어난다.

거기다가 승용선 타는 훈련까지 하면 더 빠른 속도로 몸이 변하면서 더 완벽하게 열린다. 심안이 열리면 일체 차원을 다 뚫고 들어갈 수 있다. 그래서 "일체 안에 내가 있고, 일체가 내 안에 있다, 일체가 나다"라는 것이다.

너는 살았지만
이미 죽었다

너는 살았지만 이미 죽었다.

너는 죽었지만 이미 살았다.

지금 감각시공에 있는 존재는 이분념으로 된 존재들이다. 인간이 살아 있는데 일원심으로 바뀌면 살아서 영원히 살아 있고, 인간의 표현으로 죽었다 하면 죽은 것은 영이다. 영(靈)도 일원심으로 받아들이면 죽은 자도 살았다. 일원심으로 안 바뀌고 이원념을 유지하면 살았지만 이미 죽었다. 상대적인 죽음의 개념이 아니라 영원히 죽거나 영원히 살거나.

인간의 생사와 무시공의 생사는 다르다. 인간의 생사는 상대적인 생사(이원념생명), 무시공 생명의 생사는 절대적인 생사(일원심생명). 지구 60억 인구 일원심을 안 받아들인 존재들은 살았지만 이미 죽었다. 그러나 일원심을 받아들이면 영원히 사는 생명을 찾았다.

영체도 무시공 생명 공부를 받아들이면 이미 죽었어도 살았다. 이원념을 지키고 일원심을 안 받아들이면 죽어도 영원히 죽고 살아도 죽은 것이다. 인간은 살았지만 이미 죽었다. 일원심을 받아들인 존재는 죽어도 살았다.

3단계 영체도 무시공을 안 받아들이면 삭제된다. 받아들이면 산다. 무극까지 전부 다 이원념으로 된 존재들이다. 이원념의 분자세상도 세밀한 공간으로 가면 빛이 강해진다. 무극의 빛이 삼각형(시공우주)의 최고 빛이다.

일원심을 지키면 이미 무시공에 있다. 이 공부를 해도 일원심이 70% 이상 돼야 무극까지 끌어올릴 수 있다.

사고방식을
철저히 바꾸자는 것이다

　사고방식을 철저히 바꾸자는 것이다. 어떤 사고방식인가? 이원념에서 일원심으로 바꾸고 상대긍정에서 절대긍정으로 바꾼다는 것이다.

　이원념의 특징은 무엇인가? 음양, 선악 가르는 두 가지 개념 때문에 좋고 나쁘고를 가르고, 옳고 그르고를 따지고, 나한테 좋게 하면 친구고 나한테 나쁘게 대하면 원수고 하는 두 가지 마음이 이원념이다.

　이 인간 세상에는 조상부터 오늘까지 평화를 기대하고 희망했다. 전쟁은 무엇 때문에 일어나는가? 상대를 미워하니까 전쟁이 일어난다. 우리가 아무리 평화를 기대하고 각종 종교에서 그 신에게 평화를 이루어달라고 기도하지만 절대로 이루어지지 않는다. 무엇 때문인가? 이런 이원념 관점에서 벗어나지 못하기 때문이다.

　일원심의 근본 특징은 무엇인가? 나만 보는 것이다. 일원심만 지켜라. 그러면 일체 내가 사는 자리에서 내 주변의 전부 다 좋은 것만 봐. 일체 절대긍정으로 봐. 남을 보면 전부 다 좋은 것만 보고 또 절대긍정마음만 지켜. 그러면 사람마다 다 그런 마음 있으면 원수가 없어진다. 적이 없어진다. 그러면 전쟁이 없다. 그래서 평화가 온다. 평화는 기도한다고 오는 것이 아니고 사고방식을 철저히 바꿔야 온다.

　일원심의 이 진리는 지구에서는 어느 철학, 어느 이론, 어느 과학에도 없는 진리다. 지구뿐만 아니라 이 시공의 우주 어느 층차에서도 이 진리를 모르고 있다. 그런데 우리가 최초로 대한민국에서 이 지구에서 이 진리를 처음으로 밝히고 있다.

아동우주동
(我動宇宙動)

내가 움직이면 우주가 움직인다. 무엇 때문에 내가 움직이면 우주가 움직이는가? 제일 먼저 '온 우주가 생명'이라는 관점으로 보라는 것이다. 이것이 제일 기초적인 관점이다.

분자세상에 있는 돌을 예를 든다면, 돌의 뿌리를 계속 찾아들어가면 음양으로 되어 있다. 나무라는 존재도 물질이라는 개념으로 계속 파고들어가면 본질은 음양으로 되어 있다. 분자몸을 가지고 있는 나라는 존재도 계속 그 뿌리를 파고들어가면 나라는 존재도 음양으로 되어 있다.

몸뿐만 아니라 마음도 전부 음양으로 되어 있다. 마음은 이분법 때문에 음양으로 되었고, 몸은 이분념의 물질이 쌓여 음양으로 되어 있다. 인간의 몸과 마음도 음양으로 되어 있고, 돌과 나무도 음양으로 되어 있다. 따라서 인간도 생명이고 돌과 나무도 생명이다. 근본 형태는 같지만, 생명이 존재하는 방법과 형식이 다를 뿐이지 다 같은 생명이다.

그런데 인간은 이분법 때문에 분리하는 관점 때문에 생명으로 안 보인다. 그래서 인간은 생명이고 돌과 나무는 생명이 아니라고 본다. 인간의 이분법에 입각한 사고로 판단하는 관점 때문에, 나는 생명이고 돌과 나무는 물질이라고 판단하는 것이다. 인간은 주객을 나누었기 때문에 나는 생명이고 저 돌은 물질이라고 판단한다. 인간은 나 이외에 전부를 물질로 보고 있다. 이것이 근본 차이점이다.

오늘날까지 어느 종교 어느 수련단체, 일체를 생명으로 보는 관점이 없다. 나는 생명이고 너는 돌멩이고 나는 유기물이고 너는 무기물이고, 전부 나누는 이분법 관점에서는 과학자도 철학에서도 일체가 생명이라는 것을 모른다.

인간은 자신이 우주라고 하면서도 나는 소우주고 대우주를 나누면서 개인 입장에서 움직인다. 인간은 내가 움직이면 우주를 움직이려고 해도 안 된다. 또 움직인다고 해도 증명이 안 된다. 무엇 때문인가 하면, 시공우주와 무시공우주의 관점이 다를 뿐만 아니라 그 원리가 같지 않다는 것이다.

우리는 무시공 생명을 가진 무시공의 존재들이다.

무시공존재란 무엇인가?

일원심의 절대긍정마음을 가지고 있는 존재들이다.

시공의 일체 물질이 전부 다 생명으로 보면 음양으로 되어 있다. 우리 분자세상에서 선악 가르고 무극까지 가면 음양이다. 그렇다면 음양이 무엇인가 하면, 긍정과 부정이다. 그 마음으로 본다면 돌이나 나무도 음과 양, 즉 긍정과 부정 두 가지 마음을 가지고 있다. 물질 관점으로 보면 음양 두 가지 물질이다. 두 가지 에너지다.

그럼 우리가 다 생명으로 본다면, 긍정마음하고 부정마음하고 두 가지 마음이 있다. 그런데 인간이 말하는 긍정마음은 상대긍정이다 왜냐하면 부정을 인정하기 때문이다. 우리 무시공은 물질 관점을 생명 관점으로 바꿔서 시공우주의 일체 물질을 생명으로 본다는 입장이다. 그 기초에서 내 일원심 절대긍정마음하고 상대긍정마음하고 통하게 된다. 이것은 무극에서 분자세상까지 모든 시공우주가 다 통한다는 것이다. 돌에도 긍정마음이 있고 나무에도 일체 다 긍정마음이 있다.

그럼 내 일원심 절대긍정마음하고 나무하고 통하는가?, 안 통하는가? 통할 뿐만 아니라, 나와 돌과 나무가 완전히 하나가 되었다. 이 원리에 입각하면 내가 움직이면 온 우주가 움직인다는 것이다. 그래서 아동우주동(我動宇宙動)이다.

내가 움직이면 온 우주가 움직인다(아동우주동).

내가 마음 바꾸는 순간에 온 우주가 바뀌고 있다.

이것은 2단계에서는 안 보이니까 이해가 안 된다. 3단계로 진입한 존재들은 움직이면 변하는 게 보인다고 증명할 수 있다. 그렇지만 시공의 존재들은 무엇 때문에 안 보이는가 하면, 이분법 마음 때문에 우리는 너무 갇혀 있다는 것이다. 너무 자기를 막아놓았다. 그러니까 소통이 안 되는 것이다. 전부 다 벽담으로 막아놓았고, 전부 다 자기를 고립시켜놓고 자기 외에는 전부 물질로 보기 때문에 고립될 수밖에 없다.

내가 일체 물질하고 일체 생명하고 완전히 하나가 됐을 때는, 내가 움직이면 일체가 안 움직이는 것이 이상하다. 그래서 인간은 이분법 때문에 항상 자기를 고립시켜놓고 항상 무엇을 하든지 자신의 능력에 한계를 설정해놓고 있다. '나는' 100근 밖에 못 움직인다. 이렇게 자기 능력에 제한을 두었다.

그러나 우리가 일체 생명으로 보는 입장으로 보면 내가 무한대의 능력을 가지고 있다는 걸 알아챌 수 있다. 일원심 지키면서도 내가 이거 되겠나! 이루어지겠나! 바꿀 수 있겠나! 이런 마음을 먹는 그것이 습관이 되어 있다. 세포한테 지금까지 못한다, 할 수 있겠나 하는 부정을 입력시켰다는 것이다.

그럼 우리 무시공존재들은 뭐 그래, "나는 안 되는 게 없다." "내가 하는 것은 무조건 다 된다"하고 절대긍정마음을 갖는다. 무엇 때문인가. 일원심은 일체와 통하니까 그럼 내가 움직이면 우주가 움직인다는 것이다. 이것은 이론이 아니다. 지식이 아니다. 철학도 아니다. 이것은 실천이며 실제 행동이다. 그래서 우리 여기서는 이론도 없고 지식도 없고 철학 관점도 없다. 무조건 행하면 된다.

내가 일원심 지키는 순간에 우주가 바뀌고 있다. 그래서 우리가 우주작업한다는 것이다. 그래서 시공우주의 개인 수련하고 상관이 없는 것이 무시공의 공부다. 시공우주에서 개인 수련을 수천 년 수만 년 해도 생사에서 벗어날 수 없고 생사에서 벗어나는 방법도 모른다. 그래도 끊임없이 수련하고 있다.

우리 무시공은 수련은 끝났다는 것이다. 그렇다면 왜 수련이 끝났는가? 내가 움직이면 우주가 움직이는(아동우주동) 원리를 아는데 뭐 하러 수련해! 그래서 우리가 간단하게 종합하면 첫째로 내가 일원심을 지키면 된다.

일원심이 뭐냐?. 절대긍정이다.

일원심 지키면 무슨 현상이 일어나요? 바로 블랙홀 현상이 일어나요.

개인의 입장에서 보면 일원심을 지키는 순간 향심력이 생긴다. 그것을 우주 입장에서 보면 확장 팽창되어 블랙홀이 된다. 내가 일원심을 지키는 순간에 나는 이미 블랙홀을 작동하고 있다. 이원념은 쪼개는 마음, 자꾸 분리하는 마음, 분산되는 마음이다. 일원심은 합하는 마음, 하나로 뭉치는 마음, 빨아당기는 마음이다. 일원심 마음하고 이분법 마음하고 방향이 다르다.

일원심을 지키면 계속 안으로 빨려들어와 나를 중심으로 해서 직선빛이 뭉치면 내 힘이 무한대로 강해지면서 무시공 생명이 된다. 이분법을 지키면 나를 중심으로 해서 자꾸 쪼개 밖으로 나간다. 결국 나를 죽이는 방향, 소멸되는 방향으로 간다는 것이다. 그래서 시공우주는 파장에 의해 생로병사를 벗어날 수 없다. 이것이 일원심과 이원념의 근본 차이점이다.

그래서 우리는 일원심을 지키면 향심력이 생겨서 블랙홀을 돌리고 온 우주가 나한테 빨려들어오게 하자는 것이다. 이분법 이원념은 쪼개고 또 쪼개고 나중에는 없어져버린다. 소멸하고 이 우주에서 자연 도태되고 만다. 일원심을 지켜야만 블랙홀이 작동하게 된다. 이것은 수련이나 종교하고, 도 닦는 것하고는 아무런 상관이 없다. 이 원리만 알았다면 이것만 지키면 되는 것이다. 일원심만 무조건 블랙홀을 작동시키는 원동력이라고 결론짓는다.

둘째는 내가 일원심만 지키면 무조건 우주가 움직인다(아동우주동). 나의 일원심하고 일체 생명의 긍정하고 통하기 때문에 내가 움직이니 온 우주가 움직인다.

세 번째는 일원심은 무조건 직선빛이다. 일원심 자체가 파장이 없는 직선빛이다. 또 비, 공, 선, 지, 특을 종합하면 간단하게 직선빛이라고 이해해도 된다. 직선빛이 너무도 중요하다. 직선빛은 일체 모든 물질을 뚫고 들어갈 수 있다. 일체생명 안에 마음 안에 뚫고 들어갈 수 있다.

내가 움직이면 이 시공의 우주, 이 분자세상에서 무극까지 일체 존재들의 마음을 다 읽을 수 있다. 일체 존재들의 마음하고 통할 수 있다. 무엇 때문인가? 우리에게는 직선빛이 있기 때문이다. 직선빛은 시공우주의 일체 파동을 녹일 수 있고, 없앨 수 있기 때문이다.

다시 한번 정리하면, 내가 일원심을 지키면 세 가지 특징을 가지게 된다. 일원심을 지키는 순간에 이 세 가지 특징이 포함되어 있다.

첫째는 블랙홀의 특징을 가지고 있다. 향심력을 확장하면 블랙홀이다. 향심력은 개인의 입장이고 블랙홀은 우주의 입장에서 문제를 보게 된다.

둘째는 일원심을 지키는 순간 우주를 움직이는 특징을 가지게 된다.

셋째는 직선빛의 특징을 가지게 된다.

이 세 가지를 꼭 기억해야 한다. 이것만 알면, 그리고 행하면 자신이 대자유를 얻게 된다. 이것만 지키면 끝이다. 다시 한번 무시공 생명 공부의 핵심을 말한다면 바로 일원심을 지키라는 것이다. 절대긍정을 지키라는 것이다. 내가 절대긍정 일원심을 지키는 순간 나는 이미 블랙홀을 돌리고 있고, 우주를 움직이고 있고, 나는 직선빛이 되었다는 것이다.

⟨천부경⟩의
무시공 예언

우리 회원 한 분이 ⟨천부경⟩ 81개 글자 중에 '六'이 가운데에 있는데 무슨 의미인지를 물어봤어요. 실제로 전 ⟨천부경⟩에 관심 없었거든요. 2000년도 한국에 왔을 때 누가 보여줬는데 내가 하는 일을 예언해놨다고 그랬어요.

오늘 할 수 없이 파봤어요, ⟨천부경⟩ 자체하고 대화해봤어요. 그랬더니 내가 원래 말한 내용보다 조금 더 '六'자가 많은 뜻이 있다는 거야. 또 '六'이 가운데 있는 뜻 중 하나가 모든 것이 하나로 뭉치는 개념이래요.

우주에 12차원이 있는데 '6'이 중심이라고 그랬잖아요. 4차원, 5차원, 6차원만 같이 하나 되면, 12차원이 하나로 뭉쳐서 차원이 없어진다. 지금 우리는 3차원에서 이미 4차원으로 들어섰잖아요. 4차원 별과 4.5차원 별도 이미 우리 지구에 들어왔고, 5차원하고 6차원만 들어오면 전체 하나로 되고, 그러면 각 차원의 벽담이 다 무너져 차원이 없어져버려요. 우리는 새로운 우주 중심지의 일체 차원을 뛰어넘는 그런 존재예요.

그럼 도대체 누가 ⟨천부경⟩을 예언했나? 예언자 나오라 하니까 '오자'라는 존재가 나왔어요. 어디에 있냐고 물어보니 대한민국 우주의 100억조 광년에 있는 무극에 있대요. 안광옥도 알고 있어요. 그런데 시간이 너무 오래되어 언제 예언을 썼는지 자기도 기억이 잘 안 난대요.

그리고 숫자 많잖아요? 전에 서울에 있을 때 숫자 '9'는 대순진리회 어느 선감이 구천 상제님이 이 우주에 최고 존재인데 아느냐고 물어봐서 난 모른다고 했어요. '9'자는 변동 숫자이고, '10'자가 완성된 숫자라고! 오늘 대화해보니까 ⟨천부경⟩에 진짜 '10'자는 없대. '10'자는 안 밝혔어요.

그래서 무척 궁금했어요. 어떻게 내가 하는 일을 예언해놓고, 또 마침 대한민국 우주에 거기도 12개의 우주가 있어요. 그런데 안광옥 우주가 12개 우주의 중심에 있어요. 그래서 오늘 또 파봤어요. 도대체 무시공의 어떤 놈인가! 하고 파보니까 시작점에 있는 '길'이라는 존재가 나타났어요. 이 일을 위해서 책임을 지고 무극까지 와서 이런 예언을 해놨어요. 지금 어느 정도 이루어지고 있나 물으니까. 지금 80% 이루어지고 있대요. 이것은 이만큼 말씀드릴게요.

양(量)과 질(質)의
변화

양(量)과 질(質)의 본질은 하나

양의 변화와 질의 변화를 살펴보면, 양의 변화를 보면 인간은 분자 입장으로 보니까 양의 변화는 천천히 변한다고 생각한다. 그러나 질의 변화는 세밀한 공간에서 매순간에 변한다. 무감각 시공은 매순간 변하고 있지만, 물질 세상은 그 시간차 때문에 천천히 나타나면서 양의 변화, 즉 물질이 변하는 것만 보인다. 그래서 오관의 영향을 받는 분자세상에서는 엄청나게 천천히 변하는 것처럼 보인다.

실제로 무감각 시공에서는 매순간 질이 변하고 있다. 무감각 시공의 질의 변화가 감각시공(분자세상)에 양으로 나타났을 뿐이다. 그래서 사람들의 생각에는 양이 변하는 것은 시간개념이 있다고 생각하지만, 무감각 시공의 질이 변하면 시간개념 없이 순간에 변한다. 순간에 변한다는 것은 감각시공(분자세상)에서 질이 변하는 것이다.

분자세상에서 분자 막을 뚫고 나오는 현상이 질의 변화이다. 분자 막을 뚫고 나오는 현상은 양의 변화가 아니고 질의 변화를 양으로 보여줄 뿐이다. 그러나 사람들은 양과 질을 분리해서 이것은 양의 변화이고 이것은 질의 변화라고 한다.

양의 변화 과정에서 질의 변화가 이루어진다. 그래서 무감각 시공에서 변하는 것은 질의 변화를 말하는 것이다. 무감각 시공에서는 지금 질이 변해서 보여주는데, 그러나 분자세상에는 조금씩, 조금씩 나타나니까. 그것을 인간들은 양의 변화라고 생각한다.

물이 끓는점은 우주가 순간 변하는 점

물을 끓이겠다고 마음을 먹고 물을 끓이기 시작하면, 화력에 물이 올라가는 순간 1도부터 이미 물이 끓는점인 100도에 도달했다는 것을 암시하고 있다.

물은 99도에서도 안 끓는다. 꼭 100도가 되어야 물이 끓기 시작한다. 그러나 이미 물이 끓기 위해서 1도부터 99도까지 다 작업을 해놓았다. 그만큼 열이 많이 채워져서 그만큼 열이 쌓이니까 밀도가 올라간다. 1도에서 갑자기 100도 올라갈 수 있나! 순간에 나타나는 기초가 1도에서 99도까지 되어 있기 때문에 순간에 100도가 되면 물이 끓게 되는 것이다.

우리 무시공의 일도 똑같은 원리다. 우리는 이미 무감각 시공의 작업을 엄청나게 해놓았다. 이제는 순간순간 나타날 때가 됐다는 것이다. 물이 100도에서 끓었다는 것은 이미 1도에서 99도까지 쌓이고 쌓이다가 순간 100도에서 끓는 일이 이루어지고 있었다는 것이다. 100도에서 끓는 것이 나타났을 뿐이다. 이것은 두꺼운 껍질을 뚫고 나오는 과정이라서 순간에 나타나는 것이다.

인과론(因果論)은 인간의 분리된 관점

인과론은 같다. 인과론은 실은 그 원인 때문에 이런 결과가 나왔다는 것이다. 이미 원인과 결과를 분리했다. 실제로 인과론은 하나다. 시작부터 결과다, 원인이 없다는 것이다. 그래서 인간은 필연과 우연, 사람들을 봐라. 전부 다 두 갈래로 보고 있다. 어떤 것은 필연이고 어떤 것은 우연이다. 실제로는 우연이라는 것 자체가 없다. 인간이 자꾸 구분하여 이것은 우연이다, 이것은 필연이다, 라고 갈라놓았다.

아니다. 인간들은 이분법(二分法)으로 보니까 우연이라고 생각하지만, 일원심(一元心)으로 보면 전부 다 필연이다. 우연이 어디 있어!

양과 질도 마찬가지. 양이 없다. 실제로는 그 안에서 질이 변하는 것이다. 인간이 두 갈래로 나누어 보니까 이것은 양이고 이것은 질이다. 이건 우연이고 이건 필연이다. 전부 다 갈라놓고, 이것이 이분법의 사고방식이다. 그래서 인과론이 아니고, 무조건 결론밖에 없다. 인과를 인정하는 순간에 시간과 공간 개념을 인정하는 것이다. 이런 원인 때문에 이런 일이 이루어졌다. 그 원인이 없다면 이 일이 안 이루어진다는 것이다. 그 원인을 조건으로 내걸고 있다.

처음부터 이미 마음먹는 순간에 이루어졌다. 나쁜 마음 먹으니까, 나쁜 결과가 이루어졌다. 나쁜 마음 먹는 순간 나쁜 일이 이루어졌는데, 나쁜 마음 먹고 나쁜 일 했으면 언제라도 나타난다. 결과가 안 나오는 것이 아니라 시간이 되면 나오는 것이다. 이것이 인과론이다,

실제로는 인간은 나쁜 마음 먹는 순간에 이미 이루어졌다. 인간들이 생각하기에는 시간이 길다는 뜻이다. 언젠가는 나타난다. 이것은 시간에 걸려 있다. 이미 시간을 인정하고 있다는 것이다.

지금 분자껍질(감각시공)이 자꾸 얇아지니까 인과론으로 봐도 인과가 더 빨리 온다. 순간에 먹은 나쁜 마음이 순간에 이루어진다. 옛날에는 10년에 이루어진다고 하면, 지금은 1년 이내에 이루어질 수도 있고 몇 시간 이후에도 이루어질 수 있다. 왜 그런가 하면 시간개념 때문에 그렇게 나타난다고 생각한다.

지금은 아니다. 분자세상이 점점 얇아지니까 인과는 가까워져서 순간에 이루어진다. 사람들도 인정할 것이다. 지금은 무엇을 하면 빨리 이루어지고 있다. 옛날에는 나쁜 일 하면 언젠가 후대에 그 대가가 간다. 그 시간이 얼마나 길어, 지금은 시간이 가까워졌다.

무엇 때문인가! 분자세상의 껍질이 자꾸 얇아졌기 때문에 사람들이 자기도 모르게 다 느끼고 있다. 실제로 24시간은 하나도 안 바뀌었다. 그러나 마음속에는 자꾸 시간이 빨라졌다는 것이다. 만물이 변하는 속도가 점점 빨라지고 있다. 특히 우리가 이 작업을 하니까 더 빨라졌다.

개인 생각을
끼워넣지 말라

일체 말과 행동에 절대로 개인 생각 끼워넣지 말라! 뭐 때문인가? 우리는 무시공존재야. 항상 어느 위치에 있든지, 우주 입장에서, 에너지 입장에서 문제를 봐. 그렇기 때문에 내 마음 하나 움직이는 순간에 온 우주가 움직여. 나는 한번도 내 개인 목적이 없고, 내 개인 관점이 없고, 개인 행동이 없어. 내 개인 행동이라도 우주 행동이야. 내 개인 말 한마디도 우주 말이야. 왜? 내가 움직이면 전체 우주가 움직이기 때문에, 에너지 전체가 움직이기 때문에.

그래서 개인 관점(시공 이원 관점, 분리 관점) 끼워넣으면 온 우주를 오염시켜 변형된다. 그래서 절대로 개인 관점을 섞어넣지 말라는 거야. 개인 관점 넣으면 자기도 모르게 변형되고 왜곡시킨다. 그래서 나는 개인이라는 개념이 없다. 항상 우주 입장에서 우주가 움직인다, 우주가 어떤 방향으로 움직이는지 항상 그것을 생각하면서 움직이고 말하고 있다.

다시 말하면, 일체 말과 행동에 자기 생각 끼워넣으면 변형되고, 왜곡되고, 우주를 오염시킨다. 무엇 때문인가? 자기 개인 생각 있으면 이미 무시공우주 입장을 벗어났기 때문이다. 개인 입장에서 문제 보는 것과 우주 입장(무시공우주 절대긍정 입장)에서 문제를 보는 것은 근본 원리가 다르다는 말이야. 우주 입장에서 온 우주가 어떤 흐름, 어떤 방향으로 바뀌느냐에 따라서 자기 마음과 행동을 체크할 수 있어.

우주 입장을 벗어나면 자꾸 자기 입장에서 문제를 본다. 자기 생각대로 끼워놓고는 자기도 모르게 오염시키고 변형되고 왜곡시킨다. 사람들은 그 뜻을 못 알아들어.

우리는 항상 말과 행동을 하기 전에, 우주 입장에서 문제를 보는가 아니면 개인 입장에서 문제를 보는가 항상 생각해야 한다. 우주 입장에서 문제를 보면 우주 입장에서 에너지가 움직이고 온 우주 에너지가 움직인다. 개인 입장에서는 내가 움직여. 그러니까 근본 원리가 안 같다는 것이다. 이것을 반드시 명심해야 한다.

영체를
빼준다는 것

영체는 무조건 빼준다고 되는 것이 아니다. 본인이 이해하고 마음을 바꾼 상태, 즉 본인 마음이 어느 차원에 올라왔으면 그만큼의 영체를 빼줄 수 있다. 기본 마음자세가 안 돼 있는 상황에서 영만 빼면 다른 더 큰 것이 또 들러붙어 더 힘들다. 이유는, 같은 수준의 파동으로 공진이 일어나서 또 끌어온다는 것이다. 같은 것을 끌어오는 정도가 아니라 더 강한 것을 당겨온다.

자기가 스스로 깨닫고 마음을 바꿔야겠다고 마음먹을 때, 그때 조금 도와주면 효과가 있지만, 아직 그 마음 자세가 안 됐을 때는 빼도 쓸데없다. 왜! 빼내면 더 강한 게 들어오니까. 결국은 자기가 깨어난 만큼 뺄 수 있다는 것이다. 내가 못 하는 게 아니고, 능력이 없는 게 아니고, 그 마음이 어느 정도로 다가왔을 때 빼야 효과가 있다. 나는 그 사람 맞춤형이다.

예를 들어, 초등학교 졸업을 못 한 존재에게 초등수준 영이 붙은 것을 내가 뺐다 하자. 그러면 중학교도 못 가고 도리어 초등수준에서 망가진다는 그 뜻이다. 이 공부하던 사람들을 수없이 빼줬지만, 아직도 못 오고 있다.

난 진짜 다 살리고 싶고, 다 빼주고 싶다. 여기 있는 존재들 다 보인다! 심지어 언제 이 공부 포기하고 도망갈 것까지 다 보고 있지만, 그런데 나는 아무 말 안 해. 그렇지만 나는 한번도 네가 언제 갈 것이라고 말 안 한다. 그저 하루 있어도 최선을 다해서 챙겨준다. 그렇게 해도 가면 어쩔 수 없다. 왜! 모르니까.

그래서 나는 이 세상 와서 너무 힘들지만. 하지만 나는 놀러 왔다. 받아들이면 받아들이고, 못 받아들여도 괴로운 느낌도 없고, 후회도 없고 불만 불평도 없다. 모르니까 다 이해해주고 다 받아들인다. 나는 이 세상을 새로 창조하러 왔지, 이 세상에 적응하고 지키러 오지 않았다.

천억조 광년의 어떤 존재는 시공우주를 자기가 만들고 지키고 있는데 왜 나보고 간섭하느냐고 반문한다. 자기가 포기하려는 지구 쓰레기장에 왜 자기 할 일을 간섭하느냐고 한다. 그렇다면 내가 간섭하러 왔어? 아니다, 너는 모르니까. 자기가 스스로 윤곽을 만들어 가둬놓고 자기를 건들면 안 된다는 마음, 나는 그런 윤곽과 틀을 깨부수는 거야. 하지만 안 깨어나도 나는 계속 기다려. 꼭 깨어날 때가 있다. 자기가 깨어날 때 그때 내가 빼줄 수 있다. 안 깨어나면 나는 절대로 안 빼준다.

내 사전(辭典)에는
부정이라는 단어가 없다

내 사전에는 안 된다는 단어가 없다. 내 사전에는 안 된다는 단어도 없고, 위험하다는 단어도 없고, 나쁘다는 단어도 없다. 일체 부정관점의 단어는 하나도 없다. 전부 다 절대긍정, 절대 된다는 것, 생로병사 그런 단어도 없다.

내가 쓰는 사전은 지구에도 없고, 우리도 다 그런 사전을 손에 쥐고 있으라는 것이다. 그 사전이 무엇인가?! 비, 공, 선, 지, 특(무시공 생명 비결, 무시공 생명 공식, 무시공 생명 탄생선언, 무시공 생명 행동지침, 무시공 생명 특징). 비, 공, 선, 지, 특 안에 다 포함되어 있다. 절대적인 긍정마음 절대적인 일원심을 지키면, 일체가 다 이루어진다.

사람들은 이분법 안에서 이것은 내가 해본 적이 없으니까 안 된다고 한다. 그렇다면 해본 적이 없으니까 해본 것처럼 하면 되지. 게으른 존재가 있는 그대로 살려고 한다. 조금 어려운 일에 부닥치면 도망가려고 한다. 그렇게 하면 안 된다. 죽으면 죽고 살면 살고, 한번 하려고 움직이지도 않고 미리 안 된다고 하면 될 일이 하나도 없다. 부딪히고 깨지고 생명이 붙어 있는 순간에 해보면 이루어진다.

그렇다면 지금 우리가 하는 우주 작업을 누가 해봤어. 우리가 우주 작업을 하는 과정에서 우리를 반대하는 존재들과 부딪히고, 우리 말을 안 들으면 아무리 높은 존재라도 삭제해버린다. 그렇게 헤매다 보니까 지금 열리고 있다. 지구인들이 야만스러워서 배울 것이 없고 자기들은 질서를 지키는 엄청 고급 존재라고 교만해서…. 우리는 질서 지키는 개념이 없고, 오히려 우리는 질서를 부수러 왔다….

우리는 죽은 적도 없고 죽는다는 개념도 없다. 이 분자껍질을 벗기는 것인데 그것을 죽었다고 생각해? 이 공부를 안 해도 영혼은 안 죽었다. 이 공부한 사람은 죽고 싶어도 못 죽는다. 그저 껍질을 억지로 벗기는 것하고 주동적으로 벗기는 것하고 그 차이다.

하나 더 강조하고 싶은 것은 우리는 무슨 일이 생기면 나보고 좀 도와달라고 하는데, 그 마음이 바로 이분법이다. 도와달라는 것은 벌써 너와 나를 갈랐다는 것이다. 너는 스승이고 나는 제자다. 너는 고급 존재고, 나는 낮은 차원이다. 그러니까 네 도움이 필요해, 그 도움을 받으려고 하는 것 자체가 시공에 있는 것이다. 도움을 달라고 하는 그 생각을 버려야 한다. 도움을 버리는 순간에 우리가 다 통하고 있다. 아직 우리는 무주객 일체동일의 단맛을 몰라서 그런다.

그리고 우리 이 공부를 하는 존재는 체험할 때 나 혼자 체험하는 것이 아니다. 우주하고 같이 한다. 우리가 움직이는 순간에 온 우주가 움직인다. 그래서 아동우주동. 그런데 요새 내 몸이 괴롭고 힘들고 나만 그러는 것이 아니고 우리가 같이 변하고 있기 때문에 같은 현상을 느끼고 있다. 수많은 우주 존재들이 내 몸에 빛을 막 쏘는데 나만 변하는 것이 아니고 다 같이 변한다. 믿어요! 제발 좀 믿어주세요!

툭하면 나한테 전화해서 내가 요즘 어디 아프고 잘못됐다고 하는데. 말로는 일체 좋은 현상 하면서도 그것도 궁금해 하는 사람이 있다. 일체 좋은 현상이라 그래도…. 우리 분자몸을 녹이려고 하는데 챙기기는 무엇을 챙겨, 무조건 좋은 현상이다. 지구에서 누구도 하지 못하는 일을 우리는 지금 여기서 하고 있다. 무시공 생명은 내가 다 겪어온 것을 밝히는 것이다. 내가 안 겪은 것은 절대로 누구에게도 밝힐 수가 없다. 내가 한달 결가부좌를 해서 죽을 고통을 겪으니까 안 죽더라고, 그래서 내가 공개하는 것이다. 내가 결가부좌를 해서 잘못됐으면 내가 공개하겠나. 절대로 공개 안한다.

처음에는 금성에서 마그녀를 가지고 광음파로 나를 쏘는데, 외계인들이 내가 잘못될까봐 무서워했지만, 지금은 내 몸에 14군데를 동시에 쏘면서 분자몸을 녹이고 있는데 나는 아직도 안 죽고 살아 있다. 나는 이렇게 당당하게 살아 있다. 나는 잘못됐다. 안 된다고 걱정하는 마음이 하나도 없다. 하여튼 절대긍정 일원심 마음이 진짜 나다. 그것은 어떤 현상이냐 하면, 직선빛의 마음, 직선빛의 몸 그것하고 파동하고 아무런 상관이 없다. 우리는 어떻게 하든지 파동을 빨리 빼는 것이 목적이다. 우리가 진짜 자기를 지킨다는 것은 내 직선빛의 마음과 직선빛의 몸을 지키라는 것이다.

그럼 그것을 어떻게 지켜, 보이지도 않는데? 바로 일원심이다. 일원심을 지키면 그 두 가지를 다 지키고 있다는 것이다. 그것이 진짜 나다. 꼭 명심하세요. 그래서 이 이원념 이원물질의 몸 이것은 나하고는 상관이 없다. 지금 외계인들이 14군데에서 나의 분자몸을 녹이고 있는데, 빨리 녹으면 빨리 벗어난다. 그래서 우리는 자꾸 안 된다. 두렵다, 무섭다 죽을까봐 무섭다. 그것이 자꾸 장애가 된다.

지금 실제로는 14군데 내 몸을 쏘는데 나는 몸이 편안한 줄 알아? 진짜 죽을 지경이라고 내가 그랬어. 만약 인간이 이 공부 모르고 이렇게 한다면 이상한 병 걸렸다고 계속 병원에 입원해야 하고, 그래도 못 견뎌서 나중에는 정말 죽고 만다. 그런데 우리는 강압적으로 분자몸을 벗기고 있고 또 주동적으로 벗기려고 한다. 이것이 이 공부하는 분들과 보통 인간하고 큰 차이점이다. 인간은 이원념 때문에 이 분자몸이 괴로우면 병이라고 생각하고 병원에 가서 치료하려고 하지만, 병원에 가도 치료가 안 돼. 왜! 온 우주가 이 분자 물질을 없애고 바꾸고 있는데, 인간이 그 환경에 적응을 못 하면 도태당한다. 살고 싶어도 못 산다. 그래서 내가 앞장서서 내 몸을 가지고 온갖 실험을 하고 있다.

지금 내 몸은 결가부좌 한달 만에 통증은 없어졌다. 그런데 몸이 괴로운 것은 말로 표현을 못 한다. 나도 지금 이것을 겪으면서 무슨 생각을 하는가 하면, 이 공부를 안 하는 사람은 말할 것도 없고, 이 공부를 하는 사람도 나처럼 이렇게 볶아대면 두려운 마음이 꼭 생길 거라고 생각한다.

우리 진짜 생명 내걸고 할 수 있나? 진짜 나는 아무것도 무섭지 않다고 하는 그런 마음을 내세울 수 있나. 없나! 그것이 의문이다. 내가 개별적으로 물어본다. 내가 하면 할 수 있나 없나? 만약 비행선 탄다면 탈 수 있어 없어? 전부 다 할 수 있다고 그래. 그러면 됐다. 먼저 그런 마음의 기초가 닦아져야 한다. 외계인도 우리를 도와주고 싶어도 마음자세가 안 돼 있다. 항상 죽을까봐 걱정, 잘못될까봐 걱정, 걱정이 너무 많다.

불안한 마음, 걱정하는 마음 그것 철저히 다 버려야 한다. 난 그런 것을 다 버리니 오히려 편안해졌다. 그래서 진짜 희망이 여기에 있다. 우리는 수련이 아니다. 이원념에서 일원심으로 바꾸면 우리는 이미 새로운 인간이 된다. 새로운 우주 존재, 얼마나 간단한가! 사람들은 이원념에 너무 젖어들어서 일원심 지키는 것을 너무 힘들어한다. 그래서 내가 모델이 되고 있다. 내가 일원심 그대로 유지하고 있다.

예전에 서울과 부산에서 강의를 할 때 나를 곧 죽인다고 하면, 그래 죽여라! 그런 일도 다 있었다. 아무리 죽여도 이 분자몸은 가짜인데 실컷 죽여라, 진짜 나는 보이지도 않고 죽이려고 해도 죽일 수가 없다. 무엇 때문인가! 나는 다른 우주에 있는 존재고 이 우주하고는 아무런 상관이 없는 존재기 때문이다. 이 공부하시는 분들은 다 이런 마음을 가지고 있어야 한다는 것이다.

생명은
일체를 창조할 수 있다

생명은 일체를 창조할 수 있고, 또 일체를 지배할 수 있다. 그래서 이 우주가 먼저 있던 게 아니고, 생명이 먼저 있어서 이 우주를 창조했다. 그럼 생명이 이 우주를 창조했으면 거둘 수 있어 없어? 내가 없앨 수 있어 없어? 그럼 이 우주는 뭐 때문에 우리가 거둬? 완벽하지 않기 때문이다. 선악 가르고 음양 가르는 순간에 행복과 불행이 동시에 존재한다. 그러면 생명이 절대적인 행복이 없고 절대적인 자유가 없다.

그래서 수많은 차원이 있다. 긍정마음이 많을수록 높은 차원에 있고, 긍정마음이 적을수록 낮은 차원에 있다. 태양계도 마찬가지다. 마음자세가 다르니까 금성하고 태양은 1위고, 화성과 다른 별은 2위에 있고. 지구가 제일 낮은 차원에 있다. 왜 그런가? 지구인의 긍정마음이 이 우주에서 제일 밑바닥에 있기 때문이다. 그래서 상대긍정마음하고 절대긍정마음의 근본 원리가 같지 않다는 것이다.

우리가 여기서 말하는 것은 절대긍정마음 일원심, 시공우주에서 말하는 긍정은 상대긍정마음. 시공은 항상 옳고 그르고를 따지고 있다. 시공우주는 높고 낮은 층차 개념이 있지만, 무시공은 그런 것이 없다. 무시공은 일체가 평등하고 고저가 없고 주객이 없다. 무시공 생명 비결에 다 암시해놓았다. 그래서 우주도 우리 마음대로 창조하고 우리 마음대로 없앨 수 있다. 우리는 그 근본 원리를 알기 때문이다. 너희 금성이 그렇게 발달해도 누가 감히 이 우주를 바꾸겠다는 존재가 있나? 하나도 없다. 이 우주에서도 없다.

사랑이라는
감옥

외계인 입장에서 보면 지구 자체가 감옥이다. 달에는 우주선 기지가 있지만. 지구에는 없다. 우리가 다 확 열어버렸다. 집이 감옥이고 나라가 감옥이고, 지구가 감옥이다. 부부끼리도 서로 감옥이고 부모 자식끼리도 감옥이다. 서로 감아서 서로 지키고 있다. 그것을 보고 관심이라고 하고 사랑이라 한다. 그런 사랑은 완전히 감옥의 사랑이다. 서로 상대하기가 너무나 힘들다.

나는 어렸을 때부터 자유롭게 살고 싶어서 나는 내 멋대로 놀았다. 그러니까 부모는 자식의 마음을 모르니까 매일 감옥에 가두어놓고 지켜보면서 키우는 것 같다. 꼭 돼지 키우는 것처럼 가두어놓고, 무엇을 주면 먹고 엉터리로 놀지 못하게 하고 울타리 안에 가두어놓고 있다. 그게 사랑이야? 그래서 나는 이놈의 사랑이라는 단어는 절대로 안 쓴다.

우리는 그저 일원심 지키면 끝, 어떤 행동을 하든 무엇을 하든 뭘 해도 괜찮아! 하늘에 구멍을 뚫어도 괜찮아! 얼마나 좋아 아무 제한이 없잖아. 그저 일원심을 지키면 끝이다. 사랑이라는 단어로는 이것을 표현을 못 한다. 그런데 일원심 안에는 사랑이나 자비나 이미 다 포함돼 있다. 일체가 다 포함됐다. 그래서 대자유고 제일 평등하고, 그리고 고저가 없다. 일원심을 지키면 서로 다 같은 존재가 된다. 얼마나 좋아, 얼마나 간단해?

자기가 무시공이 무엇인지 알고, 무시공에서 살아봤어야 그런 정확한 단어를 쓸 수가 있다. 지구, 이 지옥에서 그런 단어가 나 올 수가 없다. 그래서 내가 말하는 것은 한번도 시공 말을 한 적이 없고 시공에 온 적도 없다. 다 같은 인간 모습으로 있지만 나는 무시공에서 말하고 있다. 그래서 이놈의 분자몸 껍질은 보지 마! 이 껍질은 어쩔 수 없이 시공의 껍질을 덮어쓰고 있지만, 나의 마음, 나의 일원심, 나의 직선빛은 항상 무시공에 있다. 무시공에서 계속 깨우치고 말하고 있다.

옛날부터 이런 말을 했다. 나는 시공에 온 적도 없다고! 시공은 나하고 아무런 상관이 없다. 그래도 못 알아들어? 지금 3단계 작업하면서 이제 내 뜻을 조금 이해하고 있다.

살아서
영원한 세상에 들어간다

여기 무시공에서 가장 강조하는 것은 무엇인가? 살아서 분자몸을 녹여서 영원한 세상에 들어간다는 것. 지금까지 각종 수련이나 종교 모두 몸을 건강하게 하려고 수행을 했다. 장생불로초 찾을 생각도 하고. 하지만 이 몸을 가지고 영원히 사는 그 길을 모르고 있다. 그런 길이 있을 거라고 탐구는 했지만, 누구도 알 수 있는 사람이 없었다. 그런데 우리 무시공은 완전히 살아서 영원히 살 수 있는 방법을 밝히고 훈련하고 있다. 종교와 수련으로는 살아서 들어가는 방법을 모르니까, 영혼을 잘 훈련해서 사후 극락세계나 하늘나라에 가서 영원히 산다고 한다.

또 시공에서 불로장생한다는 것은 분자몸을 가지고는 절대로 불가능한 일이다. 분자몸은 챙긴다고 되는 것이 아니고 어떻게 해도 없어진다. 몸을 어떤 방법으로 녹여서 세밀한 세상으로 들어가는 그 방법을 찾아야 한다. 현존하는 종교나 각종 수련단체는 다른 세상은 볼 수도 없고, 그리고 있는 줄도 모르니까 알 수가 없다. 다 거기서 걸려 있다. 지금까지 무슨 수련도, 그 누구도 살아서 영원한 세상에 들어간다는 것을 찾아볼 수가 없다.

이원념 세상에서는 이 분자몸을 챙기겠다는 마음자세 때문에 절대로 찾을 수가 없다. 그래서 분자세상에서는 계속 윤회를 할 수밖에 없다. 이 분자몸은 반드시 생로병사를 겪어야 한다. 그런데 우리는 단번에 생로병사를 벗어나는 무시공존재가 될 수 있다. 그 비결이 무엇인가! 바로 절대긍정 일원심이다. 일원심이 바탕이 돼 있으니까, 분자몸만 녹이면 순간에 다 열려서 무극까지 헤매면서 올라가는 과정이 필요 없다. 그래서 일원심, 절대긍정마음을 지키라는 것이다. 그 마음이 바로 무시공 생명이다. 그 일원심을 지키면 자연적으로 새로운 생명이 살려고 새로운 몸(무시공 몸)이 생겨난다.

이 지구에서 우리만큼 빠른 수련은 절대 없다. 누구라도 이 공부만 받아들이면 정말 복 많은 존재다. 또 이 공부는 복 많은 존재만 받아들일 수 있다.

두 가지로
"나만 보라"

첫째, 나는 행복하다, 즐겁다, 내 좋은 것만 본다, 이거 나만 보는 거지? 이것은 내가 나를 칭찬하는 거야. 내가 내 세포를 깨우치고 세포를 즐겁게 하는 거라.

둘째는, 내가 이원념에 걸렸나 안 걸렸나 계속 나만 지키라는 것, 남이 뭐라고 하든. 그래서 나만 본다는 것은, 나의 좋은 것만 보고 칭찬하고 나만 인정하고. 또 내 마음이 흔들리나 안 흔들리나, 이분법에 걸렸나 안 걸렸나? 그것만 확인하면 되잖아. 그래서 안 걸렸으면 좋아, 제일 편안하고 자유롭고. 이렇게 편안하고 자유로운 이 마음 누가 알아. 누구도 이 마음 몰라.

이런 예를 들면,

내 목표는 산삼을 캐는 거야. 그래서 산에 산삼 캐러 갔고, 산삼을 발견했어. 그런데 주변의 풀 때문에 괴로워. 주변을 보니 온 산에 풀이야. 풀 계속 베다 보면 산삼 캐는 것 잊어버려. 산에 산삼 캐러 갔는데 풀까지 베야 해? 그럼 도대체 산삼 캐러 갔어, 풀 베러 갔어? 그 목적이 어긋나잖아. 온 산에 전부 풀인데 풀 베다 보면(다른 사람, 이원념 보다 보면) 산삼 캐는 것(일원심 지키는 것) 잊어버려.

나 오늘 뭐 하러 왔어? 같은 원리 아닌가? 나만 보면 돼, 남이 뭐라든 간에. 또 남 보면 좋은 것만 봐. 왜? 남의 나쁜 것 보면 내가 (이원념에) 걸리기 때문에, 좋은 것만 골라서 봐. 상대방이 99.9% 부정이고, 0.1만 긍정이야. 그럼 계속 0.1% 긍정만 인정해, 그것만 좋다고. 안 그러면 차라리 안 봐, 99.9% 부정 보려면 내가 괴로워, 안 보면 끝이지. 정 보고 싶으면 0.1%라도 긍정이면 난 그것만 인정해, 그것만 봐. 그럼 내가 편안하다고.

왜 자꾸 남을 뜯어고치려고 해? 뜯어고치는 본인이 괴로워. 왜 내 말을 이렇게 안 듣나 하며, 본인이 속상해. 뭐 하러 속상해 해! 그래서 이렇게 해도 못 알아듣는 것에 대해 나는 안타까울뿐이야. 이원념 꽉 찬 건 어쩔 수 없다고(이원념까지 살릴 수 없다). 나는 지구에서 시작할 뿐이야, 우주 작업하러 왔고.

내가 미워서 그러는 게 아니고, 천년만년 기다릴 것도 아니고…. 본인이 못 받아들이는데, 본인이 안 바꾸는데 어쩌겠어?

무시공의
영원한 삶

시공에서도 영혼은 영원히 죽지 않는다 하는데, 그것과 무시공에서 영원히 산다는 것의 차이점은 무엇인지?

〈시공은 몸과 영혼이 분리된 관점(이원 관점), 무시공은 몸과 영혼이 하나인 관점(일원 관점)〉

시공의 인간이 죽는다는 것은 몸이 죽었다는 것이다. 시공우주. 즉 무극에서 분자세상까지 다 이원몸을 챙긴다. 분자몸이 살아 있으면 살았다 하고 죽었으면 죽었다 한다. 그러니까 분자세상에서 무극까지는 이원념 때문에 아직 생사를 철저히 못 벗어났다. 그 이원념 때문에 몸과 마음이 항상 분리돼 있다. 이 몸을 벗어나는 것을, 지구 인간은 몸은 죽고 영혼은 살았다고 생각한다.

영혼이 무엇인가 하면, 우리 무시공 입장에서는 물질이다. 영혼도 물질이고 에너지지, 진짜 생명이 아니고 영원하지 않다. 그러니까 시공의 살아 있는 영혼하고 우리가 말하는 살아 있는 것과는 질이 다르다. 근본 원리가 같지 않다. 인간이 죽어서 영혼이 살아 있어도 아무런 힘도 없고 시공 존재가 느끼기에도 허상이다. 시공에서는 영혼과 몸이 분리돼 있고, 또 전부 다 이원념으로 돼 있다. 이원물질로 쌓여 있는 몸, 이원 에너지로 쌓여 있는 몸, 그 몸이 이원 영혼하고 하나가 됐지만 이원관점 때문에 실제로는 분리돼 있다. 그러니까 몸이 죽으면 자연히 죽었다고 생각한다.

시공의 이원념 입장에서 이원마음과 이원몸, 그 이원 관점 때문에 항상 분리돼 있다. 원래는 하나인데 하나로 못 본다. 왜냐하면 시공의 본질인 분리하는 개념 때문에 몸과 마음, 몸과 영혼을 자꾸 분리된 관점으로 보기 때문이다.

영혼이 몸에서 벗어나면 힘이 하나도 없어진다. 그런데 우리는 살아서 투명해지니까 힘도 그대로 있고, 또 이 힘은 우주를 바꾸는 힘이다. 그리고 저 외계인도 죽은 영은 아무 힘도 없다. 외계인이라도 죽은 영혼은 힘이 없어서 승용선 하나 못 타고 운전도 할 수가 없다.

원자세상만 들어가도 세밀한 공간의 존재들은 살아 있으면 힘이 있으니까 비행선 승용선 탈 수 있다. 그런데 또 한쪽 차원에 있는 죽은 영혼은 아무 힘도 없다. 수없이 실험해봤다(3단계 무시공우주도 참조). 달의 어떤 존재와 금성의 과학자도 증명하고 있는데 몸을 어떻게 바꿀 수 있는지를 외계인도 우리한테 물어보고 있다.

우리는 살아서 세밀한 공간에 들어간다. 만일 내가 분자세상에 살아 있다면 원자세상에도 살아 있는 존재들이다. 내가 몸을 바꿔서 살아서 그 안에 들어갈 수 있다. 그래서 나도 승용선 타고 운전할 수 있다. 그러니까 이 몸을 바꾸고 자꾸 변해서 살아서 무극까지 갈 수 있다는 것이다. 우리는 이미 무극 이상에서 작업하고 있다. 일원심이 내 생명이면서 몸도 일원생명으로 변한다. 둘이 일치돼 있어. 그래서 우리 일원생명체는 우주를 좌지우지하는 힘을 가지고 있고 영원히 살 수가 있다.

우리 무시공에서는 몸과 마음이 하나다. 그러니까 죽는다는 개념이 없고 죽는 줄도 모른다. 원래 영원히 사는 존재니까. 우리는 살아서 세밀한 공간에 자꾸 들어가고, 살아서 무시공 자리에 가 있다. 우리는 죽을 이유가 없다. 우리 몸과 마음이 완전히 하나이기 때문에, 일원몸으로 돼 있기 때문에. 몸도 생명이고 생명이 몸이다.

그런데 몸은 무슨 몸이야? 일원에너지 상태로 돼 있는 몸, 그러면 일원생명하고 완전히 하나다. 분리하려고 해도 할 수가 없다. 그러니까 죽을 수가 없다. 하나다, 일원 기초에서 보는 몸과 마음, 일원 기초에서 보는 생명이 모두 하나.

우주 자체가
홀로그램의 허상

1. 행복하고 완전한 미래 - 지금에 집중하라.
2. 허상 (홀로그램) 우주

미래의 불안이 두려움의 주인

지금 현재에 집중하면서 행복하고 즐겁게, 그리고 그것이 계속 이어지면 미래다. 그러면 미래도 이 안에 다 있다. 실제로 우리가 이 자리에 앉아 있지만, 단 1분 1초도 그 자리에 가만히 있는 것이 아니다. 지금 이 시간이 이미 과거도 됐고, 미래도 다가오고 있다. 그러면 현실만 지키면 된다. 현실만 즐겁게 살면, 그리고 그것이 계속 이어지고 이어져서 미래도 다 현실처럼 그렇게 행복하면, 그것이 바로 내가 창조한 것이다.

보통 인간은 현실에서도 계속 미래에 대해 생각하고, 미래는 아직 오지도 않았는데 미래를 보니까 항상 불안하고, 어떻게 살아야 하나 고민하고 있다. 그리고 또 미래만 생각하나? 지나간 것도 생각하고, 내가 완벽하게 해야 했는데 왜 그렇게 못 했나 하면서 계속 자신을 원망하고 불안하게 만들고 있다.

지금 이렇게 가만히 있어도 시간은 계속 움직이고 있다. 그렇다면 나는 안 움직이면 된다. 나는 지금만 즐거우면 돼, 지금 술 마시고 춤추고 노래하고 (자기가 좋아하는 것, 하고 싶은 것 하면서 즐겁게 살라.) 그러면 되는 걸 가지고, 그러면 자동으로 이어진다. 그것을 누가 창조했나? 내가 창조했다고 하면 세포들이 다 깨어난다.

우주 자체가 홀로그램의 허상

시공은 다 시간에 걸려 있다. 공간에 가두어놓고 시간에 걸려 있다. 그러니까 시간이 흐른다는 것은 계속 시간에 매여 있는 것이고, 거기서 벗어날 줄 모르니까 과거 현실 미래가 항상 머리에 입력돼 있고 세포에 다 입력돼 있다. 그러면 그렇게 살 수밖에 없다, 자기 운명을 완전히 시간에, 공간에 맡겨놓고 내 활동할 범위를 자기가 정해놓아버렸다. 그러니까 시간과 공간을 벗어날 사람이 없고 벗어날 수도 없다.

그럼 이 우주도 그래, 이 우주도 그런 시간과 공간 개념으로 자기가 만들어놓은 우주다. 무시공은 시간과 공간 밖에 있으면 이 시공우주와 아무런 상관이 없다. 어제 강의에서 말했듯이, 홀로그램, 그것은 실제로는 자기 차원에 따른 홀로그램이다. 예를 들어 텔레비전은 지구인 입장에서 홀로그램이고, 조금 세밀한 공간에서는 이 지구를 홀로그램으로 만들 수 있다. 또 더 높은 차원에서는 이 은하계도 홀로그램이고 그들이 창조해서 구경하고 있다.

그렇게 보면 우주의 무극에서는 전체 시공우주가 홀로그램이다. 그러니까 우리 무시공에서는 이 시공우주가 우리가 보는 홀로그램이다. 그래서 시공우주는 내가 허상이라고 말했다. 그런데 사람들은 못 알아들어, 모르니까! 이 지구를 실상이라고 보았기 때문에 여기에 걸려서 한 발짝도 못 벗어난다.

또 우리 무시공에서 보면 전체가 내가 만든 홀로그램이라고 봐도 된다. 그렇다면 이 홀로그램 우주가 필요가 없으면 내가 거두면 된다. 바로 이것이다. 그래서 우리는 무시공 생명 훈련센터라고 했다. 모든 것이 무시공 훈련이다. 이름도 정확하게 만들었다. 처음에 말하면 못 알아들으니까 홀로그램, 홀로그램 했지만, 이제는 허상이라는 것을 확실하게 깨달아야 한다.

내가 전에도 말했지만, 무시공에서 보면 이놈의 시공은 가짜고 허상이라고 수없이 강조했다. 그리고 내가 이 허상을 없애려고 지구에 올 때 이미 음양을 잘라놓고 왔다고 그랬다(일체근단(一切根斷)).

내가 엉터리로 말한 것이 아니다. 내가 이놈의 세상 오기 전에 이미 시공 우주의 음양을 잘랐고, 완전히 이 허상의 우주를 치워버리고 삭제해버렸다. 그러니까 전부 다 허상이기에 곧 없어진다고 말했다. 그래서 이 우주가 허상이니까 내가 삭제한다면 삭제할 수도 있다. 하지만 내가 이 우주를 실상으로 인정하면 내가 절대로 삭제할 수가 없다. 왜 안 되는가 하면, 현실로 인정하면 1대 1로 싸우듯이 해야 하기 때문에 엄청나게 힘들게 된다. 하지만 나는 인정 안 하니까 허상이다. 그래서 내 마음대로 삭제할 수 있다는 것이다.

(회원- 그래서 선생님이 시공을 인정하지 않는 이유가 바로 이것이군요.)

그래. 바로 그거야.

(회원- 인정하면 삭제가 될 수 없네요?)

그렇지, 안 되지!

내가 실상을 인정하면 실상이 실상을 어떻게 삭제해, 말도 안 되잖아. 내가 인정 안 하고 허상으로 봤기 때문에 내가 마음대로 할 수 있어. 허상이니까 가능해.

(회원- 우리가 컴퓨터에서 삭제하는 것과 같구나.)

그래, 그러니까 얼마나 간단해. 삭제라는 단어도 쉽고 부드럽고 그 안에 강한 힘이 안 느껴지잖아.

- 삭제. 끝 -

맞지? 그래서 음양을 잘라놓고 왔다는 것이다. 이것은 허상이다. 이놈의 세상은 허상이다. 우주도 삭제하고 별도 삭제하고, 삭제하면 삭제된다. 이 것은 거짓말이 아니고 실상이다. 나는 이놈의 우주를 인정한 적이 없다. 인정하면 지워지지 않으니까. 나는 허상은 인정 안 해, 이 시공우주는 홀로그램이다. 홀로그램도 외계인하고 대화하는 과정에서 이 단어가 나왔다. 사람들은 그것을 믿으니까 허상(홀로그램)에 빨려들어서 여기가 진짜인 줄

.알고 행하고 있다

　○○○도 충분히 나올 수 있는데 자기도 홀로그램에 걸려서 못 나와. 홀로그램들이 실제와 똑같이 움직이니까 자기 자신도 헷갈린다. 그리고 또 높은 차원에서 만든 홀로그램 생명은 진짜 살아 있는 것과 똑같다. 옆에서 같이 먹고 자고 하는데 누가 그것을 허상이라고 생각하겠나! 전부 다 홀로그램에 빠져서 현실로 보고 있다. 그래서 외계인이 사람을 가지고 장난치고 놀고 있다. 정말 우리가 이 시공(이분법)을 정리 안 하면 인간은 100% 속고 살 수밖에 없다.

일체가
나다

일체 좋은 현상 일체가 나다. 어떤 사람은 관점하고 입장하고 엄청나게 차이가 있다. 그래 '일체가 나'다 하면 나도 너고, 너도 나다. 그러면 시공에서 나쁜 것도 다 좋아야 한다.

그것이 아니다. 우리 무시공에서는 나밖에 없어. 일원심 존재밖에 없어. 거기서는 나쁜 것이 보이나 안 보이나, 잘못된 것이 보이나 안 보이나? 당연히 안 보인다. 무시공에서는 완전히 일원심으로 된 존재만 있기 때문에 무시공 자리에서 문제를 보라는 것이다. 무슨 뜻인지 알아요?

내가 말하는 일체동일은 이 분자세상에서 일체동일을 말하는 것이 아니고, 무시공에서, 무시공 입장에서 문제를 보는 것을 밝히는 것이다. 그런데 인간은 시공 관점에서 일체동일을 하려고 한다. 시공 관점에서는 영원히 동일이 될 수가 없다. 이원념하고 어떻게 동일이 되고. 영체하고 생명하고 어떻게 동일이 될 수 있는가! 자기를 사기 치고 있다는 것이다. 그래서 나는 시공을 한번도 인정한 적이 없다. 시작부터 끝까지 계속 무시공에 있었다. 지금도 무시공에서 말하고 있다. 그런데 인간은 시공에서 듣고 있다.

일체 안에 내가 있다. 그럼 일체 안에 내가 있다는 것은 주객을 나누었다. 만일 내가 시공에 들어왔다면 일체 안에 내가 있어. 그럼 일체 안에 나만 인정해. 객관을 인정한 적이 없다. 그 일체 안에 내가 있다는 나만 인정해. 그것을 따져보면 항상 무시공에서 문제를 보는 것이다. 시공에도 무시공이 있다는 것이다. 그럼 나는 무시공만 인정했지 시공의 일체를 인정 안 했다. 그래서 일체 안에 내가 있다.

일체가 내 안에 있다.

예를 들면 일체(꽃)안에 내가 있다. 그럼 이 꽃 안에 내가 있으면 나만 인정을 했지, 이밖에 그것은 인정하지 않았다. 나만 인정하고 나만 지키라는 것이다. 나만 보라는 의미! 왜 남을 봐! 일체 안에 내가 있다. 그럼 그 일체 안에 내가 있으니까 일체가 내 안에 있다. 그래서 이것이 다 내 안에 있으면 내 밖에도 나라는 존재가 있다. 안에도 나라는 존재가 있고, 밖에도 나라는 존재가 있으면, 이 우주에는 나밖에 없다. 그래서 일체가 나다.

이것은 시공에서 말하는 것이 아니고 무시공 관점에서 문제를 보고 있다고 해도, 인간은 시공에서 내 말을 느끼려고 하니까 자꾸 오류와 오차가 생긴다. 그래서 그것을 해석하기 위해서 내가 말을 자꾸 바꿔서 한다. 내가 천 번 만 번 바꿔도 그 원뿌리는 하나도 안 움직였다. 나는 무시공존재니까 무시공 입장에서 문제를 보라는 것이다.

저 사람도 일체 안에 내가 있다고 하니까 저 사람도 나야, 우리는 다 하나야. 저 사람이 나쁘게 하는 것도 나야, 나쁘게 한 것도 나라고, 나는 한 번도 그런 말 한 적이 없다. 나는 일원심만 인정한다. 그래서 이것을 꼭 강조한다. 이것도 수없이 강의할 때 강조를 해도 자기의 태도를 바꾸지 않는다. 입장을 바꾸고 관점을 바꾸면 결과가 다르다고 수없이 말했다.

저는 계속 무시공에서 말을 하는데 사람들은 계속 시공에서 들어. 그래서 항상 통하지 않아서 힘들다. 대화는 됐지만, 소통은 안 됐다. 다 내 말귀를 알아는 들었다고 한다. 너무 간단해. 내가 원래 다 아는 거야. 실제로는 말은 알아들었어. 그 안의 뜻은 안 통했다는 것이다. 나는 무시공에서 인간의 말을 빌려서 말하는 것인데, 인간은 자기 관점에서 인간 관점으로 받아들여. 그러니까 내 뜻을 알 수가 없다. 그래서 거의 20년 동안 했던 말 또 해도 못 알아듣는다. 요즘은 내 말뜻을 조금 알아듣는다. 특별히 "지구에 온 것을 환영한다"는 현수막의 글에서 이제 나를 조금 알아본 것 같다.

사지서_
시간이 사라진다, 영원히

수천 년 전에 아르헨티나에서 발견된 예언서

1. 시간이 사라진다, 영원히

인류는 완성된 존재가 아니다. 계속 성장하며 노력하고 있다. 미래를
보면 의도(계획)가 있다.

2. 새로운 인간이 탄생한다

겉으로 나타난 성장하고, 다른 모습으로 낙관하는 태도로 보고 있다
(영적). 새로운 인류-인간에게 없는 지혜와 경험을 하게 된다. 한나라
한민족에 속하는 것이 아니고 최고의 선과 아름다운 영혼이다. 전 세
계에 속하며 우주 미래의 건설자이다. 종말 우주에 발생 일체가 다
나타난다(몸). 인간에 부딪히는 일은 본인 자기가 만든 것이다.
우주의 비밀을 밝히는 것보다 자기 자신을 발견하고 밝히는 것이 더
큰 일이다. 심령의 어두움을 오래 끌었다. 한 사람이 신전에 도달했
다. 인류에서 처음 깨어난 사람이다. 신전에서 너를 깨쳤다. 너를 보
라. 이전 말(言)을 봤다. 그는 놀라웠다. 현실에 있는 각종 규율을 무
너뜨렸다.

3. 만물과 대화한다

만물에 통지하다(우뢰처럼). 그 사람 미궁에서 자기가 창조했다. 누가
심령과 마음의 지도. 체험의 지도. 영혼의 지도(地道), 사람 생명 사는

길을 지도처럼 그릴 수 있는가?

나는 우주의 지도 만물을 이끌어가는 지도가 있다. 억만 년 만에 찾은 하늘의 법도를 알고 있다-만물에 전달한다. 지도를 여행한다(영혼의 지도. 우주의 비밀의 지도). 마음속에서 보여줄 것이다. 인류에게 보여줄 것이다.

4. 우주의 꽃을 마크로 차고 다닐 것이다

이런 사람들은 영원한 지혜를 얻은 자들이다. 만물과 일체를 이룬 자이다. 지혜자 눈에는 일체 비밀이 없다. 소통, 너는 한 사람에 대하여 깊은 뜻에서 소통해봤는가? 만물하고도 소통해봤는가? 우주의 의식에 들어가서 최고의 원칙과 교통했는가? 우리는 말과 귀 온몸 교통이 안 되고 있다.

진짜 교통은 자기 맘속의 정신과 통해야 한다. 통하는 것을 안다. 통하는 사람은 만물과 자연의 말, 우주의 말을 알 수 있어야 한다. 우주는 말이 없다. 그저 생명 안에서 사랑하는 것을 알 수 있다(자연).

나는 문명을 학습하고 있다. 새로운 세계의 문명이 시작된다. 미술 선생님이 다 그려놨다(미래). 곧 빨리 인생에 사건으로 이루어진다.

5. 이 우주 학교에서 소수 우주자 학생만 졸업한다

우주 비밀을 알아듣는다. 이 우주 천률을 만들어 홍익한다. 만물에 알려준다. 우주는 학교다. 우리는 경력이 과목이다. 곧 순수한 물질에서 해탈하여 정신세계(심령) 관심을 돌리기 시작한다.

수정이 말한다. 이것은 새로운 세계. 인류가 곧 기적적인 모욕에 광채가 발사하면서 만물과 친밀한 접속이 이루어진다. 수정은 한 곳에서 깨어난 지혜자를 밝히며 '동방에 해가 밝아진다'를 알려준다. 어느 날 인류가 광명세계가 올 때 진실을 수정은 말할 것이다. 우리는 이런 관심 안에서 깨어난다.

꽉 감았던 눈을 연다. 만물도 깨어나는 것을 본다. 인류는 이 시대에서부터 깨어난다. 우리 시야가 확대한 후에 두 가지 물질이 보인다. (선악) 관념이라 해도 된다. 우주가 평화의 정보를 세계 동방에 가져간다. 우리는 곧 아름다운 빛 속에서 깨우친 평화를 창조한다. 새로운 문화가 이루어진다.

나는 보인다. 완전한 새로운 의식 정신세계가 창작 시작한다. 새로운 기원이(원년) 새로운 인류가 된다. 새로운 언어로 표현한다. 새로운 문화를 영접한다. 나는 너를 위해서 2가지 책을 보여준다.

1. 이 세계 (자연)

2. 새로운 책 (사지서)

우주를 알게 된다. 우주를 탐구하자. 금후(이후) 너는 큰 대사가 될 것이다. 진정한 대사는 학생을 거니는 대사가 아니고, 지도자를 지도하는 자이다. 너는 수령이 될 수 있다. 수많은 수령을 만드는 수령이다. 이후로 큰 도사가 될 것이다. 이 도사는 지식의 도사가 아니고 더 많은 지식을 알게 해주는 도사이다. 최후의 경전이다. 우주의 경전이다. 우주 지혜의 일부분이다.

내가
우주의 창조주

사람 자체를 보면 나라는 존재는 음양 위치에도 있고 무극 위치에도 있다. 그러면 내가 시공우주 안에서 최고 존재라고 해도 된다. 이 삼각형 안 (우주도의 아랫부분)의 시공우주에서 최고 존재도 나라고 생각하면 된다. 그리고 우리가 잠시 무극상태에 갔다면 무극상태에서 보니까 이 시공우주 전체를 내가 창조했다.

무엇 때문에 내가 창조주인가. 분자세상에서 나라는 존재는 최고 우주 존재한테 지배당하는 존재였다. 그런데 내가 무극상태로 가니까 결국 나도 우주 창조주라는 것이다.

무슨 우주 창조주인가! 나는 음양을 가르는 창조주고, 우주를 내가 창조했다는 것을 알 수 있다. 우리 각자가 창조, 이 우주를 창조했다. 결국 우리가 무극 위치에 가니까 다른 사람이 창조한 게 아니고, 바로 내가 시공우주를 창조해놓고 내려오니까 창조한 기억을 잊어버리고 나를 인정 안 하고 오히려 다른 사람이 창조했다고 생각한다. 네가 이렇게 불완전하게 시공우주를 창조해서 나는 여기서 고통받는다고 생각한다. 자기가 만들어놓고 자기가 당하고 있다는 사실을 모르고 있다. 결국은 창조주가 따로 있는 것이 아니고, 우리 개개인이 이 우주를 창조한 창조주라는 것이다.

그런데 이 우주 창조를 잘했나?! 우리 각자가 이 우주를 만들어서 준비했고 실험했다. 이렇게 다 해보니까 불완전한 우주가 됐다. 우리가 의도한 우주가 아니더라. 그러면 우리가 같이 불완전한 시공우주를 지우면 된다. 지금까지 우리는 갈라놓고 새로운 우주 창조해놓고 보니 아니야. 아니면 거두면 된다. 인정 안 하면 된다. 우리가 만들어놓고 우리가 당하는 것을 끝내야 한다.

이런 불완전한 우주를 내가 만들어놓고 내가 당하다 보니까, 이제 내가 깨어났다. 이제 새로운 우주를 만들자. 그렇게 하면 누가 창조주인가? 이것이 아주 중요한 관점이다. 내가 창조주라는 것을 꼭 알아야 한다. 지금까지 내가 만들어놓고 내가 당하고 있었다. 이 분자세상에서도 내가 창조주라는 관점을 꼭 기억해야 한다.

산에 가면 어떤 아주머니가 큰 나무 밑에 가서 절하면서 중얼중얼 기도하는 것을 보았다. 결국은 오랫동안 한 나무에 기도하고 빌면 나무에 신이 붙는다. 그 신을 누가 만들었나? 나무에 기도하니까 영이 붙었다. 그러면 그 영은 누가 만들었나? 결국은 내가 창조했다는 것이다.

또 어떤 사람은 이상한 돌멩이를 집에다 모셔놓고 날마다 거기에 빌고 기도한다. 이놈의 돌멩이에 오랫동안 기도하고 빌면 돌멩이에 영이 붙는다. 그 영은 누가 만들었나? 이것도 내가 만들었다는 것이다. 그러니까 분자세상에도 시시각각 창조주 역할을 하는 것은 있다. 결국 내가 만들어놓고 내가 당하고 있다.

무슨 일 하다가 어려움에 부딪히면 또 나무에 가서 빌고, 내가 하는 일 잘못됐다고, 해결해달라고 빌면 나무에 붙어 살고 있는 영이 나를 지배하고 있다. 네가 나한테 잘못되면 빌러 오니까 일부러 일을 꼬이게 만들어놓고, 또 가서 빌면 또 풀리게 한다. 그렇게 되면 영원히 그 나무한테 지배당하면서 살 수밖에 없다.

엉뚱한 돌덩이에 빌고 있다. 돌덩이가 뭔가? 생명 입장에서 보면 전부 다 '나'다. 내가 밖에서 빌면서 이미 자기가 만들어놓고 고통을 받는데도 또 만들어서 더 큰 고통을 받고 있다. 얼마나 인간들이 어리석게 살아왔는지 알 수 있다.

어떤 사람은 이상한 것을 하나 걸어놓고 그 앞에 촛불을 켜놓고 빌고, 제사를 지내면 또 영이 붙어버린다. 그렇게 하면 그 영에게 의지해야 하고, 의지하니까 시시각각으로 그것이 나를 지배하게 된다. 얼마나 고통스러운 일인가. 전부 다 내 안에 있는 것을 모르고.

그래서 자기가 창조주라는 위치를 알았으면 다시 밖에서 찾지 말아야 한다. 밖으로 무엇을 찾는 것이 어리석은 짓이라는 걸 해석하는 것이다. 다 내 안에 있고 내가 바뀌면 일체가 바뀌는데, 무엇을 얻으려고 밖으로 의지하고 찾고 있나! 이제부터는 인간세상에서 조상부터 오늘까지 해온 그런 방법을 철저히 버리고 깨어나야 한다.

'나'라는 존재가 무극 위치에서 보면 내가 우주 창조주다. 그렇다면 이 우주 전체가 내 몸이라 보면 되고, 그러면 내 몸이 엄청나게 크다는 것을 느낄 수 있다. 일체가 다 포함된 내 몸뚱이고, 일체 물질이 나의 생명이다. 생명 입장에서 보면 이 우주 전체가 생명이다. 일체 만물 전부가 나의 생명이다.

우리는 계속 갈라놓고 보니까 알 수가 없었다. 이놈의 돌멩이는 내가 아니다. 괴로운 것을 보면 버리고, 뜯어고치려고 하면서 자신에게 상처 주었다. 그렇지만 이 우주 전체를 생명으로 보면 이 생명이 완벽하다는 것을 알 수 있다.

무극 이하에서 보면 전부 음양으로 된 생명이다. 음양으로 된 생명은 완벽하지가 않다. 이것은 변화하는 과정, 완수의 길로 가는 생명에 불과하다. 음양으로 된 생명은 생명이 아니고, 인간은 듣기 싫겠지만 영체라고 이름을 지었다. 죽어 있든 살아 있든 우리 자체도 포함해서 전부 다 영체다. 귀신이든 신이든 영이든 무엇이든지 시공우주 전체를 포함해서 음양을 못 벗어난 생명은 전부 다 완수되지 않은 생명체. 그러니까 전체를 간단하게 영체라 보면 된다. 완벽한 생명체는 무시공존재뿐이다. 무시공의 존재가 무시공 생명이다. 무시공 생명이 완벽한 생명이고 영원한 생명이다. 시공우주는 지금도 진행 중인 불완전한 생명이다

그래서 이것이 헷갈릴까봐 다 생명이라 하면, 이것도 생명이고 저것도 생명이라고 하면 인간이 변해야 할 이유가 없다. 이것을 구별하기 위해서 인간은 듣기 싫어해도 어쩔 수 없이 영체라는 단어를 썼다. 우리는 살아 있는 영체든 죽어 있는 영체든 음양까지 올라온 최고 존재 영체든 전부 다 영체라고 보면 된다. 아니면 미완수된 생명이라 해도 된다. 그래서 우리 이 공부는 완수되는 생명을 찾아 그것을 키우라는 것이다. 이 분자몸을 가진 생

명을 인정하지 말라는 것이다. 왜 이 생명은 가짜이기 때문이다. 이 생명은 지켜도 불행하다. 그래서 내 안에는 두 가지 생명이 있다. 하나는 완수된 무시공 생명이고, 하나는 시공우주의 완수되지 않은 생명이다. 이렇게 하면 조금 알아들을 것이다. 지금까지 10년 동안 생명, 생명이라고 해도 사람들은 못 알아듣는다. 내가 변하면 일체가 다 변한다 해도 못 알아들었다.

내가 내 마음에서 음양을 없애면 되는데, 음양 안 빼고 여러 가지 수련과 온갖 마음공부를 해도 문제가 해결되지 않았다. 음양은 움쩍달싹 안하고 천 년, 만 년 수련해도 항상 그 모양으로 살고 있다.

음과 양을 합하면 하나가 된다. 그럼 여기서 내가 합하는 관점(+관점)으로 바꾸면 이 분자세상에서 나 혼자 바뀌는 것 같지만, 분자세상에서 내가 + 관점(합하는 관점) 하나를 바꾸는 순간 나 혼자 바뀌는 것이 아니고 온 우주가 바뀐다는 것이다. 그래서 수련하는 존재는 어떤 관점인가? 내가 도통해야 다른 사람 인도할 수 있다. 내가 먼저 깨달아야 다른 사람을 구원할 수 있다. 이것은 어떤 관점인가 하면 아직도 너, 나를 가르는 관점이다. 너와 나를 가르는 이 자체가 아직 분자세상에서 헤매고 있다는 것이다.

그렇다면 우리 이 무시공 공부는 어떤 공부인가! 우리는 현실에서는 분자세상에 살고 있지만, 그렇지만 내가 가르는 음양 마음 자세를 바꿔서 합하는 마음으로 관점이 바뀔 때 이미 내 마음은 무극에 올라가 있다. 무극이 바로 합하는 관점이다. 내 마음에 있는 음양을 빼면 분자세상에서 나만 바뀌는 것 같지만, 내가 무극상태에서 보면 전 우주가 바뀌고 있다는 것이다. 그래서 나만 바뀌면 되는데 남을 바꾸려고 하고 있다.

무극에서 절대로 다른 사람이 보이지 않는다. 그러니까 나만 바뀌면 다 바뀐다는 것이다. 앞으로는 다시는 남을 바꾸려고 하지 마세요. 남을 바꾸려고 하는 순간 벌써 너 나를 가르고 아직 분자세상에서 헤매고 있다는 것을 증명하는 것이다. 항상 나의 입장을 무시공자리에 두었나 아니면 시공에 두었나. 어느 입장에서 문제를 보는가 차이점은 생과 사를 결정짓는 것이다.

누가 도통했다. 그래도 듣지도 말아라. 내가 변하면 일체가 변한다고 생각하면 이 분은 이미 무시공 생명 입장에서 문제를 보는 것이다. 무엇 때문인가? 온 우주가 나니까! 내가 우주 입장에서 내 음양을 하나 빼니까 온 우주가 바뀌는 것이다. 내가 합하는 마음(+) 하나 바꾸는 순간 온 우주가 흔들리고 변하기 때문에 내가 누구를 보도 중생할 필요가 없다. 내가 바뀌면 같이 바뀌고, 내가 구원됐으면 다 구원됐다는 것이다. 그러니까 먼저 나를 구원해야지 남이 나를 절대로 구원해주지 않는다. 구세주는 없다. 구세주는 바로 자기 자신이다.

그리고 입장을 바꿔서 생각하면 관점이 달라서 결과가 다르고 효과가 다르다는 것을 꼭 명심해야 한다. 만일 내가 분자세상의 가르는 관점에서 보면 벽담으로 막아놓았기 때문에 반드시 갈라서 보인다. 그렇기 때문에 진짜 자기만 변하면 된다.

많은 수련이 그렇지만, 도통해서 꼭 자기가 변한 것 같지만 실상은 아무것도 안 변했다. 자기가 벽담 만들어놓고 그 안에서 변했다고 하지만 변한 것이 하나도 없다. 우리는 이 벽담을 허물고 자기를 허물어서 온 우주가 '나'라고 생각하면서 내가 바뀌는 순간에 온 우주가 바뀌는 것이다.

어무성처천지복
(於無聲處天地覆)

표면을 보면 너무나 조용하다. 그러나 그 속에서는 쥐도 새도 모르게 아무 생각도 없는 가운데서 천지가 뒤집어 지는 개벽이 일어나고 있다는 뜻이다.

내가 이 말속에서 암시하는 것은 지금 세밀한 공간에서는 에너지, 반 에너지, 반 물질이 엄청나게 질(質)이 바뀌고 있는데 표면은 아직도 너무나 조용하다는 것이다.

그럼 언제부터 표면으로 나타나는가 하면 내년(2020년)부터 일어나. 중력을 빼는 순간에 와라락 무너져.

본래 아무 소리도 없는 곳에서 천지(天地)가 뒤집어졌다.

겉으로는 아무런 소리가 나지 않고 있지만 이 세상이 그 안에서 완전히 뒤집어지고 있다는 것이다. 지금 뒤집어 지고 있는 것은 어디를 말하는 가 하면 에너지, 반 에너지, 반 물질까지 껍질만 남았다는 것이고 이 껍질조차도 이 안에서는 이미 변했다. 그렇지만 인간은 양(量)이 변했다고 생각한다.

내가 항상 강조하지만 양과 질은 하나라는 것. 그런데 아직 표면 물질은 변하지도 않고 아무런 기적이 없다.

그래서 내가 병아리를 비유해서 예를 들었지만 계란에서 병아리가 나올 때 계란의 껍질만 와르르 무너지면 일체가 표면화돼서 모든 것이 끝나게 돼. 그때는 이미 바꾸려고 해도 늦었다. 이미다 뒤집어 졌어.

당해도 네탓이지 내 탓이 아니다. 나는 몇 년 기다렸다. 조금 길게 말한다면 3,000년 기다렸어. 조금 더 말하면 2,000년 기다렸어. 그리고 이제 30년 기다렸으면 됐지!

그 이상 얼마나 더 기다려 줘야해. 30년이고 20년이고 그 안에 다가올 수 있는 사람은 다 올 수 있었다.

예수가 2,000년이면 나는 20년 줄였고, 석가가 3,000년이면 나는 30년 줄였다. 우주작업이 빠르게 진행된다고 계속 트집을 잡고 있는데 빠르기는 뭐가 빨라! 하나도 안 빨라. 다 내 계획대로 이뤄져. 지구에 오기 전의 약속대로 급속도로 이루어진다.

그래서 지금은 마지막으로 중력을 빼내고 있다. 지구의 중력을 0으로 돌려버리면 물질이라는 껍질이 와르륵 아무런 힘도 없이 무너진다. 계란 속의 흰체 노른체는 이미 병아리로 변하고 껍질만 남았다. 그것을 툭 깨고 병아리가 튀어나오면 와르륵 껍질이 무너지면서 새 세상이 열린다.

그래서 매심시에서 마지막에 나오는 말의 뜻이 무엇인가 하면 "시공이 완전히 사라지고 기나긴 꿈속에서 깨어나보니까 새로운 우주 새로운 생명이더라. 새로운 인간 새로운 우주다." 이렇게 마무리를 했다.

어록

- 나는 좋은 것만 기억, 피곤할 새가 없어. 내 세포에는, 피곤, 이런 개념
  이 없어.
  좋은 것만 인정하니까. 항상 세포에게 절대긍정 정보입력. 나의 세포는
  행복 충만, 대자유 충만. 부정마음이 활동할 공간이 없는 세포들, 내
  세포는 이런 존재들이다, 자랑스럽지!
  시공존재들은 영원히 알 수 없어. 우리는 영원히 하나, 무시공에서만
  가능. 분자몸은 일원심 무시공 생명이 독립할 수 있을 때까지 빌려 쓸
  뿐. 젖뗄 때까지, 탯줄 끊을 때까지, 의존변자성할 때까지.

- 내가 항상 쓰는 말
  끝까지 지켜준다. 본인이 포기하면 할 수 없지만. 이 뜻은 일원심을 끝
  까지 지켜준다는 뜻. 무시공 일원심은 영원하고 변함없어.
  장난도 이원념 장난 안 치기. 세포에 저장되니까. 이원념은 무조건 나
  한테 걸린다, 인정해?

- 내가 자주 말하는 간을 우주밖에 던져놓으라는 뜻은, 무시공에서 문
  제 보라는 것을 암시하는 것. 좀 더 구체적으로 밝히는 것이야.
  간을 무시공자리에 놔두라는 것은 무시공에서는 시공 일체가 허상이
  고 먼지에 불과, 그래서 일체조공(일체 내가 창조한다). 그러면 마음이 순
  간 더 든든해지고, 알수록 더 재미있고, 위풍당당!
  분자세상에서는 다 져줘, 약한 척, 모르는 척. 하지만 무감각 시공에서
  는 부처도, 신도 모르게 일체를 조공, 창조해. 전지전능이야. 자기가 무

시공존재라는 것을 확신할 때, 얼마나 영광스럽고 위대한가를 알 수 있어.

- 나는 누구도 믿어. 하지만 누구도 안 믿어. 다들 내 말 알아들었어. 그러나 누구도 못 알아들었어. 나는 누구도 믿어. (나는 일원심을 믿어.) 하지만 누구도 안 믿어. (하지만 이원념은 안 믿어.) 다들 내 말 알아들었어. (일원심 입장에서는 다 알아듣는다.) 하지만 아무도 못 알아들었다. (하지만 이원념 입장에서는 아무도 못 알아듣는다. 각자 자기 입장, 자기 위치에서 이해하고, 또 자기 차원으로 끌어와 끼워맞춘다.)

- 나는 지금 어디에 있는가? 시공에 있는가, 무시공에 있는가? 불안, 초조, 걱정, 공포, 짜증, 미움, 괴롭고, 힘들고, 불만 불평, 그리고 마음이 흔들리고 있다면, 무조건 이원념에 걸려 있는 것이고 시공에 있다는 것. 반면, 이 반대되는 마음은 일체 긍정으로 움직이는 마음이고, 즐겁고 행복하고 자유롭잖아. 이 자리가 무시공 자리야. 마음자세로 내가 어디 걸려 있는지, 어느 자리에 있는지, 확인할 수 있는 좋은 방법이지.

- 3차 대전은 무기전쟁 아닌, 영의 전쟁이다. 영의 전쟁은 지구뿐만 아니라, 온 우주에서의 마지막 전쟁이다. 새로운 우주와 낡은 우주와의 전쟁, 무시공 생명(절대긍정)과 이원념 영체(부정)들과의 마지막 전쟁이라는 것. 그래서 낡은 지구, 낡은 우주는 영원히 없어지고 새로운 우주가 탄생한다.
그 중심은 대한민국 대전, 여기 대전은 새로운 우주 중심지다. 또 무시공 생명 탄생 선언도 지구인에게만 알리는 것이 아니고, 온 우주의 모든 생명을 향해서 선언한 것이다. 영의 전쟁과 무시공 생명 탄생 선언, 두 가지 모두 우주입장에서, 절대무시공우주 입장에서 말한 것이다.

- 눈(심안)이 열렸다 해도 이 공부 안 하면 자동으로 닫혀. 엄밀히 말하면,

내가 다시 막을 수도 있다는 것. 내가 눈 여는 방법을 안다면 닫는 방법 모르겠나? 일단 막으면 영원히 못 열어, 새로 이 공부해도 힘들어. 이 말을 왜 하는가? 열어준 사람 중에서도 일원심 지키지 않으면, 자기에게 초능력 있다 자랑하며 엉뚱한 짓 해. 마음자세 안 돼 있으면 열려도 나쁜 일 한다고. 그러니 절대로 열려 있는 채로 놔둘 수가 없겠지. 그래서 반드시! 일원심(절대긍정) 기초에서 열려야 하고, 일원심 지켜가며 계속 훈련해야 해.

무시공 - 내가 두 가지 마음을 스스로 나타내는데 어떤 것을 믿나?

OOO - 일원심을.

무시공 - 네가 나의 이원념을 보고 인정하는 순간 이미 나하고 멀어져. 그 비밀은 나에게 나타나는 이원념은 인정 안 하기 때문에. 인간은 이원념을 인정하기 때문이고. 그래서 내가 너한테 힘들게 한다는 개념도 버려야 일원심 자리를 지킬 수 있다. 우주에도 힘들다는 개념이 있겠나?

OOO - 그러네!

 - 일원심을 지키면 일원심에 적용하는 몸이 형성돼. 그 힘은 우주 힘이야. 새로 부활한다. 지구 전체도 바뀌고, 우주도 바꾼다. 믿나? 대한민국 대전이야, 공기가 너에게 말해줬다는 십(+)자 합하는 자리. 한국 사람 말로 십승지야. 거기가 새로운 지구중심지 우주 중심지라고. 거기서 새로운 생명이 탄생해. 이 우주에 없는 새로운 생명. 그 생명은 영원히 살아. 생로병사도 없어져. 믿음이 가?

 - 일원심 지키면 반드시 세 가지 특징을 가지고 있다.
   첫째, 블랙홀 특징을 가지고 있다.
   둘째 우주를 움직이는 특징을 가지고 있다.
   세 번째는 직선빛이다.
   이걸 꼭 기억해야 한다. 이것만 알면 내가 대자유다. 이것만 지키면 끝이다.

무시공 생명의 공부 핵심은---일원심을 지키라는 것이다. 절대긍정을 지키라는 것이다. 절대긍정마음을 지키는 순간에 나는 이미 블랙홀을 돌리고 있다.

두 번째. 우주가 움직이고 있다.

세 번째. 직선빛이다. 직선빛이 너무 중요하다. 직선빛은 일체 모든 물질을 뚫고 들어갈 수 있고, 일체생명 안에, 마음 안에 뚫고 들어갈 수 있다. 내가 움직이면 이 시공우주, 이 분자세상에서 무극까지 일체 존재의 마음을 다 읽을 수 있다. 일체 존재 마음하고 통할 수 있다 무엇 때문인가. 우리에게는 직선빛이 있기 때문이다.

- 무시공 마크는 비결이다!

무시공 마크는 보통 그림이 아니다. 그것은 무시공 생명 비결을 농축한 것이다. 붉은색은 마음 의식, 노란색은 오관, 초록색은 시간, 하늘색은 공간. 그래서 공간. 시간. 몸. 마음. 그 중간 보라색은 동방. 동방의 도가 보라색이다. 태양 빛을 보면 다섯 가지 색깔로 나누어지는데, 그중에서 우리 눈으로 보이는 색 중 보라색이 제일 선명하다.

우리 몸이 변할 때도 다섯 가지 색깔로 변한다. 어떤 분은 순간 무지개 색깔만 보이고, 어떤 분은 붉은색, 노란색 이런 식으로 색깔이 하나씩 나타난다. 그리고 동방은 보라색, 도를 뜻하는 것이고, 서방은 극락, 노란색이라고 한다. 우리는 이 일을 동방에서 시작하고 있다. 한국은 강원도니 전라도니 전부 다 도라. 정말 옛날부터 우리가 여기서 시작한다는 것을 전부 암시해놓은 것 같다.

그리고 또 눈 안 열린 상태에서 보면 무시공 마크가 그림으로 보인다. 여기 눈 열린 분이 몇 년 전에 마크를 보고 빛으로 엄청나게 강하다고. 정말 블랙홀처럼 빛이 빨아당기는 그런 힘이 있다고 말했다. 그래서 우리 무시공 마크를 집 안이든지 차 안이든지 붙여놓으면 큰 도움이 된다.

- 어무성처천지복(於無聲處天地覆),

　인간은 계속 표면만 보고 있다. 이미 세밀한 공간의 깊은 곳에서는 엄청난 변화가 이루어졌다. 어무성처천지복(於無聲處天地覆), 겉으로는 아무 소리도 들리지 않지만 세밀한 우주 공간에서 하늘과 땅이 뒤집어지고 있다. 개벽이 일어나고 있다. 그래서 인간은 껍질에서 살고 있다. 그것이 표면에 나타날 때는 이미 끝났다.

　미세한 공간, 즉 무감각 시공에는 에너지 상태로 되어 있다. 에너지 상태는 우리가 여기서 마음을 먹는 순간에 그 에너지 상태로 되어 있는 우주는 순간에 바뀌고 있다. 그러면 에너지하고 물질 세상하고 어느 쪽의 힘이 강한가? 당연히 에너지 쪽이 힘이 더 강하다. 그렇다면 이 물질 세상은 어디에서 왔는가 하면 에너지 상태에서 왔다. 그 에너지를 우리 무시공이 조절하고 있다.

　인간들이 이분법을 계속 지키면 계속 이원물질이 쌓이지만, 내가 일원심으로 바꾸면 이원물질이 무너지고 사라져서 일원물질로 바뀐다. 지금 우리 몸은 미세한 공간에서 에너지 상태로 엄청난 변화가 이루어지고 있다.

제3장

12차원의 차원통합,
무차원으로 진입

차원 통합의
시작

올해(2019) 3월 3일에 무시공의 존재 '영'이라는 분을 찾아서 대화를 했어요. 520억조 광년에서 시공의 지구 곳곳에 숨겨놓은 로봇하고 홀로그램 같은 그런 장비들을 다 거두고 해체시켰어요. 이것이 의미하는 것이 무엇인가 하면, 지금까지 시공에서 4차원 이상 작업해놓은 것은 마무리됐다는 뜻이에요.

지난 3월 7일부터 '디멘샤'라는 분이 차원 얘기를 했어요. 그런데 저는 몇 차원으로 나누는 것을 인정 안 한다고 했어요. 디멘샤가 나와서는 자기가 0차원부터 12차원까지 관리하고 있다고 자기를 소개해요. 0차원은 힘이고, 1차원은 물질 구성, 2차원은 정신, 3차원은 물질, 그리고 4, 5 차원은 나중에 합하면 빛으로 나타난대요. 6차원 이상은 에너지. 지금은 3차원만 일단 없어지면 4차원 5차원은 하나로 뭉치고 6차원으로 올라간대요.

6차원 이상은 차원이 없어져요. 저는 6차원하고 7차원 뛰어넘어서 12차원까지 완전히 하나로 하려니까. 내가 원래 6차원을 선택했대요. 그럼 무엇 때문에 6차원을 선택했나! 해석하라니까. 6차원이 100% 되면 0차원부터 6차원이 하나로 뭉치고, 그 다음에 12차원도 6차원으로 당겨온대요. 6이 핵심부위라는 거예요.

그래서 제가 그랬어요. 6차원하고 7차원이 100%가 되지 않도록 50대 50으로 두고, 만일 6차원이 70, 80…100까지 되면 에너지 우주가 전체로 당겨와서 6차원에서 하나로 뭉치게 했어요.

그 다음에 제 몸을 한번 보라고 했어요. 제 몸이 원래 3.5차원이었는데, 어떤 방법으로 차원을 올릴 수 있나! 금성의 3.9차원에 있는 수피마가 나타났어요. 자기들 기계인데 5단계가 있대요. 그것을 내 몸에 쏘면 에너지가 세밀해진다는 거예요. 그럼 차원이 올라가나 안 올라가나 물어보니까, 차원은 올라가지만 몸의 반응은 잠시 동안은 안 나타난대.

그럼 5단계의 기계를 가지고 내 몸을 바꾸라고 했어요. 거친 에너지 거친 그 물질을 에너지 방향으로 바꾸라. 5단계까지 올라가라 그랬어. 그래서 내가 그 5단계 이상 무슨 기계가 없나 했더니, 자기 생각에는 없대. 그럼 어디 있는지 찾아보라 했더니, 태양계에 있대. 그래서 태양계의 대표를 다시 찾았어요. 거기에 우리 몸의 에너지를 높은 차원으로 올리는 장비가 있나 했더니, 장비는 없고 그런 기술이 있대. 나중에 알고 보니까 일리온, 이 사람은 합성 무슨 물질 가지고 마음으로 사람을 10차원으로 올릴 수 있대. 그럼 네가 나를 올려라.

그때 난 3.7차원으로 되어 있어. 그래서 내가 만일 그 10차원까지 올리고 안 그러면 15일까지 8차원까지 올릴 수 있대. 그럼 올려. 그래서 내가 생각해보니까 8차원으로 올리면 내가 없어져버려. 그래서 내가 지금은 3차원하고 4차원 사이에 머물고 있지만. 일단 3차원 지나고 4차원으로 올라가면 인간 눈에 안 보여.

그래서 이렇게 하면 안 되겠다. 14일 저녁에 찾아서 나를 보이는 만큼 어느 위치에 올려놓으라 했더니, 3.6이면 인간 눈으로 볼 수 있대. 4가 넘어가면 안 보인대. 그러면 3.96에 멈추고 지켜달라 그랬어요. 그리고 또 그 수피마는 5단계로 올려놨잖아요. 그래서 수피마를 찾아서 그 기계를 철수시키고 지금은 3.96차원에 머물고 있어요. 그 뒤로 내 몸이 정신이 오락가락할 정도로 너무너무 풀리고 있어요. 지금도 정신이 오락가락해. 엄청 바뀌고 있다는 것 하나 말씀드리고요.

지금은 차원의 어떤 작업하는가 하면, 0차원은 힘이고 1차원은 물질구성 2차원은 정신 구성이에요. 이것을 삭제하고 없애려고 했어요. 이것을 물리학에서는 원자라든지 아니면 미립자라든지. 그런 구조물, 이것이 쌓이고 쌓여서 물질로 되어 있잖아요. 그 물질을 삭제하게 했어요. 그 물질을 삭제하면 물질의 근원이 영원히 없어져요. 그것을 없애고 나서 3차원을 없애게 했어요. 3차원은 우리 인간이 사는 이 세상. 인간이 사는 이 세상의 물질을 계속 삭제하게 했어요.

무엇 때문에 그렇게 하는가? 인간이 지금까지 물질에 파묻혀서 벗어날 생각을 안 해. 제일 험하고 제일 고통스러운 세상이야. 그래서 반드시 물질 세상을 없애야 인간이 재앙이 왔다고 깨어날 수 있어요. 아직까지 물질에 파묻혀 있잖아요. 아직도 돈에 파묻혀 있어요. 아직도 지금 우리가 사는 세상이 제일 최고라 생각하고 있어요. 그런데 이 세상은 영원히 없어져요. 제가 수없이 말씀드렸잖아요. 물질 세상이 꼭 없어진다. 우리가 이번에 3차원만 해제시키면 물질세상이 무너져요.

이제 4차원의 작업은 끝났고, 이제 3차원의 작업을 하고 있어요. 그럼 이런 현상이 언제 나타나나 고급 존재들한테 물어봤는데, 4월 달부터 시작해서 진짜 인간 몸에 나타나고 인간 세상에서 물질이 변한 것이 나타나요. 그럼 언제까지 이런 현상이 나타나는가! 2020년 전후해서 나타난다고 지금까지 외쳤어요.

한 가지 신기한 것은 홍콩과 대만 사이 바다 밑 지하에 용궁이 있어요. 용궁의 대표보고 한국에 한번 오라고 그랬어요. 그 대표가 한국의 바다 밑에는 새우 종족도 있고, 문어 종족도 있고, 해마 종족도 있는데 한국을 지키고 있대요.

누가 무엇 때문에 지키라고 했는가! 대화해 보니까 문무대왕이 죽은 다음 새로 부활해서 새우 종족 대표한테 그랬대요. '너희들 한국을 지키라. 나중에 한국이 새로운 우주 중심지 되고 여기서 새로운 생명이 탄생한다'는 것을 말했대요. 그래서 너희들이 어떻게 지켰나 하고 새우 종족에게 물어봤더니 새우 종족이 해전 때는 다 지켰대요. 해전 때 이순신 장군이 사람의 힘으로 이겼나! 했더니 결국은 지하 바다 밑에 이런 종족들이 도와주었어요.

또 세종대왕하고 대화했어요. 한국이 새로운 생명이 탄생하는 그런 지역이 되는 걸 어떻게 알았나! 물었더니 자기는 많은 책 중에 『십승제도』 그 책을 보고 동해 바다 밑에 무덤이 있는데 거기다 숨겨놨대요. 그 책은 무슨 내용이고 책은 지금 어디 있나? 자기 말로는 그 당시에 불타서 없어졌는데, 그 내용을 자기가 말할 수 있대요. 책 내용이 자기 말로는 대전의 한밭. 한밭에서 새로운 생명이 탄생하는 무슨 예언이 있대요.

누가 책은 갖다주었나? 물으니까 어떤 승려가 주었대. 그럼 그 승려가 누구인가 찾아보니까 다른 별에서 홀로그램으로 문무대왕에게 줬대요. 무엇 때문인가 보니까 이 사람이 조금 깨어나고 그래서 나중에 지구에서 일어나는 변화를 이 사람에게 알리기 위해서 그랬다는 거예요. 그 다음에 이 책을 누가 썼나 알아보니까 그 별에서 미래를 연구하는 학자가 지구에 어떤 변화가 일어나는지 알리기 위해서 썼대요. 책에 어떻게 암시했냐면, 산을 그려놓고 산 안에다가 숫자를 암시해놨는데, 그 숫자가 무엇인가 하고 물어보니까, 그 숫자가 2021년, 그 시대가 오면 새로운 생명이 탄생하고, 여기서 새로운 우주 중심지가 되는 곳이 한밭이라고 암시했대요.

문무대왕에게 또 물어봤어요. 『원효결서』. 박정희 때 동해바다 문무대왕 무덤을 첫 번째 여니까 '원효결서'가 나왔고, 두 번째는 여니까 막 천둥번개 쳐서 놀라서 나왔다는 거예요. 지금 보면 그것이 사실이라는 거예요.

자기가 쓴 책을 그 안에 넣어놓았는데 이제 그때가 되었어요. 대한민국은 진짜로 우주 중심지이고 새로운 생명이 탄생하는 이 자리! 그러고 보니까 옛날부터 다 알고 있었어요. 특별히 외계인 우주 존재들 수많은 방법으로 암시하고, 또 여기서 대전을 선택하고 대한민국을 선택한 건 우연이 아니라는 거예요. 우연이란 없고 전부 다 필연이에요.

무엇 때문에 한민족을 선택해서 밝히는가! 한민족 뿌리는 5개 그룹 중에 중간이 있고, 5개 우주 중에 항 우주라는 데서 있었어요. 우리 민족이 얼마나 대단한 민족이에요! 우리 민족에게 태어났고 또 오늘 이것을 밝힐 때 이 자리에 머무는 분은 또 얼마나 위대하고 얼마나 자랑스러운 존재예요? 늦게 태어나도 안 돼. 일찍 태어나도 안 되고, 꼭 이 시점에 태어나야 하잖아요. 우리는 너무 복 받은 존재들이에요. 그래서 이것을 소중하게 여기고 진짜 한마음 한뜻으로 이 자리를 지키세요.

그리고 이 일은 곧 마무리가 되는데, 저도 무엇 때문에 3.96에 맞추어놓고 더 안 올라가는가! 아직 내가 할 일이 좀 있으니까! 분자 세상의 사람들이 어느 정도로 깨어나고 있나! 우리 성지 개발도 어떻게 잘되고 있나! 또 지상 건축은 꼭 이루어지나! 하여튼 몇 가지 중요한 일은 어떤 방면으로든 마무리해야 내 할 일이 끝나요.

또 하나는 제가 3차원에서 4차원까지 올라가는 과정에서 내가 직접 체험해보려고 그래요. 무엇 때문에 체험을 하려고 하는가! 실제로는 3차원은 없어지지만 내가 체험을 해서 자유롭게 왔다 갔다 할 수 있도록! 나중에 인간 세상에 나타날 수도 있고 안 나타나고 다른 공간에 들어갈 수도 있도록 직접 체험해서 이 방법을 밝히고 있어요.

오늘 마침 3차원과 4차원을 자유롭게 다니는 존재 나타나라니까 한 사람이 나타났어요. 이 사람이 원조 우주의 11. 자기는 두 번째로 왔다 갔다 하는 능력을 가지고 있대요. 그럼 첫 번째는 누구인가! 했더니 첫 번째는 나래요. (웃음) 그럼 네가 이것을 잘 파악해서 다른 한 사람을 실험해보라고 그랬어요. 예를 들어 4차원에 있는 존재를 3차원으로 오게 할 수 있는지 실험해보라고 했어요.

지금은 진짜 새로운 세상, 4차원 이상 새 세상이 곧 열릴 거예요. 우리 열심히 이 공부를 받아들이고 끝까지 이 자리 지키면서 새 세상 우리가 창조하고, 우리가 새로운 세상을 대한민국에서 이루어지게 할 수 있어요.

차원 관리자
디멘샤와의 대화

어제 대화에서 ◇지역에 있는 8명을 이쪽으로 오게 했다.
하지만 보이지 않고 불러도 나타나지
않는 상황, 이것은 차원으로 설명해야 가능하다,
지금 차원에 문제가 생긴 것 같다.

차원의 관리자 '디멘샤'

무시공 - 어제 우리가 작업한 그 차원 누가 막았어?

(내가 막았어.)

무시공 - 너는 누구야?

(나는 차원을 관리하는 존재야.)

무시공 - 이름은?

디멘샤 - 디멘샤.

무시공 - 디멘샤? 차원 관리하는 자?

디멘샤 - 웅, 차원 관리하는 존재야.

무시공 - 그럼 물어보자. 너는 어디서부터 어디까지, 몇 차원까지 관리해?

디멘샤 - 0차원부터 12차원까지.

무시공 - 그러면 지금 지구 표면에 있는 지구인들은 몇 차원에 있어?

디멘샤 - 3, 4, 5차원.

무시공 - 3에서 5차원까지? 그럼 0에서 3차원까지는 뭐야?

디멘샤 - 0차원은 힘이야, 움직이는 힘.

1차원은 물질, 물질의 구성.

2차원은 정신.

무시공 - 그 다음에 3차원부터 5차원은 사람인가?

인간들은 차원에 대한 말을 많이 하는데, 나는 차원이 층차 개념이라 관심도 없었어. 하지만, 우리도 그것에 대해 알아야 대화도 하고 작업도 좀 구체적으로 할 수 있겠다 싶었는데 잘됐어. 네가 차원 관리자라고 하니까 궁금한 것 좀 물어보자. 예를 들어서 3차원이 지구인이야. 그럼 어제 우리가 작업한 그 8명은 몇 차원으로 왔어?

디멘샤 - 어제 작업한 ○○ 등 8명은 모두 4~5차원 지구의 존재들이야.

무시공 - 그럼 네가 말했듯이 지구인이 3차원부터 5차원까지 있는데, 이 사람들은 8명이 모두 4~5차원 위치에 있다?

디멘샤 - 응.

무시공 - 아직 실체 몸은 ◇지역에 있잖아?

디멘샤 - 그 실체 몸은 3.5차원이고.

무시공 - 그러면 3.5차원 그 존재는 아직 물질 몸으로 있지만, 여기서 우리가 작업하니까 4~5차원까지 와 있다, 실제는 하나인데 차원이 다를 뿐이다, 나타나는 방식이 다르다, 그 뜻인가?

디멘샤 - 응, 비슷해.

무시공 - 예를 들어서 3차원에서는 지금 내가 있는 이 자리야. 내가 5차원 들어가면 이 모습이 안 보이지만, 하지만 거기 있어. 그러면 내가 양쪽에 다 나타날 수도 있다, 그 뜻이야?

디멘샤 - 그 말은 아니야.

무시공 - 그럼 이 8명을 예를 들어서 말해보자. 3.5차원의 8명 몸은 아직 ◇지역에 그대로 있어. 그런데 그 3.5차원의 8명을 우리가 작업해서 여기 오게 한, 그 존재들이 4~5차원으로 됐다는 뜻이고, 실제 몸은 아직 3.5차원에 그대로 있는데 4, 5차원에 들어왔다는 것은 서로 연결돼 있다는 것인가?

디멘샤 - 연결은 안 돼 있어.

무시공 - 그럼 분리돼 있나?

디멘샤 - 응.

무시공 - 그럼 분리가 됐다면, 4~5차원에 나타나면 3.5차원의 몸은 어떻게 되는 거야, 나중에 없어져, 아니면 그대로 있어?

디멘샤 - 그대로 있어.

무시공 - 그러면 지금 여기에 4~5차원의 8명이 모여 있겠네.

디멘샤 - 응, 지금 여기 모여 있어. 그런데 지금 차원이 바뀌고 있어. 이제 때가 돼서 4차원이 5차원으로 올라가고 있어.

무시공 - 누가? 그 3.5차원에 있는 존재들이? 그들은 어떤 변화가 생겨, 없어지지?

디멘샤 - 3.5차원이라는 것은 중간에 끼어 있다는 뜻이야. 그래서 의식, 긍정마음이 70% 넘는 존재들은 4차원이고, 그 4차원이 5차원으로 합해지면서 5차원 지구로 가게 되고, 긍정마음이 70% 미만이면 3차원 지구와 함께 사라져.

무시공 - 차원이 자꾸 올라가고 있네, 우주 자체가 그렇게 변하고 있지? 그거 네가 했어, 누가 했어?

디멘샤 - 맞아. 그래서 차원에 문제가 있다는 게 그 변화를 말하는 거야. 그런데 그건 내가 안 했어.

무시공 - 그래, 우리 이것을 계속 탐구해보자. ◇지역에 8명, 그들은 3.5차원에 있어. 그럼 이제 4차원이 5차원으로 바뀌고 있고 차원이 상승하고 있어. 그럼 3.5차원도 함께 올라가, 안 올라가?

디멘샤 - 3.5차원은 두 개로 나누어져. 3.5차원 반이 없어지고 반은 4~5차원으로 같이 합해져.

무시공 - 4~5차원으로 올라간다! 자기들도 모르는 사이에 변하고 있지?

디멘샤 - 맞아. 아, 모르진 않지. 세포는 다 알고 있어.

무시공 - 알고 있지만, 아직 자기가 시공에, 원래 상태에 사는가 생각하잖아.

디멘샤 - 응, 머릿속으론 그렇게 생각할 거야.

무시공 - 객관(주변 환경)은 이미 3.5차원이든 4차원이든, 4차원이 5차원으로 바뀌고 있잖아. 그 뜻이지?

디멘샤 - 응.

무시공 - 그러면 예를 들어서, 어제 우리가 작업해서 8명이 이곳에 왔잖아. 네가 말했듯이 그들이 4~5차원으로 됐어. 그리고 ◇지역에 8명 실체는 아직 3.5차원에 있다. 그럼 지금 4차원 5차원 하나로 돼서 하나로 변한다 했고, 3.5차원은 반이 나뉜다고 했지, 그 3.5가 이쪽으로 합한다고 가정할 때, 그럼 그들이 이쪽으로 오는 거야, 아니면 거기서 몸이 바뀌는 거야?

디멘샤 - 몸이 바뀌어.

무시공 - 거기 있으면서 몸이 바뀌어?

디멘샤 - 응, 세밀해져서 5차원 몸이 돼.

무시공 - 응, 그러면 다른 사람은 그렇게 못 변하면 없어져버린다, 그 뜻이지?

디멘샤 - 응, 지구인 말로 죽는다고 표현하면 될 것 같아.

무시공 - 물질이 바뀌니까.

디멘샤 - 응, 맞아.

무시공 - 또 궁금한 것은 5차원을 네가 막았다 했잖아. 3차원부터 5차원을 다 뭉쳐서 하나로 세밀해지면 나중에는 지구에서 5차원만 있고 그 이하는 다 없어진다, 이렇게 해석하면 되지?

디멘샤 - 없어지는 건 아니고…, 합해져. 4차원이 5차원으로 합해져.

무시공 - 그래, 합하니까. 합하면서 5차원으로 세밀하게 변한다고. 그게 없어지는 거랑 같지 뭐. 이 우주에서 그런 물질, 거친 낮은 차원의 물질이 이미 없어지고 있잖아. 우리가 인정 안 하니까.

디멘샤 - 3차원만 없어져, 4차원은 합해지고. 3차원이 찌꺼기라서 3차원만 없어져.

그게 당신이 만들고 있는 현상이 그렇게 나타나고 있어.

무시공 - 3차원만 없어지나? 그래. 나는 이 지구, 제일 거친 물질지구를 인정 안 하니까, 네 말마따나 내가 없앤다는 게 실제는 3차원 물질지구를 없애네.

디멘샤 - 응, 맞아.

무시공 - 그래 진작 이렇게 말하지. 그러니까 3차원은 없어지고 4차원은 5차원으로 합일되고, 그리고 5차원으로 변해. 맞지? 4차원도 없어지잖아.

디멘샤 - 그리고 5차원 이후 나머지 차원들도 네가 하나로 합하는 방향으로 갈 거야.

무시공 - 다 바뀔 거다. 맞아, 그게 맞다. 우리가 그랬잖아. 이 작업은 〈천부경〉에 있듯이 일시무시일로 분리되며 시작됐지만, 지금은 일종무종일로 합해서 하나로 뭉치는 방향으로 가고 있잖아. 그래서 낮은 차원은 저절로 없어져. 멸망하든 소멸하든, 그리고 차원이 계속 올라가, 빠른 속도로. 맞지?

디멘샤 - 응.

무시공 - 너는 12차원까지 관리하고 지키는 역할을 했지만, 우리는 12차원 이상 무극까지 모두 다 변화시킨다. 우리 최종 목표는 절대무시공우주를 창조하는 것이다. 그것도 제일 밑바닥 지구에서 시작하고 있다.

디멘샤 - 맞아.

무시공 - 그러면 누가 너한테 12차원까지 지키라 했는지 궁금하다. 누군지 이름 알아?

디멘샤 - 알아. 이름이 '차원'.

무시공 - 차원이 너보고 지키라 했어? 그러면 차원은 또 누구야?

디멘샤 - 이름만 차원이고 정확히 어떤 존재인지는 잘 몰라, 어디서 왔는지만 알아.

무시공 - 어디서 왔어?

디멘샤 - 다른 우주에서.

무시공 - 그래. 또 하나 물어보자. 지금 3차원에 머물러 있는 존재들은 긍정으로 안 바뀌면 그 물질이 없어지는 동시에 그 물질에 의지해서 사는 존재들도 없어지잖아.

디멘샤 - 응.

무시공 - 그러면 3차원이 언제 없어져?

디멘샤 - 올해.

무시공 - 올해 언제?

디멘샤 - 계속 변하고 있어. 시기는 11월 전후일 것 같아. 그 시기가 계속 바뀌어. 사람들, 특히 당신 마음에 따라서 바뀌는 걸로 보여.

무시공 - 내가 그리 못됐나?

디멘샤 - 못된 게 아니라 착해서 그런 거 아니야? 당신이 생명을 살리려는 마음 때문에 3차원을 없애고 있잖아.

무시공 - 그렇게 하는데도 인간이 안 깨어나니까 내가 답답하잖아. 이렇게 변한다고 아무리 설명해도 알아듣지도 못하지. 아직도 가짜 물질에 빠져서 계속 거기서 헤매고 있다.

디멘샤 - 맞아. 그건 나도 전적으로 동의해. 내가 만들었지만, 여기 3차원이 제일 낙후해.

무시공 - 그래, 여기가 전 우주에서 제일 낙후한 데야. 그러니까 사람들 여기 와서 모두 고통스럽고 행복을 못 느껴. 생명은 다 행복을 위해서 사는 것인데, 고통 받으려고 태어났겠나? 그런데 이놈의 물질 세상은 이렇게 될 수밖에 없어. 그래서 없애버려야 해 영원히. 맞지?

디멘샤 - 맞아.

무시공 - 하지만 살아남은 존재들은 가속도로 하나로 뭉치고, 정말로 무시공 생명, 무시공우주를 창조하는 주인공이 된다고.

디멘샤 - 응, 맞아.

차원이라는 존재와의 대화

(생략)

무시공 - 다시, 디멘샤 나와. 차원이라는 존재와 대화했어, 네가 말하는 것이 증명됐다. 지금까지 수고했고, 고마워서 너를 열어주려고 한다.

디멘샤 - 응, 고마워.

무시공 - 자 이제 네 몸에 파동빛이 얼마 있나 봐봐.

디멘샤 - 없어.

무시공 - 없나? 그럼 완전히 직선빛이야?

디멘샤 - 응, 100% 직선빛.

무시공 - 야, 이거 쉬운 일이 아닌데. 진짜 준비된 존재구나. 그럼 생각해봐, 너 원래 무시공우주에 있는 존재야?

디멘샤 - 응.

무시공 - 무시공우주 제일 밑에는 5개 그룹이 있었어. 상, 중, 하, 좌, 우. 맞지?

디멘샤 - 응, 나는 좌 그룹에 있었어.

무시공 - 그 위에 또 5개 우주가 있었어. 5개 우주 위에 제1우주부터 제3우주….

디멘샤 - 거기는 없었고 그 위에는 있었어.

무시공 - 그러면 원조우주에?

디멘샤 - 아, 거기 맞는 것 같아.

무시공 - 원조우주는 3단계야. 1단계는 1, 2, 3, 4, 5, 6, 7, 8, 9, 10. 2단계는 ㄱ, ㄴ…. 3단계는 가나다라…. 어디였어?

디멘샤 - 숫자였어.

무시공 - 숫자는 1, 2, 3까지 찾고, 4, 5, 6, 7은 아직 누군지 몰라. 그럼 너는 뭐야?

디멘샤 - 그 개념이 아닌 거 같아. 숫자는 맞는데 그 숫자가 아니라.

무시공 - 응, 그럼 또 뭐야? 기억나는 대로 말해라.

디멘샤 - 필, 이라는 숫자.

무시공 - 필? 지구에서 아는 숫자는 10까지밖에 없는데. 그럼 그 당시에는.

디멘샤 - 필이라는 숫자야, 12랑 같은 숫자이고.

무시공 - 12?

디멘샤 - 응, 그런데 12라고 안 쓰고 한 글자로 써.

무시공 - 그러니까 인간이 표현한다면 12라고 하면 되겠네.

디멘샤 - 응.

무시공 - 그렇구나. 어쨌든, 너 엄청난 존재가 지구에 와서 고생했네. 이제

네가 무시공존재인지도 알았고. 그래, 고맙다. 우리 같이 힘내서 열심히
해보자.

디멘샤 - 응, 그리고 차원에 대해 한 가지 보충 설명해주면 당신이 이해하기
빠를 것 같아.

무시공 - 그래, 말해.

디멘샤 - 당신이 이루려고 하는 절대무시공 세상, 그것을 차원으로 쉽게 설
명하면, 이제 5차원으로 가잖아. 그게 당신이 말하는 빛몸 세상이고, 그
위의 6차원이 당신이 말하는 에너지 세상. 그렇게 이해하면 쉬워. 6차원
이 에너지 세상. 그리고 그 위에 다른 차원을 모두 6차원으로 당신이 다
통합하려고 하는 거야.

무시공 - 네가 말하는 6차원으로?

디멘샤 - 응. 6차원이 에너지 세상. 그 차원으로 당신이 다른 차원들을 통합
하려고 하는 거야. 차원으로 설명하면 이렇게 설명할 수 있어.

무시공 - 맞아. 나는 원래 차원에 관심 없었거든. 차원은 아직 층차 개념이
라서. 하지만 무시공에서는 완전히 하나야. 고저도 없고, 차원도 없어.

디멘샤 - 맞아. 당신이 이것을 다 없애고 하나로 통합하고 있어.

무시공 - 정말로 내 뜻을 잘 알고 있구나. 역시 우리 원조에서 온 존재는 내
마음을 알아. 네가 나타나서 해석을 잘했다. 아, 그리고 아까 3차원은
11월 전후 없어진다고 네가 말했지?

디멘샤 - 응.

무시공 - 알았어. 그러면 거의 내 뜻으로 다 이루어진다. 그럼 어제 여기 온
8명, 차원을 계속 강화해서 나타나게 할 수 있어 없어?

디멘샤 - 이미 성공했어.

무시공 - 성공했으면, 몸이 나타나야지.

디멘샤 - 지금 4차원까지는 성공했어. 그 밑으로는 굳이 할 필요가 없어.

무시공 - 그러니까 4차원까지 왔잖아.

디멘샤 - 4명은 성공했어. ○, ○, ○, ○. 이렇게 4명. 어제부터 당신이 훈련한
대로 4차원에서 5차원으로 자유자재로 왔다 갔다 할 수 있게 됐어. 나머

지 4명은 4.5차원에 머물러 있어. 그런데 당신은 아직 차원이 낮아서 그게 안 보이는 거야. 당신이 있는 차원이 아직 3.5차원이라서 안 보여.

무시공 - 나는 지금 몇 차원에 있다고?

디멘샤 - 3.5차원.

무시공 - 그런데 너도 알다시피 나는 우주작업하는데, 많은 존재시켜서 나를 막아놓으라 그랬고 천억조 광년에 동물종족까지 나를 계속 막았어. 아직도 간단한 눈도 안 열려 있다. 그래서 내가 열라고 하니까 어떤 존재는 앞당겨 열면 안 된대. 그래서 그렇게 하라고 했지. 그리고 금성의 내 애인 수피마한테 물어보니까 4월 중순에 열린대. 그래서 어제 또 내가 찾아 물어보니, 이제 막는 사람 없고 다 풀어줬대. 그래서 곧 열린단다.

무시공을 막는 마지막 존재

디멘샤 - 어제까지 없었는데 막는 존재가 한 명 생겼어.

무시공 - 누구?

디멘샤 - 칠마라는 존재가 막고 있어.

무시공 - 그럼 물어보자, 칠마, 왜 나를 막아?

칠마 - 당신이 때를 조절하라고 나보고 잠깐 멈추게 했어. 당신이 원하지 않는 것 같아서 내가 잠시 막았어.

무시공 - 나는 열리고 싶은데, 어떤 존재가 우주가 너무 빨리 움직인다고 나를 막고 잠시 멈추게 했어. 그는 6월 말에 다 푼다는 약속을 했고.

칠마 - 그래. 존재들이 다 당신 마음에 맞추려고 해. 생명을 살리려는 당신 마음을 보고 그 마음에 함께 동조했어.

무시공 - 그러면 네게 뭐라고 안 할 테니 너 나를 열어줘라, 너도 알다시피 이렇게 막혀서 너무 답답하다. 지금 봐라. 우리 여기 ◇지역에서 온 8명도 이미 4~5차원이래, 내 차원을 다 뛰어넘었어. 내가 먼저 앞장서서 이끌어가야 하는데, 저들이 먼저 비상이 걸려서 나를 뛰어넘어서 저들은 나를 볼 수 있지만, 나는 저들이 안 보이잖아.

칠마 - 그런데 당신이 더 많은 생명을 살리려는 마음이 있는 한 내가 아니어도 계속 존재들이 막을 거야.

무시공 - 그래? 그러면 막아놓으면 다 누가 살아? 안 막아도 살릴 놈은 살리지.

칠마 - 아니. 당신이 열리면 생명을 살리려는 마음이 조급하게 돼. 빨리 이루어지게 하려는 마음이 더 강해져서, 안 되는 존재들은 빨리 포기하려는 마음이 있다는 거야. 그래서 더 많은 생명을 살려달라고 막는 거잖아.

무시공 - 그것은 알고 있네. 그래. 그러면 내가 할 말이 없다. 아니 그런데 그것하고 내 눈을 막는 것하고 무슨 상관이야?

칠마 - 눈만 열리면 네 능력이 더 강해지니까 당신이 더 빨리 이룰 수 있잖아. 그러면 당신은 더 안 기다린다고 했잖아. 그러니까 더 빨리 이루어져서 생명을 많이 못 살리게 돼.

무시공 - 그래, 그럼 너 나를 언제까지 막아놓을래?

칠마 - 당신이 마음먹는 순간에 나는 열 수 있어.

무시공 - 그럼 6월 말까지.

칠마 - 웅, 알겠어.

무시공 - 이것은 여러 존재가 나하고 약속했어. 그 많은 시간들을 다 기다렸는데 6월까지 내가 못 참겠나.

칠마 - 그래. 당신이 정하면 이루어지는 것이지. 지금이라도 날짜를 정해놓으면 되잖아.

무시공 - 진짜? 그러면 네가 책임지고 해야 한다.

칠마 - 당연하지. 중요한 날짜로 지정해. 아니면 내가 제안을 한번 해볼까? 6월 15일.

무시공 - 좋다. 네 이름이 칠마라고 했지, 너도 보나 마나 무시공의 존재구나, 맞지?

칠마 - 몰라.

무시공 - 모르면 그냥 모르는 척하자. 6월 15일! 좋았어. 그래. 고맙다. 이러면 나도 더 마음 놓이고. 됐다!

시공우주의
12차원과 광년

무시공 - 디멘샤 나와.

디멘샤 - 응.

무시공 - 나는 차원이라는 것이 고저(高低)를 나누는 개념이라서 지금까지 인정 안 했는데, 네가 차원을 알면 더 이해하기 쉬울 거라며 설명해줬잖아. 그래서 네가 0차원부터 12차원까지 우주 각 차원을 관리한다니까, 차원에 대해 좀 더 세밀하게 물어보려고 불렀다. 네가 말하는 12차원이란 것이, 지구에서 사용하는 광년 단위로 백억조 광년 무극까지인지, 아니면 상대무시공 원조 천억조 광년까지인지, 그 12차원은 정확히 어느 자리를 말하는 거야?

디멘샤 - 12차원만 보자면 천억조 광년 자리야.

무시공 - 그래. 내 말이 그거야, 그러면 됐다. 나는 이 시공우주를 지구 광년 단위로 3단계로 분류했어, 지구에서 시작해서 5천억 광년까지 자리를 물질세상이라고 했고, 5천억부터 5억조 광년까지는 반물질, 반에너지 세상, 5억조 광년 이상 100억조 또는 1,000억조 광년까지를 에너지 세상이라고 했어. 지구부터 100억조까지는 에너지 층차가 많고 구별할 수 있을 만큼 차이가 분명하고, 100억조 넘어서 1,000억조 광년까지는 거의 비슷비슷한 에너지 상태야, 세밀도 차이가 거의 없어서 구별하기 힘들어. 이렇게 거리는 대략 분류했지만, 물질, 반물질과 반에너지, 에너지, 이 3단계는 분명해. 그러면 이제, 네가 관리하는 0차원에서 12차원까지 우주를 우리가 사용하는 광년으로 계산해서 설명해봐.

디멘샤 - 당신이 거리로 분류한 것과 내가 차원으로 분류해서 관리하는 것이 거의 비슷하네. 우선, 0차원에서 2차원은 우주의 구성 자체니까 전체라고 보면 되고, 3차원은 지구부터 5234억 광년까지.

무시공 - 3차원이 지구부터 5,234억 광년이구나, 나는 5천억 광년 대한민국별 그 자리로 정해놨는데, 네가 좀 더 세밀하게 분류했다. 그 다음 4차원은? 아, 그리고 4~5차원하고 3차원은 두 물질이 변화하는 위치잖아, 아주 중요한 위치야. 4차원하고 5차원이 반물질하고 반에너지가 섞인 그런 형태 우주공간 아니야?

디멘샤 - 응. 반물질에 대해서 말하자면, 4차원까지는 아직 물질개념이 좀 많아. 4차원 위 단계 5차원과 연결된 부분과 5차원 끝까지, 그 부분이 반물질과 반에너지라고 보면 돼. 그리고 4차원 거리는 3차원과 거의 같아, 지구부터 5,235억 광년까지야. 5차원부터는 범위가 좀 넓어져.

무시공 - 네가 전에 4, 5차원이 합하면 빛으로 변한다고 했지, 6차원부터 에너지라고 했고. 그러니까 네가 말하는 4차원 이하는 아직까지 물질 위주로 돼 있고, 4~5차원까지는 거의 물질인데 에너지가 좀 더 주도로 돼 있다는 것이지? 5,235억 광년 이하는 4차원이고. 3차원의 실제 끝은 5,234억 광년, 그 위치라는 것이구나.

디멘샤 - 응. 맞아. 그리고 5차원은 현재 기준으로, 지구로부터 4억8천조 광년까지.

무시공 - 내가 말한 5천억부터 5억조 광년까지는 반물질, 반에너지 상태라 말한 거랑 비슷하네. 너는 4억 8천조, 나는 5억조. 2천조 차이구나. 여기가 5차원이고, 그 다음은?

디멘샤 - 응, 비슷해. 그리고 2천만 광년부터 천억조 광년까지 6차원 세계가 겹쳐 있어. 그러니까 6차원과 7차원은 당신이 말하는 물질우주부터 에너지우주까지 아주 넓게 걸쳐 있어. 그 다음에 7차원 이상은 하나로 묶어서 설명하자면 8천억 광년부터 천억조 이상 자리. 거기는 당신이 차원 인정 안 하니까 이해하고 싶지 않을 것 같아서 하나로 묶어서 설명했어.

무시공 - 12차원까지 다 말해라. 어차피 시작했으니 참고로 알아보자.

디멘샤 - 그래. 그러면 8차원은 40억조 광년부터 천억조 광년까지. 그리고 9

차원이 100억조 광년부터 천억조 광년까지. 10차원은 250억조 광년부터 천억조 광년까지. 11차원은 560억조 광년부터 천억조 광년까지. 12차원 은 천억조 광년 자리.

무시공 - 그래. 이제 차원에 대해 정확하게 알았다. 원래는 관심 없었지만, 네가 밝히는 차원으로 해석하니까 더 좀 구체적으로 이해가 잘됐어, 고 맙다. 나중에 또 대화하자.

디멘샤 - 응, 고마워.

차원	시작	끝	상태
0~2	우주 전체		우주 구성
3	지구	5234억 광년	물질
4	지구	5235억 광년	
5	지구	4억8천조 광년	반물질, 반에너지
6	2천만 광년	천억조 광년	에너지
7	8천억 광년		
8	40억조 광년		
9	100억조 광년		
10	250억조 광년		
11	560억조 광년		
12	천억조 광년		

차원통합 – 도르미 삭제

무시공 - 도르미 삭제 4차원에서 12차원 그 위치 도르미 다 나타나 다 삭제.

(………)

무시공 - 도르미 있는 것 다 나오라 그래. 나와서 삭제. 이원념으로 움직일 수 있는 물질이고 알잖아.

000 - 네.

무시공 - 다 거두고 다 삭제. 아직 조금 있지?

(………)

000 - 네 아직 조금 있어요.

무시공 - 철저히 다 삭제해? 남기고 끊임없이 반복적으로 삭제할 거다.

(………)

무시공 - 그래야 철저히 깨끗해져. 그게 벽담이고 서로 공간을 만들고 있잖아. 네 느낌에 많이 줄어든 것 같지?

(………처음에 많이 있었어요?)

무시공 - 거기 12차원까지 다 섞여 있잖아. 1,000억조 광년까지 다 거둬내는데 작업해야 해. 더 깊숙이 다 뽑아내.

(………)

무시공 - 거둬낸 흔적 있을 건데 보일 거야. 많이 줄어들었잖아. 12차원에서 밑으로 끌어내려. 깨끗하게. 4차원까지 다 삭제해버려.

(………)

무시공 - 그럼 차원 벽담도 다 같이 무너져. 전부 다 4차원에 집중되어버려.

(………삭제 중)

무시공 - 도르미는 4차원에서 12차원 올라갈수록 적어. 그러니까 위에서 밑으로 끄집어내봐. 내리면서 깨끗하게 처리해. 4차원까지 내려와, 다 삭제해버려.

(………계단처럼 밑으로 갈수록 많은 것 같아요.)

무시공 - 밑으로 내려오면서 많지. 그거 다 삭제해. 몇 번 해야 해. 각 차원 존재들도 이제 벽담이 없으니까 다 한 데로 뭉친다고 위로 올라가는 것 전부 다 밑으로 내려와. 4차원에 집중해 6,7차원에 50:50도 다 거둬버렸어. 4차원에 모여가지고 나중에 3,4차원 벽담을 허물어뜨리면 끝. 거기 모여서 집중해. 벽담.

(네………)

무시공 - 그건 다음에 지금 50 남은 것도 4차원까지만 도르미 거두면 돼.

(………)

무시공 - 12차원에서 6차원까지 도르미 먼저 거둬 없애가, 거둬. 한 차원 6차원까지 다 내려와 6차원 이상 이제 차원 없기. 그렇게 한번 해봐.

(네………)

무시공 - 차원 벽담 다 무너져가지고 한번 봐봐.

(………지난번 했을 때보다 많이 얇아졌어요.)

무시공 - 12차원 6차원까지 거기는 조금 도르미가 덜 섞여 있어서 거두면 빨리 하나로 뭉쳐. 근데 6차원에서 4차원이 조금 힘들 거다. 밑으로 내려올수록 많이 쌓여 있기 때문에 그것도 많이 삭제해. 철저히 되지?

(………네, 되고 있어요.)

(………한 꺼풀 삭제되어서 다시 확인해봤는데, 그래도 아직 있어요.)

무시공 - 지금 4차원까지 다 거뒀지?

OOO - 네.

무시공 - 그러면 이제 6차원 12차원 벽담 허물고 없애버려. 차원 벽담 고저 벽담 무너뜨려 없애면서 도르미 나타나면 또 삭제해. 그럼 6차원 이상은 깨끗해져버려. 벽담 흔적도 없애고 차원의 흔적도 없애. 차원이 벽담이 잖아. 고저 무너뜨리면.

ㅇㅇㅇ - 네.

무시공 - 6차원 이상은 차원 벽담 없기. 완전 거기 하나로 뭉쳐. 거기는 도르미가 덜 섞여 있어서 철저히 할 수 있어. 6차원 4차원 사이는 반복적으로 해야 해. 그거 되나 안 되나 봐봐. 차원 벽담 없애면서 도르미 나타나면 삭제해. 차원 벽담도 도르미 때문이야. 그런 것이 없으면 그런 개념이 없어져.

(………)

(………말씀하신대로 차원 경계벽을 없애니까 도르미가 계속 나타나요.)

무시공 - 나타나지. 그것 때문에 벽담이 있다고 벽담 안 뭉치고, 도르미 나타나면 다 삭제하고 그 위에는 조금 거두기 쉬워서 철저히 6차원까지 완전히 차원이 없게 해.

(네……….)

무시공 - 6차원에서 12차원 각 차원에 있는 존재들 다 6차원으로 다 내려오라고 그래. 이제 차원 개념도 없으니까 다 집중해서 3.4차원 벽담 자기 훈련한다고 다 이쪽으로 내려와. 위쪽으로 올라가려고 생각하지 마. 벽담 허물어뜨리면 차원 개념도 없으니까 다 밑으로 내려올 수밖에 없다. 하나로 뭉친다고.

(네……….)

무시공 - 다 지구에서 통과해. 6차원 이상도 많은 존재들 있잖아.

(네, 많아요……….)

무시공 - 다 그리 오라고 해. 마지막 통과 3.4차원에서 통과해야 해. 위로 올라간 것 다 끄집어내리고 밑으로 방향을 바꿔야 해. 엊그제 작업해가지고 자기네들도 다 알아챘을 거다.

(네……….)

무시공 - 반드시 3차원하고 연결되고 3차원하고 소통해야 최후 시험 합격되고, 최후 거름망에 벗어날 수 있고, 최후 관문을 통과해야 한다. 그래야 완벽한 무시공 생명이 된다고.

(………)

무시공 – 6차원 이상 각 차원에 벽담 있어 없어?

(………6이랑 7 사이는 자유롭게 내려가는 것 같아요.)

무시공 – 위에는?

(………위에는 완전히 안 없어졌어요.)

무시공 – 그럼 그 벽담 계속 허물어뜨리면서 도르미 나타나면 삭제해.

(네………)

무시공 – 각 차원 벽담 도르미가 쌓여 있어서 그래. 벽담 나타나면 도르미 삭제하면 벽담도 동시에 무너져. 각 차원에 지키는 존재 다 풀어주라고 해. 자기 역할 다 끝났다고 차원 사이 지키지 말고.

(………)

무시공 – 7차원 8차원 9차원 10차원 11차원 12차원 각 차원 지키는 존재 다 자기 역할 끝났다고 다 벗어나 다 놔줘. 풀어줘. 다 풀지? 다 뽑아.

(………0차원 11차원 존재가 조금 아쉬워 하면서 붙잡고 있어요.)

무시공 – 안 돼, 놔줘. 지금 때가 되었어. 12차원 물질만 잠시 놔두고 그 나머지는 다 놔줘. 동의했어?

(………동의했어.)

무시공 – 각자 자기 역할 끝났어. 6차원 이하 내려와서 다 통과해야 해. 다 같은 작업 해야 해. 3차원 끌어올리고 3차원하고 소통해서 관문을 열고 각자 다 자기를 완벽한 존재로 훈련시켜. 최후 관문이야.

(………)

무시공 – 그리고 요새 그런 작업 하니까 주동적으로 전부 다 4차원에서 6차원 그 이하 모여서 전부 다 3차원 4차원 통과하면서 3차원에 있는 존재하고 연락해가지고 서로 소통해. 그럼 너도 살고 3차원 존재도 구원 받고 이거 다 주동적으로 해야 해.

(네………)

무시공 – 3차원 중점 지구에서 시작할 거다. 지구에서 빨리빨리 대상을 찾아가지고 자기도 완벽하게 변하고 지구인들도 살리고 차원?? 다 놔줬지? 남는 것 있어 없어? 6차원 이상.

(………10차원만.)

무시공 - 10차원만 아직 안 놔줘? 뭐 때문에 안 놔줘?

OOO - 아쉬워서.

무시공 - 아쉬움이고 뭣이고 네가, 완벽한 너도 훈련받아야 해. 너도 빨리 놓고 6차원 이하 내려와. 그거 포기하고 너 할 짓 끝났어. 빨리 3차원 대상 찾아가지고 서로 소통해가지고 네가 변해야 해. 알았지?

OOO - 위로 올라가는 것이 최고인 줄 알았어.

무시공 - 그게 잘못됐잖아. 수억 겹 내려오면서 바둥거리고 위로 올라가려고 했지? 누가 너 밑으로 내려와가지고 완수할 생각 했어. 대신 새로운 우주 창조하고 있잖아.

OOO - ….

무시공 - 상상을 초월했어, 알아? 빨리 놔두고 너도 변해야 해. 역사상의 그 역할은 이제 끝났어. 알았지?

OOO - 응.

무시공 - 빨리 놓고 제일 가까운 4차원에 와서 3.4차원 벽담을 뚫고 나가가지고 3차원의 존재 빨리 선택해가지고 마음이 소통해서 하나로 뭉쳐. 그래야 3차원 존재도 살고 나도 완벽한 생명이 되고.

OOO - 응.

무시공 - 부족점을 찾아가지고 자기도 완벽한 존재로 창조해야 한다. 요새 그렇게 하는 것 너희도 다 알잖아.

OOO - 응.

무시공 - 빨리빨리 해. 지구인 겨우 70억 인구야. 너희 거기 4차원 이상 수억으로 계산하는 존재들인데, 맞아 안 맞아? 얼마나 많은 존재들이야. 이렇게 해야 더 많은 지구인을 살리고 지구인도 구원받고, 너희도 완벽한 생명이 깨어나고 이거 마지막 기회다 마지막 완수되는 길이다. 10차원에 놔줬어?

10차원 - 놔줬어.

무시공 - 각 차원 다 놔줘. 빨리빨리 6차원 이하 내려와. 각 차원 다 놓으면 각 차원 무너지면서 도르미 또 나타나면 삭제해, 계속. 6차원 이상부터 하나로 뭉쳐버려. 차원 없애버려.

(………6에서 11까지는 통로가 완전 뚫렸어요.)

무시공 - 완전히 다 무너뜨려. 그 다음에 12차원까지 12차원 물질 그애만 놔둬. 그 외 다 통과해버려.

(네……….)

무시공 - 12차원 거기는 물질만 놔둬. 3차원이 물질을 관리하잖아. 그것만 놔두고 다 거둬버려.

(………위에서부터 아래로 내려와보면서 한번 벽담 있는지 확인해보,고 계속 삭제하고 있어요…. 밑에 있을수록 도르미가 많이 걸려요.)

무시공 - ….

(………이제 자유롭게 왔다 갔다 할 수 있어요.)

무시공 - 6차원부터 12차원까지?

(네……….)

무시공 - 그럼 됐어. 그럼 지금 이제 5차원 관리자 아름이 나와.

(………관리자랑 5차원 자체 있는 존재랑 다른 존재로 느껴져. 아름이가 5차원 자체인 것 같아. 응, 아름이 나타났어.)

무시공 - 그 다음 5차원에서 4차원 관리자는?

OOO - 응, 각각 한 명 있어.

무시공 - 4차원 5차원도 각각 한 명 있다고?

OOO - 응.

무시공 - 그럼 4차원 잠시 놔두고 4차원 지키는 칠론 말고 4차원에서 5차원 관리하는 거 그거야?

OOO - 4차원은 칠론이 관리자고 5차원은 관리자가 한 명 있어.

무시공 - 이름 뭐야? 아름이 외에 또 한 명 있어?

OOO - 응.

무시공 - 나와.

OOO - 응, 나타났어.

무시공 - 이름 뭐야?

OOO - …경민.

무시공 - 너는 주로 뭐 관리해? 4차원에서 5차원 사이 관리해?

경민 - 응, 거기부터 5차원 전체.

무시공 - 그러니까 4차원 시작부터 5차원까지 그 사이.

경민 - 4.5차원 경계랑 5차원.

무시공 - 그럼 아름이하고 너하고 무슨 차이야?

경민 - 나는 관리를 맡고 있고, 아름이는 5차원을 구성하고 있는 그런 힘, 그런 존재.

무시공 - 그럼 이렇게 해라. 너희둘이 거기 철수할 때 되었다. 지금 6차원 이상은 하나로 뭉치고 5차원 6차원도 하나로 뭉쳐가지고 4차원에 집중해. 그 다음 4차원 이상은 하나로 되고, 그 다음 3차원 4차원 벽담은 통과하는 훈련 때문에 잠시 놔둬. 그래서 너희 철수해도 돼. 아름이하고 경민 너희 다 철수해. 너희 둘이 알았어?

경민 - 4차원으로?

무시공 - 응, 6차원도 좀 있다가 철수할 거야. 그럼 4.5차원 너희 둘이 철수하면 5차원 경계선 없어져버리잖아.

경민 - 응.

무시공 - 그럼 3차원하고 4차원 경계선만 놔둬. 그것이 뭔가 하면 우리가 4차원이상 12차원까지 그 많은 존재가 3.4차원 벽담을 통과해가지고, 마음을 통과해가지고, 3차원의 존재를 빨리빨리 소통해서 구원하는 식으로 거기도 살고 자기도 완벽한 생명으로 깨어나고, 그래서 일부러 3.4차원 막은 그대로 놔둬. 그거는 4차원에 모여들어가지고 3차원 존재하고 소통하기 마음으로 자기 훈련하기.

경민 - 응.

무시공 - 이거 마지막 관문으로 놔둬. 그래서 너희들 철수하라고. 너희도 철수하면서 조금 있다가 너희도 그 맨 통과해야 해, 너희는 쉽게 될 거다.

경민 - 응.

무시공 - 지키는 그런 경험 있으니까. 지금 빨리 다 철수해. 알았지? 할 수 있지?

경민 - 응.

무시공 - 그래 그거 벽담을 없애버려. 그래야 하나로 뭉쳐. 오랫동안 너희 그 자리 지키느라 수고하고 했으니까 곧 철수하고, 그 다음에 6차원.

(………)

무시공 - 먼저 6차원에서 4차원 그 사이에 도르미 삭제, 철수했으니까 거기 나타난 도르미 다 삭제.

(………아까 위쪽 차원 할 때랑 비교하니까 많은 것 같아.)

무시공 - 여기는 많아 6차원 4차원 거기는 도르미가 많다고 많이 쌓여 있어. 다 풀어야 해.

(………5에서 6 사이가 가장 벽담이 심한 것 같아.)

무시공 - 5차원 아름이하고 경민 그 자리 놔줬잖아. 5차원하고 6차원 사이?

(………네, 거기가 도르미가 가장 많이 풀려야 할 것 같아요.)

무시공 - 그 다음 6차원 나오라 그래. 6차원에 세스티 나와.

세스티 - 응, 나왔어.

무시공 - 너 지금 6차원부터 12차원 다 벽담 다 무너뜨리고 하나로 뭉친 것 알지?

세스티 - 응.

무시공 - 너도 그 놔줘놓고 4차원부터 12차원까지 다 하나로 뭉치기.

세스티 - 응.

무시공 - 너도 놓고 조금 있다가 너도 4차원에서 3차원 벽담 있잖아. 12개 관문 너도 통과해가지고 3차원 존재하고 소통해서 너도 완수해.

세스티 - 응.

무시공 - 지금 작업하는 것 다 알고 있잖아.

세스티 - 하고 있어.

무시공 - 그러니까 너도 6차원 놔버려. 네가 그 자리 지키면서 또 거기 경계선 지키는 사람 너 외에 또 누가 있어? 너 혼자야?

세스티 - 내가 하고 있어.

무시공 - 그 자리 놓고 너 할 일은 이제 끝났다.

세스티 - 응.

무시공 - 책임지고 잘했어, 고마워. 네가 거기 놓고 5차원도 놓고 하면 4차원부터 12차원 다 하나로 돼. 거기서 마지막에 3.4차원 통과시키면 우리는 철저히 완성의 길로 간다.

세스티 - 응.

무시공 - 너도 지금 그거 준비해놔. 3차원의 누구하고 마음을 소통해가지고 이 사람 빨리 서로 깨우치기 알았지?

세스티 - 응.

무시공 - 그래, 고맙다.

세스티 - 네.

무시공 - 도르미 다 삭제. 4차원 6차원.

    (⋯⋯⋯이거 많이 해야 할 것 같아.)

무시공 - 거기 제일 많이 쌓여 있어. 괜찮아, 거기하고.

    (⋯⋯⋯6에서 5로 왕래가 쉽게 돼요.)

무시공 - 그렇게 차츰차츰 밑으로 내려오면 돼.

    (⋯⋯⋯드러나 있는 것은 다 삭제했어요.)

무시공 - 됐어. 4차원부터 12차원 이제 하나로 뭉치지?

    (⋯⋯⋯네, 이제 소통이 잘되고 하나로 뭉쳐 있어요.)

무시공 - 그럼 나중에 몇 번 거두면 돼.

지구와 하나 되어
지구의 차원을 상승시키는 별

지구에 지금 무슨 변화가 이뤄졌는가? 이거 하나 소개해드릴 거예요. 지구는 원래 3차원이에요. 3차원에서 3.5까지가 지구 차원인데 사람은 보통 3.2, 3.3에 있고 3.4 이상이면 지구에서 엄청 차원이 높다고 생각하면 돼요. 제가 그랬죠? 마법사는 보통 3.5, 3.9 차원에 있어요. 여기 공부하시는 분을 개별적으로 열어보니까 3.5가 제일 높아요. 그런데 지금은 거의 다 4차원에 올려놨어요.

그리고 우리 몸의 물질도 검은색, 회색, 흰색 세 가지 물질로 쌓여 있는 몸이거든요. 지금 제일 거친 검은색 물질이 제일 적은 사람이 6% 남고, 제일 많이 남은 존재는 20%예요. 이것도 지구에서는 기적이에요. 절대로 이런 일 없어요. 그런데 우리 여기서는 현실로 나타나고 있어요.

그리고 지구를 새 지구와 낡은 지구를 2015년부터 분리해놨어요. 그럼 새 지구는 지금 몇 차원 들어갔나? 4차원부터 12차원! 우리 카페에 올렸죠? 4차원 별이 이미 지구에 들어왔는데 지구보다는 좀 작아요. 원래 화성하고 부딪히려 해서 우리가 쫓아냈어요. 쫓아냈는데 도로 불러와서 지구에 들어오게 했어요. 그래서 새 지구 안에 4차원이 원래의 지구보다 작은 것이 들어왔어요.

그런데 우리 생각에 4차원이 들어오기는 했는데, 4차원이 지구보다 더 큰 것이 들어와야 되겠다. 그래서 찾다 보니까 4차원 별이 하나 있었어. 그건 지구보다 2.5배 더 커요. 그래서 오라고 하니까 자기가 무슨 고민이 있는 것 같아. 알아보니 지구에 이미 4차원짜리 별이 있다는 거야. 내가 보니까 이 상황을 알고 있어. 보통 인간의 마음이면 나도 4차원 별인데, 남한테 무슨 상관이야 할 수도 있는데, 별이라는 존재도 상대방한테 상처 줄까봐. 그래서 알아채고 그럼 안 와도 된다. 그러면 4.5차원 별 나타나라고 그랬어. 4.5차원 별이 기다리고 있었어요. 지구보다 2배 더 커요. 그래서 그 별이 오기로 했어요. 창리별!

4.5차원 별이 들어왔고, 5차원 별은 9월 말쯤 들어온다고 그랬어요. 그건 지구보다 5배 더 커요. 그리고 6차원 별. 6차원 별은 포나. 포나 별은 지구와 대비할 수 없어. 은하계의 20배! 그 별은 언제 오나? 8월말쯤 지구에 도착할 수 있대. 그러면 이제 4, 5, 6, 이미 온 것도 있고, 오는 중에 있고, 그러면 6. 5, 7, 8, 9는 태양계 각 별 사이에 지금 있는 것, 우리 카페에 올렸죠? 그러면 4차원부터 9차원은 이미 다 정비되고 있어.

그러면 10차원 11차원. 12차원은 제가 그랬잖아요? 한동안 우주작업할 때 12차원은 이미 지구에 와가지고 지구와 하나 되었어. 그러면 10차원 12차원은 이미 다 지구와 하나 되었어요. 12차원은 무극의 위치에 있는 존재예요. 무극! 이 우주의 일체별, 일체 나타난 우주, 다 포함된 그 위치에서 지구와 하나 되었어요. 지구가 4차원으로 올라오면 5차원과 하나로 뭉치고, 그러면 12차원이 전부 다 지구로 모여든다, 몰려온다 그랬어요. 그러면 차원이 없어진다는 거예요. 지금 그리되고 있어요.

그러면 지금 물질 지구가 어떻게 되나? 즉 아래 위로 물질 지구를 녹이고 있어. 4차원이, 지구보다 작은 것이 안에서 밖으로 녹죠? 그러면 지구는 땅땅 굳어 있는 껍질이에요. 계란처럼 껍질이 단단하잖아요? 그러면 그 안에 노란체가 4차원이라 하면 돼요 안 돼요? 4차원은 세밀하잖아요? 그러면 거친 지구가 안에서 밖으로 변해. 노란체가 지금 흰체를 뚫고나와가지고, 검은 물질을 뚫고나오기 시작하고 있고, 그 다음에 4.5차원. 4.5차원은 지구보다 2배 더 크잖아요? 그러면 그걸 중간에 끼워서 서로 소통하면 이게 녹아요, 안 녹아요?

그 다음에는 위에 5차원 6차원 12차원까지 다 지구에 하나로 뭉쳐 있어요. 그러니까 3차원의 지구껍질 이 부분을 챙기려고 해도 못 챙겨요. 존재하려고 해도 존재할 수가 없어요. 안에서 밖으로 녹지, 밖에서 또 안으로 녹아내리지, 그래서 체험할 때 내가 그랬어요. 우리가 지구에서 이 공부하는 과정에서 우리 몸은 어떻게 변하나? 우리는 안에서 낮은 차원에서 위로 변하고, 위에서는 또 밑으로 변해요. 어느 시점에 부딪히면 우리 몸이 변한다는 거예요.

그러면 어떻게 해서 우리가 분자몸을 가지고 밑에서 위로 녹이나? 우리가 일종무종일 이라고 그랬잖아요? 절대긍정 일원심 지키고 체험할 때 손발로 빠져나갔다고 하면 물질 몸이 통로가 되었어요, 안 되었어요? 녹아요, 안 녹아요? 완전히 땅땅 굳어 있는 바위 속에서 산다고 그랬어요. 자기를 봉쇄해놓고. 그러면 통로가 생기고 열리다 보면 물질이 껍질이 녹기 시작할 수밖에 없어요. 계란도 그래요. 갓 낳은 계란은 깨기도 힘들어. 계란 껍질 그 안에 또 얇은 막이 있잖아요? 그 다음에 흰체, 노란체. 계란이 21일쯤 되면 안에서 병아리가 되어서, 껍질이 푸석해지고 끈기가 없어져서 만지면 부서져버려. 지금 지구 껍질이 그 상태로 들어오고 있어요. 자기가 안 변하면 존재하고 싶어도 존재할 수가 없어요.

차원이 하나로 뭉쳐
더 이상 올라갈 데가 없다

11차원의 100억 살 '세탄'

무시공 - 나이가 몇 살이야?

새탄 - 100억.

무시공 - 어느 차원에 있어?

새 탄 - 11차원에서 곧 마지막 12차원으로 들어가야 해.

무시공 - 이제는 못 들어가지, 금방 없앴는데. 어디로 올라갈래.

새탄 - 갈 데가 없어.

무시공 - 이제 알았어.

새탄 - 응.

무시공 - 차원을 다 없애고 하나가 됐다. 4차원에서 12차원까지 완전히 하나다.

지금 느끼고 있어. 지금 금방 처리했잖아. 느낌이 왔어, 안 왔어?

새탄 - 어떻게 해야 할지를 모르겠어요.

무시공 - 나는 원래 차원을 인정하지 않는다고 그랬잖아. 그런데 어떤 무시공 존재가 차원을 참고해보라고 해서 차원을 이용했더니, 더 간단하게 작업을 했다. 그래서 6차원과 7차원을 50대 50으로 해놨어. 그 안의 사람들이 많이 깨어나라고 기다려줬어. 최근에 보니까 4차원의 존재가 3차원을 뚫고 3차원과 소통하기. 자꾸만 위로 올라갈 생각을 하지 말고 여기서 벽담을 허물어 떨어야 해. 그래서 이제는 방향을 바꿔야 한다고. 알았지!

새탄 - 네.

무시공 - 얼마 전에는 6차원까지 수억의 사람들이 혼란스러웠다. 그런데 그것을 바로잡았어. 지구의 3차원 방향으로 벽담을 허물어서 소통하기. 이렇게 해서 3, 4차원의 벽담이 무너지고 하나로 뭉칠 수 있어. 원래는 4차원에서 12차원까지도 이 3차원의 구멍을 못 뚫었어. 맞지?

새탄 - 네.

무시공 - 그러니까 서로 소통이 안 된다고. 요사이 조금 힘이 세고 3차원의 물질을 움직인 경험이 있는 존재보고 먼저 소통하게 했어. 벽담이 무너지고 소통의 공간이 점점 더 넓어지잖아. 그래서 위로 올라갈 생각하지 말고 4차원부터 12차원은 한 군데 다 뭉쳐 있어. 완전히 하나로 뭉쳐 있어. 그러니까 위로 올라가려고 하지 말고, 3, 4차원 벽담을 무너뜨리는 데 집중해야 한다고. 그러면 차원이 완전히 깨지고. 차원이 뭐야? 고저잖아.

새탄 - 네.

무시공 - 철저히 무너뜨려. 나중에 가서는 0차원에서 12차원까지 완전히 하나로 뭉쳐. 하나로 돼버린다고.

새탄 - 네.

무시공 - 이것을 빨리 이해하고 우리와 한마음 한뜻으로 하나가 돼야 한다. 그렇지 않으면 위로 올라가려고 해도 더 갈 데도 없다. 전부 다 집중해서 내 뜻을 이해하고 3, 4차원의 벽담을 허물어 12개 막을 빨리 허물어뜨려야 한다. 독일과 동독의 벽담이 허물어지듯이, 우리는 마지막 벽담 이것을 허물어뜨려야 완전히 하나가 돼. 그래야 우리가 철저하고 완벽한 무시공존재가 된다.

새탄 - 네.

무시공 - 옛날에는 아무리 부처니 예수니 성인들이 와서 헤매도 그 벽담을 허물어뜨릴 수가 없었어.

새탄 - 조금만 더 가면 12차원으로 갈 수 있다고 생각했는데. 이제는 차원이 하나로 합해져 없어졌다는 것을 며칠 사이에 몇몇 존재들에게 이 정보를 들었어요.

무시공 - 그래서 빨리빨리 선전하고 알리라고 아직 거기에 걸려 있고, 자기 고정관념에 묶여 있으면 그 자리도 도태 당한다. 알았지?

새탄 - 네.

무시공 - 내가 그랬잖아. 무시공 존재라 할지라도 이 공부를 안 받아들이면 나중에는 없어져. 여기 지금 마지막 작업에 최선을 다하고 자기 이원념 관점을 철저히 부숴버리고, 지금 4차원부터 12차원에 있는 도르미를 철저하게 없애. 우리는 계속 없애고 정화시킬 것이다.

새탄 - 네.

무시공 - 3차원의 존재들을 깨우치기 위해서 3차원의 도르미는 잠시 그대로 놔두었어. 또 4차원의 존재들이 깨어나기 위해서 일부러 3차원에 있는 도르미는 잠시 안 건드려. 훈련시키기 위해서 알았지?

새탄 - 네.

무시공 - 4차원부터 12차원 존재들은 위로 올라갈 생각만 하지 말고 4차원에서 3차원으로 구멍 뚫는 것에 집중하라고. 그래야 더 많은 생명이 깨어나고. 더 많은 생명의 깨달음이 온다. 알았지?

새탄 - 네.

무시공 - 그래서 마음을 하나로 모아서 빨리빨리 선전해, 통일해, 이해해 내 말을?

새탄 - 이해해요. 많은 존재가 처음에는 허무함을 느꼈지만, 이제 없어진 상태에서는 그런 허무한 마음도 같이 없어졌어요.

무시공 - 그래, 너희들의 마음을 정리하기 위해서 4차원부터 12차원까지 도르미를 먼저 삭제했어. 그것이 인간의 마음을 혼란스럽게 한다고, 아무리 긍정마음이 90% 됐다고 해도. 그래서 그 기초를 먼저 없애버렸어. 이원념이 생기는 조건을 없애버렸잖아.

새탄 - 아, 그래서 허무한 마음도 같이 없어졌나 봐요.

무시공 - 그렇지, 우리가 도르미를 먼저 없애고, 그 다음에 6차원과 7차원을 50대 50으로 걸어놨거든. 양쪽의 마음이 깨어나기를 기다렸어. 그런데 오늘은 그것도 완전히 없애버렸어. 4차원부터 7차원까지 하나로 뭉치기. 이제는 집중해서 3차원만 벽담을 없애면 내 일은 끝이다. 그렇게 되면 물질 세상은 영원히 없어지고, 차원 세상은 영원히 없어진다. 알았지?

새탄 - 네.

무시공 - 온 우주가 대동단결하고, 온 우주가 하나다.

새탄 - 6차원 우주로 대동단결해서 그게 무시공우주네.

무시공 - 그렇지, 그게 무시공우주지. 그러니까, 0에서 6차원으로 올라오고 또 12에서 6차원으로 내려오고, 거기서 합해서 그 자리가 우리 새로운 우주 중심지 대전, 대한민국, 지구, 태양계, 은하계야.

새탄 - 네.

무시공 - 이제 됐어?

새탄 - 네.

무시공 - 이제 됐으면 작업 시작. 너는 힘이 좀 세지. 3차원 움직이는 힘이 어느 정도 되는지 네 경험을 말해봐.

새탄 - 전에 한번 3차원에서 힘을 증명한 적이 있었어요.

무시공 - 아, 그래? 그때 3차원에서 어느 정도 힘을 발휘할 수 있었어? 이제 갑자기 힘이 더 커질 텐데.

새탄 - 지금 해보라고요?

무시공 - 너 원래 경험했을 때 힘 말이야.

새탄 - 음….

무시공 - 지구에서 물건이 바뀌고, 움직이는 현상이 있었어?

새탄 - 있었어요.

무시공 - 어느 정도로?

새탄 - 땅까지는 아니었지만 조그마한 섬, 산 정도는 아니고 아주 작은 사람이 살지 않는 섬 하나를 만져봤었어요.

무시공 - 만들었어. 아니면 없앴어?

새탄 - 옮겨놨었어요.

무시공 - 옮길 수 있었나?

새탄 - 네, 돌 같은 섬.

무시공 - 대한민국 한반도는 움직이지 말고 지금 우리 지구도 대한민국 한반도를 중심으로 해서 육지를 새로운 구조로 만들려고 그래. 너도 알고 있지?

새탄 - 네.

무시공 - 한반도만 조용하게 하고 다른 지역을 네 마음대로 움직여봐. 섬나라 인도네시아든 어디든 같이 뭉치게 해봐. 무슨 일이 벌어져도 상관이 없어.

새탄 - ….

무시공 - 아니면 네가 인도네시아를 선택할래?

새탄 - 인도네시아?

무시공 - 응, 섬나라잖아, 나중에 한반도 이쪽으로 뭉칠 거다.

새탄 - 인도네시아가 한반도로 뭉친다고요?

무시공 - 그래. 네 느낌에는 그럴 것 같아? 지금 그 작업을 다 하고 있다.

새탄 - 그럼 내가 힘을 더 키워서 인도네시아를 한반도 쪽으로 밀라는 얘기 네요?

무시공 - 그래, 한번 밀어봐. 네가 어느 정도로 할 수 있는지

새탄 - ….

무시공 - 너는 할 수 있어. 최선을 다해서 해봐.

새탄 - …. 힘이 조금 강해지긴 했는데 바로는 안 되는데.

무시공 - 그러면 그 섬 외곽에 있는 섬 하나 한반도 쪽으로 밀어봐. 너 힘도 키울 겸.

새탄 - 네.

무시공 - 밀어붙여.

새탄 - …. 속에는 붙어 있어서 떼어 내야겠어요.

무시공 - 네 마음대로 해. 네 힘을 확인하는 거야.

새탄 - ….

무시공 - 네가 이렇게 하면 힘이 점점 강해져, 알았지,

새탄 - 네.

무시공 - 이것도 훈련이라고 생각해!

새탄 - ….

무시공 - 3차원의 물질은 움직이는 힘이 강해져야 네가 완수되고, 세포가 깨어나고 정말 완벽한 생명이 깨어나, 알았지? 부담스럽게 생각하지 말고, 마지막 거름망, 마지막 시험이라고 생각하라고, 알았지?

새탄 - 네⋯. 알겠습니다.

무시공 - 그래, 고맙다.

4차원의 '알파'별 낡은 지구
3차원과 하나 되는 작업

2019년 2월 11일 화성의 여자대표 '스나일러'는
화성에 위급한 상황이 벌어졌다는 소식을 전해왔다.
태양이 지구 방향으로 점점 다가오는 것에 영향을 받아
태양계에서 태양의 궤도가 바뀌면서
태양계와 그 주변의 별과 운석들의 궤도가 전체적으로
바뀌고 있는 결과 '알파'라는 별이 화성을 향하여 돌진하고 있는 상황이었다.

2시간 후면 화성과 충돌할 시점에 '알파'별과 대화를 하여
화성으로 향하는 궤도를 바꿔 화성을 구해주었다.
(카페, 태양계, 은하계 코너의 무시공 위기 직전의 화성을 구하고 여자대표 스나일러를 열어줌)
이후 태양계의 궤도를 벗어나 우주 공간에서 방황하고 있는 4차원인 '알파'별을 찾아
3차원인 낡은 지구로 스며들어 하나가 되는 방법을 알려주었다.
5월 13일을 기준으로 약 한달 반 이후에 낡은 지구로 접근이 얼마나 진행되었는지
대화를 하자고 했다.
(카페_ 태양계, 은하계 코너의 화성으로 돌진하던 알파별에 대해 궁금한 점)

3차원과 4차원 사이의 통로 관리자 '설로'

무시공 - 3, 4차원 사이, 통로 관리자 '설로' 나와. 오늘 30일 맞지?

설로 - 네.

무시공 - 지금 4차원에 있는 알파별이 몇 개월 전에 화성하고 부딪히려고
하는 것을 못 부딪치게 하고 멀리 가라고 했다가, 어디에 있는지 궁금해
서 다시 찾으니까 자기가 4차원에 있다는 거야. 태양계를 벗어난 어느 공

간에서 헤매고 있는데, 지구로 오고 싶다는 마음을 가지고 있어서 지구로 오라고 했어.

설로 - 네, 알파별이요!

무시공 - 응, 알파별은 4차원이고 낡은 지구는 3차원이잖아. 그래서 3차원인 낡은 지구에 4차원인 알파를 들어가게 하려고 그래. 4차원이 지구에 들어오는데 한국하고 대전이 그냥 3차원으로 있으면 안 되잖아?

설로 - 네. 그렇지요!

무시공 - 어쩌면 며칠 사이에 알파가 지구에 도착할 건데. 그래서 한국하고 대전을 먼저 올려놓고 알파별을 찾아보려고 그래. 지금 센터하고 성지는 100% 3, 4차원의 통로를 열라고 그랬잖아!

설로 - 네.

무시공 - 먼저 그 두 곳부터 해결했는데, 알파가 들어오기 전에 대전하고 한국을 100%로 열어야 돼. 지금 대전하고 한국만 통로를 100% 열어놔. 무시공만 전부 열어놓았지! 한국하고 대전은 아직 통로가 100%로 안 됐잖아. 지금 바로 한국을 중심으로 한국하고 대전을 100%로 열어줘. 되지? 다른 곳은 알파가 들어오면 알아서 하면 되고!

설로 - 3, 4차원의 통로를 100%?

무시공 - 그래, 다른 곳은 말고 한국 전체만 100% 3, 4차원 통로를 열어주라고.

설로 - 네.

무시공 - 지금 그럼 곧 열고 우리가 먼저 열어놔야 한국하고 대전이 안전하잖아. 그렇게 한 뒤에 알파별이 오면 조심스럽게 3차원의 원래 낡은 지구에 들어가라고 해. 그렇게 하면 많은 것을 변화시킬 수 있잖아.

설로 - 네.

태양의 일리온

무시공 - 그 다음에 그 일리온 나와.

일리온 - 태양의 일리온.

무시공 - 너 대전이고 한국 전체 전부 다 4차원으로 열어놔. 무슨 뜻인지 알지?

일리온 - 대전이고 한국이고.

무시공 - 전부 다 4차원으로 열어놔.

일리온 - 한국 전체를 하면 되겠네요.

무시공 - 그래. 한국 전체를 4차원으로 열어. 알았지?

일리온 - 네.

무시공 - 그래, 고맙다.

일리온 - 네, 고맙습니다.

알파별, 지구의 가장 낮은 차원으로 들어간다

무시공 - 그 다음에 알파별이 지구에 도착했는지 확인하자. 알파별 나와라.

알파별 - 네, 나왔어요.

무시공 - 너 지금 지구에 도착했나?

알파별 - 거의 다 왔어요.

무시공 - 언제쯤 지구 도착할 것 같아?

알파별 - 한 3일이면 도착해요.

무시공 - 7월 3일이면 수요일이구나. 딱 맞추어서 7월 3일! 너 지금 오면서 선택해라. 3차원으로 돼 있는 낡은 지구 알지?

알파별 - 네.

무시공 - 우리가 새로운 지구와 낡은 지구를 분리해놨잖아!

알파별 - 네.

무시공 - 그때 너보고 낡은 지구에 들어가라고 그랬잖아?

알파별 - 네.

무시공 - 네가 그 지구에 들어가서 지구가 밝아지면 또 많은 생명이 살아날 수 있고.

알파별 - 네.

무시공 - 너 지금 오면서 선택해. 너 어디로 들어가면 좋겠나? 조심스레.

알파별 - 한국부터.

무시공 - 아니 한국에는 아무런 진동도 없고 아무런 영향을 안 주면서 낡은 지구 다른 곳을 선택해서 들어가.

알파별 - 다른 데서부터?

무시공 - 너 보기에 한국으로 들어가도 괜찮으면 여기서 들어가든가. 그렇지 않으면 다른 나라에서 천천히 스며들어가면 되잖아! 같은 차원끼리는 충격을 주고 진동을 느끼게 하지만, 낡은 지구는 3차원이고 너는 4차원이기 때문에 아무런 영향 없이 들어갈 수 있지?

알파별 - 네.

무시공 - 너 지금 봐봐. 어디로 들어가는 것이 좋을 것 같아?

알파별 - ….

무시공 - 너 이렇게 해라. 3차원의 제일 낮은 곳을 선택해서 들어가봐. 지구 어디가 제일 낮아?

알파별 - 낮은 차원이요?

무시공 - 응. 지구가 3차원이라도 낮은 차원의 나라가 있을 수 있잖아? 아프리카일 수도 있고 남극이나 북극일 수도 있고? 하여튼 같은 3차원이라도 제일 낮은 차원 선택해서 들어가! 너 지금 확인해봐! 어디가 지구에서 제일 낮은 것 같아?

알파별 - …. 아프리카도 의식이 낮은 곳도 있고, 높은 곳도 있고, 그렇네.

무시공 - 그래, 제일 낮은 곳으로 슬그머니 스며들어가면 되지?

알파별 - 네, 알겠어요. 아프리카로 갈게요.

무시공 - 아프리카가 더 낮을 것 같지?

알파별 - 네.

무시공 - 그래. 거기 선택해서 7월 3일날 들어가. 또 시간이 있으면 너하고 대화할 수도 있고, 아니면 네가 지구에 들어간 다음에 너 찾아서 대화할 수도 있어!

알파별 - 네, 알았어요.

알파별의 현황

무시공 - 지금 알파별에 인구가 얼마나 들어온 것 같아? 너 그때 5천만 들어왔다고 그랬잖아?

알파별 - 태양계 궤도를 벗어난 후에 아직 정착을 못 해서 안 들어왔어요. 모두 나를 많이 보고 있어요.

무시공 - 들어갈까 말까 하지?

알파별 - 네.

무시공 - 그럼 알파별이 우리가 불러서 지구로 오는 것을 알아, 몰라?

알파별 - 내가 말했어요.

무시공 - 우리가 불러서 오라고 그랬다고?

알파별 - 네.

무시공 - 믿는 사람도 있고, 안 믿는 사람도 있지?

알파별 - 네, 맞아요.

무시공 - 보통 안 믿는 사람은 뭐라고 그래?

알파별 - 그냥 뭐라고 탓하거나 거짓말이다, 그런 말은 안 해요.

무시공 - 그저 관찰하고 있어? 진짜인가, 가짜인가 하고.

알파별 - 안 믿는다고 내가 거짓말할 이유는 없으니까.

무시공 - 그렇지, 너 기분 좋아?

알파별 - 네, 설레요!

무시공 - 그래. 그럼 너 자체가 새로 살아난다. 여기 대전은 새로운 우주 중심지야. 수많은 별이 있는데 이렇게 우리가 만난 것은 우주의 경사다. 네가 화성하고 부딪칠 뻔한 일이 오히려 전화위복이 됐다. 맞아, 안 맞아?

알파별 - 크크크.

무시공 - 너는 무슨 복이 그리 많아서.

알파별 - 내가 태양계로 끌려들어온 이유가 있었나보죠. 뭐.

무시공 - 그래 말이야, 네가 지구에 들어오면 지구 차원을 많이 올려. 알았지?

알파별 - 네.

무시공 - 지금 4차원 알파별이 우리 지구보다 크지?

알파별 - 지구보다는 그렇게 크지 않아요.

무시공 - 비슷해?

알파별 - 화성의 반 정도이니까 지구보다는 조금 작아요.

무시공 - 그렇지만 너는 4차원이니까. 낡은 지구 3차원에 들어가면 지구에 큰 영향 준다.

알파별 - 네.

무시공 - 큰 도움이 될 거다. 지구 입장에서는 차원을 올리니까 좋은 현상이고. 네 입장에서는 곧 망가질 존재인데 새로운 별이 되니까? 네가 더 좋아하잖아.

알파별 - 네, 정말 좋아요.

무시공 - 그런 데다가 새로운 우주 중심에 네가 들어오는 것이 얼마나 큰 복이야. 너는 복이 너무 많다. 도대체 너는 어떤 능력이 있는지 나중에 파봐야겠다.

알파별 - 네.

알파별의 운전자

무시공 - 너 알파별 운전하는 역할 아닌가?

알파별 - 그런가? 일부러 눈에 띄려고 들어왔나?

무시공 - 네가 운전하고 있잖아. 알파별이 네 큰 우주선이라고 보면 안 돼?

알파별 - 음….

무시공 - 네 뜻으로 따라 움직이잖아.

알파별 - 네, 맞아요.

무시공 - 태양도 '황'이라는 존재가 태양을 운전하고 있잖아, 알아? 태양 가까이 와서 내 카톡으로 대화도 하고, 너도 가능해?

알파별 - 나는 모르겠어요.

무시공 - 모르면 태양을 운전하는 '황'한테 배워라 '황'은 나한테 두 번이나 왔던 거다. 재밌지?

알파별 - 네.

무시공 - 우리는 생명이니까 그래, 삼일 후에 보자.

알파별 - 네.

4차원 알파별 지구에 안착

4차원의 알파별 3차원 지구에 들어와 지구의 차원을 상승시켰다.

무시공 - 알파별 나와.

알파별 - 네.

무시공 - 너 지구에 들어왔나?

알파별 - 네, 잘 들어왔어요.

무시공 - 와! 네가 낡은 3차원 지구에 들어온 후에 지구에서 어떤 변화가 생기는 지 관찰해봐. 사람들한테는 어떤 영향을 주고, 동물들 식물들에게 어떤 영향을 주는지도 관찰해봐. 차원이 갑자기 3차원에서 4차원으로 바뀌면 3차원 중에서도 가장 밑바닥에 있는 것은 못 견딜 거고, 또는 재앙으로 느낄 거야. 심지어 죽는 것도 있을 거야. 봐봐.

알파별 - ….

무시공 - 차원이 낮은 사람이나 동물종족, 동물도 같이 없어져. 미생물이나 세균, 바이러스, 뱀, 지네, 두더지, 파리, 모기, 곤충 등 사람들에게 피해를 주는 그런 것들에 영향이 있는지 없는지 봐봐.

알파별 - 내가 지구로 들어오니까 개네들이 우리한테 적응을 못 하고 있어요.

무시공 - 자기들 입장에서는 큰 재앙이 왔지?

알파별 - 네.

무시공 - 그러니까 동물종족들, 사람의 모습이지만 동물종족의 본질을 가지고 있는 것들도 똑같이 위기에 빠졌지? 심지어 차원이 낮은 사람은 죽는 것도 있을 거다. 그런 현상 있어 없어?

알파별 - 응. 나랑 안 맞는 차원의 존재들은 지금 위기감을 느끼고 있어요. 다들 원래 좀 힘들어했던 것 같은데, 지금은 더 힘들어하고 있어요.

무시공 - 그리고 우리는 지구의 차원을 계속 올리고 있잖아. 높아지는 차원에 못 따라오고 적응이 안 되면 도태당하고, 없어진다고, 소멸되고, 정화 역할을 해. 그런데 마음을 긍정마음으로 바꾸고 따라 올라와서 자기의 낮은 차원을 높여 여기에 적응하는 존재는 또 살아나고, 더 깨끗해지고, 자기 차원이 올라올 수 있어.

알파별 - 네, 맞아요.

무시공 - 마음자세가 긍정이 안 되고 부정마음을 가지고 있는 존재들은 반대로 재앙이라고 생각하고, 다 도태당하고, 철저하게 없어진다. 네가 지구로 들어오니까 3차원 지구가 정화되는 현상 맞아, 안 맞아?

알파별 - 네. 정화가 계속되고 있고….

무시공 - 맞지?

알파별 - 네.

무시공 - 그러니까 3차원은 너무 어두워. 너무 까맣고, 아직 거친 밑바닥 물질과 거기 적응해서 살아가고 있는 동물, 식물, 미생물, 심지어 동물종족까지 이제 위기에 빠졌다.

알파별 - 맞아요.

무시공 - 그래. 잘 들어왔다. 대전의 무시공 센터와 대한민국 여기가 최종 우주 중심지라 그랬잖아.

알파별 - 네.

무시공 - 항상 여기하고 하나가 돼. 알았지?

알파별 - 네.

무시공 - 우리는 완전히 하나라는 관점으로 가니까. 우리 차원이 4차원으로 올라가면 나중에는 차원 개념이 없어져버려. 또 4차원과 5차원이 합해지면서 온 우주가 하나가 된다고.

알파별 - 네.

알파별과 운전자를 분리하여 '알파'라는 이름으로

무시공 - 12차원이 다 이쪽으로 모여들어서 차원이 완전히 사라져. 그런데 이런 중요한 시점에 네가 지구에 들어와서 너무 잘했다. 너도 복이 많아서 그래. 너 알파별 이름이 뭐야? 너 그 별 운전하는 운전자 아니야? 말해봐. 별이 네 몸이라고 생각하지?

알파별 - 네.

무시공 - 그럼 맞지 뭐. 너 이름 말해라. 네 이름이 뭐야?

알파별 - 내가 알파인가?

무시공 - 너는 그 별이 네 몸이라고 생각해봐. 그거 확실해, 안 해? 알파별이 네 몸이고 네가 운전하는 우주선이라고 생각하면 돼 안 돼? 너는 그동안 알파별을 운전해왔어. 지금 그것을 느껴봐 그런 것 같아, 안 같아?

알파별 - 응, 그렇구나. 나는 내가 이 몸, 이 별이 나 자체인 줄 알았어!

무시공 - 그래, 그 별이 네 몸이라고 해도 되고, 너하고 조금 분리하면, 그게 네 우주선이라고 해도 되고. 지금까지 네가 그 우주선을 운전하고 다녔던 거야.

알파별 - 네, 맞아요.

무시공 - 태양 자체인 '황'이라는 존재가 있어. '황'이 태양을 운전해서 지구 근처까지 왔잖아. 너도 같은 경우다.

알파별 - 응, 그렇구나. 내가 태양보다 덜 깨어났었나 보다.

무시공 - 으이구, 이제 그 뜻을 알면 됐다.

알파별 - 네.

무시공 - 이제 지구와 완전히 하나가 됐잖아?

알파별 - 네.

무시공 - 그러면 지구 밖으로 나와봐. 이제 4차원 이상은 11차원이든 12차원이든 지구와 하나고. 우리 대전 훈련센터를 중심으로 하나고, 새로운 지구로 하나가 됐어. 지구는 낡은 지구하고 새로운 지구하고 두 개가 있잖아. 너는 일단 3차원 낡은 지구에 들어왔지만, 우리 여기 차원이 합해진 무차원의 새로운 지구하고 하나로 뭉쳐버리면 되잖아. 뭔지 알았어?

알파별 - 네. 알았어요. 그때 그렇게 하라고 그랬는데.

무시공 - 그래, 지금 여기 들어왔으니까. 너는 자연스럽게 여기하고 4차원의 핵심이 돼버렸다. 그러면 이제 완전히 네가 들어가는 순간에 낡은 지구는 완전히 망가져버리고 없어진다. 네가 들어오는 순간에 없어지는 속도가 빨라져, 알았지? 그런 것 같아, 안 같아?

알파별 - 그런 것 같아요.

무시공 - 이제부터 너를 '알파'라고 그런다, 알았지?

도르미 삭제 6차원으로 합하는 일리엄

(시공우주 12차원의 차원 통합 4차원 이상 도르미 삭제)

무시공 - 도르미 물질은 정말 많은 마음으로 움직일 수 있고, 도르사는 꼭 일원심으로만 움직일 수 있는지 비밀금서의 내용을 확인하자. 도르미, 도르사 두 물질 나와.

도르미, 도르사 - 나왔어요.

무시공 - 도르미 물질은 이원념으로 움직일 수 있고. 도르사는 일원심으로만 움직인다고 했는데 확인해보자. 맞아, 안 맞아?

도르미, 도르사 - ….

무시공 - 비밀금서에서는 이렇게 설명했는데? 더 구체적으로 말하면, 도르미는 지하세계에서 복잡하고 잡스러운 마음으로 다 움직일 수 있어. 그런데 도르사는 4차원 이상 있으니까. 긍정마음 일원심으로 움직일 수 있다. 확실한가. 말해봐.

도르미, 도르사 - 음…, 맞아.

무시공 - 맞아! 그럼 됐어.

4차원 이상 도르미 완전히 삭제

무시공 - 그럼 4차원부터 12차원까지 도르미 다 삭제해. 철저히 다 삭제.

○○○ - …삭제 중.

무시공 - 철두철미하게 삭제해. 오늘은 역사적인 날이다. 4차원에서 12차원까지 도르미를 다 없애야, 그래야 일원심 힘이 더 강해져. 그 다음에 밑으로 내려와서 3차원을 해결하면 돼. 지금 3차원은 잠시 보류!

○○○ - ….

무시공 - 4차원 이상만 깨끗하게 해. 3차원은 다른 작업방식으로 또 풀어야 해. 풀고 녹이고 해서 순간에 없애야 해.

○○○ - ….

무시공 - 먼저 4차원 이상 도르미 없애고, 그 다음에는 6차원 7차원은 50대 50으로 바꾸려고 그래.

○○○ - ….

무시공 - 6차원의 힘이 더 강해지면서 12차원으로 올라가려고 생각하다가 전부 다 6차원과 뭉치고, 4차원도 거기에 뭉치면 3차원은 고립될 수밖에 없어.

○○○ - ….

무시공 - 차근차근 반복적으로 삭제하면 돼. 4차원 이상은 도르미 힘이 약해서 깨끗하게 처리할 수 있어. 그러니까 반복적으로 철두철미하게. 그래야 4차원의 존재들이 깨어난다.

○○○ - …. 우주에서 3차원 이쪽만 놔두고 4차원 이상은 싹 정리되고 있어요.

무시공 - 4차원에서 12차원까지 완전히 없애고 3차원만 고립시켜놔. 그리고 3차원은 다른 방식으로 처리하면 돼.

○○○ - ….

무시공 - 4차원에서 12차원까지 일체 무시공 생명 거기에서 깨어나는 생명은 완전히 하나로 뭉쳐. 이번에 도르미를 삭제하면 4차원 이상은 차원의 개념이 없어진다. 완전히 하나로 6차원에 뭉쳐진다. 조금 있다가 6차원 7차원 50대50으로 있는 것을 100%로 올려버려. 그러면 거기서는 완전히 하나가 돼 버린다.

○○○ - ….

무시공 - 그런 다음에 3차원을 집중해서 처리.

○○○ - ….

무시공 - 디멘샤가 차원을 밝히는 바람에 너무 간단해졌다.

○○○ - ….

무시공 - 이 다음부터 4차원의 힘이 강해져서 3차원하고 소통하면 그 사이에 있는 12관문의 벽담이 무너지잖아. 거기서 못 들어오고 있었어. 밑으로 내려오려고만 하다가 방향을 위로 바꿨잖아.

○○○ - ….

무시공 - 전부 다. 6차원에 모여서 3차원의 벽담을 무너뜨려. 4차원 이상 도르미 다 삭제됐어. 안 됐어?

○○○ - 다 됐는데 다시 한번 점검할게요.

무시공 - 그럼 그 존재들 다 깨어난다고, 부정마음이 순간에 가라앉아. 도르미만 없애버리면 하나로 뭉쳐.

○○○ - ….

무시공 - 3차원도 이제는 고립돼서 지구도 급속도로 바뀐다.

○○○ - ….

무시공 - 4차원부터 12차원까지 도르미 완전히 삭제하고, 그 다음에 6차원과 7차원을 50대 50으로 하다가, 6차원을 100으로 올리려고 한다. 그러면 6차원 이상은 없어져버리잖아. 6차원으로 뭉쳐. 그리고 4차원도 6차원과 완전히 하나가 돼버려. 그럼 3차원만 남아. 그 다음에 3차원도 계속 작업을 하면 금방 풀린다.

○○○ - …됐어요.

무시공 - 됐어? 우리가 처음에는 12차원까지 올라가려고 하니까, 6차원 7차원의 존재가 뭐라고 하는가 하면, 내가 그 당시에 6차원을 인정했는데 왜 또 올라가려고 그러나 그래. 6차원이 100%가 되면 6차원 이상은 다 이쪽으로 끌려온대. 6차원으로 끌려오고 12차원은 없어져버린다는 거야. 그리고 3차원이 없어지면 1차원부터 5차원까지 6차원으로 전부 뭉친대. 그래서 나중에는 6차원만 남는다는 거야. 6자리에서 핵심이 되고, 양쪽이 다 6차원으로 모인대. 아. 그렇게 하면 되겠다. 그렇게 하자고 그랬지! 그런데 아직 마음준비가 안 돼서 내가 6차원하고 7차원 사이를 50대 50으로 해놨어. 이제는 6차원을 완전히 100%로 해버리면 7차원 이상은 이쪽으로 뭉치면서 다 없어져.

6차원 7차원과 대화

무시공 - 그럼 6차원 7차원과 대화해보자. 나타나.

6, 7차원 - 네. 나왔어요.

무시공 - 이제는 때가 됐다. 6차원은 100%로 올라가고, 7차원 이상은 6차원과 하나로 뭉쳐. 원래는 50대 50이었는데, 6차원을 100%로 올리면 7차원은 6차원과 하나로 뭉치잖아.

6, 7차원 - 음……

무시공 - 6차원이 중심이 되고 6차원이 우리 대전이야.

6, 7차원 - …

무시공 - 새로운 우주의 핵심부위 그게 6이라고.

6, 7차원 - …6이 중요한 수네.

무시공 - 응.

6, 7차원 - …다 모였어요. 7차원에서 12차원까지.

무시공 - 그쪽은 인정 안 해. 6이 100%로 됐으면 다 6차원으로 뭉쳐.

6, 7차원 - …6으로 뭉쳤어요.

무시공 - 그럼 4차원 이상도 6으로 뭉쳐서 4차원에서 12차원까지 완전히 하나로 뭉쳐. 50대50을 삭제하고 6이 100으로 돼 있으니까.

6, 7차원- …네, 6이 중심이 됐어요.

태양의 일리엄과 대화

무시공 - 태양의 일리엄 나오라고 해.

일리엄 - 네.

무시공 - 지금 내 몸의 차원이 아직 3.96차원을 유지하고 있지?

일리엄 - 네.

무시공 - 지금 대전 센터의 회원들 전체 평균이 얼마로 돼 있어?

일리엄 - 3.5.

무시공 - 와, 많이 높아졌네. 지금 우리 회원들이 오랫동안 마음의 준비를 했고, 또 몸이 괴로워도 긍정으로 돌리면서 몸이 바뀌는 좋은 현상으로

돌리는 마음의 준비가 됐어. 그러니까 네가 회원들 평균 차원지수를 3.9
까지 올려.

일리엄 - 음….

무시공 - 조금 힘들어도 올릴 수 있어. 언제까지 3.9차원까지 올릴래?

일리엄 - … 한두 달 정도의 여유는 가져야 하지 않을까!

무시공 - 두 달.

일리엄 - 네.

무시공 - 그럼 보자, 5월 말까지.

일리엄 - 네.

무시공 - 5월 중순까지 안 돼. 5월 15일까지.

일리엄 - 5월 15일?

무시공 - 그래, 한번 그렇게 해봐.

일리엄 - 네.

무시공 - 상황을 보고 연락을 할게, 회원들이 너무 힘들어하면 조금 여유를
주고, 견뎌내면 무조건 5월 15일에 3.9차원까지 올려.

일리엄 - 네.

무시공 - 우리가 여기서 온 우주의 모델 역할을 하고 있는데, 누구도 대충대
충 하면 안 되지. 강하게 훈련을 받아야지 맞지?

일리엄 - 네.

무시공 - 너 멋지게 잘했어. 좋아. 5월 15일 전에 만약에 어떤 상황을 보고,
대부분 못 견디고 힘들다고 하면 조금 멈추고, 좀 견뎌내고, 이겨내고 하
면 우리가 무조건 5월 15일에 확인할게. 이것을 앞당길지도 몰라. 나는
앞당기면 앞당기지 뒤로 밀지는 안 한다. 알지!

일리엄 - 네.

한국과 지구인들의 차원 평균 차원지수

무시공 - 그 다음에는 한국의 오천만 인구 평균 차원지수가 얼마냐?

일리엄 - 3.25차원.

무시공 - 평균 3.25야?

일리엄 - 일부 높아진 사람 때문에 평균이 올라갔어요.

무시공 - 그래! 그럼 5월 15일까지 한국의 차원 평균을 3.5차원으로 올릴 수 있지?

일리엄- 와, 한국 사람은 시간을 더 줘야지요.

무시공 - 한국이 앞서 나가니까 조금 더 높아야지, 또 우리가 있는데 훈련 센터의 득을 받아서라고 더 지수를 올려야지.

일리엄 - 센터 사람들이 올라가면 또 같이 힘을 받는 그런 것도 있지요.

무시공 - 그러니까. 5월 15일 3.5차원까지 올라갈 수 있어, 없어?

일리엄 - 네 가능하겠네요, 센터가 올라간다면.

무시공 - 그렇지, 네 생각으로 보지 말라고. 대한민국이 중심이 돼야지. 한국은 모델 역할을 해야 해. 조금 힘들어도 5월 15일까지 3.5차원으로. 알았지?

일리엄 - 네.

무시공 - 못 견뎌서 도태당하는 것을 할 수 없고 정화시켜야 해. 그래서 지구에서 한국으로 많은 사람이 몰려들면 자연적으로 차원지수가 올라가야 돼. 맞지?

일리엄 -네, 5월 15일까지 센터회원을 3.9차원. 한국은 3.5차원.

무시공 - 그 다음에 지구 70억 인구는 평균 몇 차원에 있어?

일리엄 - 3.15차원.

무시공 - 그럼 5월 15일에 3.2차원

일리엄 - 한국만 바뀌어도 3.2는 될 것 같아요. 한국 때문에 지금도 높은 건데요.

무시공 - 그렇지, 70억 인구는 3.3차원으로 하자.

일리엄 - 네, 그래야 전체적으로 조금 올라갈 것 같아요.

무시공 - 그래, 그럼 3.3차원. 야, 너 나보다 더 잘 아네. 역시 너는 전문가다.

낡은 3차원의 지구가
사라진다

4.5차원의 창미별이 지구와 하나 된다

[고민이 많아 도태당한 별]

무시공 – 은하계에 속하고 지구에서 제일 가까운 위치에 있으면서 지구보다 큰 4차원에 있는 별 나타나. (…) 지구와 제일 가까운 위치에 있는 4차원별. 태양계에 있는 것말고, 태양계 밖에서 제일 가까우면서 지구보다 더 큰 4차원 별 나타나.

(…가까이에 2개가 있어요.)

무시공 – 그중에 하나. 제일 큰 것. 별 이름이 뭐야?

해오마 – …해오마.

무시공 – 지구와 거리.

해오마 – 지구와 거리는…; 광년보다는 낮은 것 같아요.

무시공 – 그러면 돼. 1광년 이내?

해오마 – 네. 킬로미터로 하면.

무시공 – 킬로미터로 계산하면 광년의 몇 분의 일? 그리 말하면 되잖아. 몇 분의 일 광년?

해오마 – …1/10 정도.

무시공 – 1/10 광년? 그래. 너 4차원이야?

해오마 – 4차원.

무시공 – 그냥 4차원이야? 지구보다 얼마 더 커?

해오마 – 2.5배.

무시공 - 2.5배? 응. 너 지구에 오고 싶어? 지구와 하나 되고 싶어?

해오마 - 음…. 지구에 같은 차원의 별이 있다고 알고 있는데.

무시공 - 같은 차원에 있어. 그런데 그건 지구보다 조금 작아. 그래서 지구보다 조금 큰 것. 같이 힘을 합하면 더 좋잖아. 그래서 그래. 너는 어떻게 생각해? 지구를 더 강화시키기 위해서 3차원 지구를 4차원으로 바꾸려면 4차원 힘이 조금 강해야지. 그래서 너를 찾는 거다.

해오마 - ….

무시공 - 무슨 고민이 그렇게 많아? 이것이 싫으면 그만이고.

해오마 - …고민이 많은 것 같아요.

[4.5차원의 창미별]

무시공 - 많으면 그만둬. 그러면 또 다른 것 찾아.

(…아까 다른 별 하나 있었어요. 그 별이 되게 하고 싶어 했어요.)

무시공 - 그 별 나와. 이름 뭐야?

창미 - 별 이름은 창미.

무시공 - 지구와 거리?

창미 - …1/8 광년.

무시공 - 응. 차원은?

창미 - 4.5차원.

무시공 - 아, 됐어. 크기는 지구의 몇 배야?

창미 - 2배 정도.

무시공 - 딱 좋네! 뭐. 4차원이면 중복되는데 4.5차원이면 꼭 맞잖아. 그러면 4차원의 별도 할 말이 없고, 저 봐라. 차원이 조금 다르니까. 마침 잘 됐네. 너는 지구 오고 싶어, 안 오고 싶어?

창미 - 지구 소식을 많이 귀 기울여 들었고 같이 하고 싶어.

무시공 - 너를 찾을 줄 알았어? 기대했어?

창미 - 그런 걸 기대하진 않았지만, 왠지 좋은 느낌은 있었어.

무시공 - 너희 별에 인구는 얼만데?

창미 - 2억 명.

무시공 - 2억. 너는 어느 항성을 중심으로 돌고 있어?

창미 - 우리 항성 이름은, 제일 많이 부르는 이름이 '항'이라고 불러.

무시공 - 항성 이름이 항? 거기 너와 같은 행성이 몇 개나 돼?

창미 - 항 위주로 도는 별은 3개 있어.

무시공 - 그러면 항 항성이 태양보다 작겠네?

창미 - 비슷해.

무시공 - 태양 크기하고 비슷해?

창미 - 응.

무시공 - 자, 그러면 너 지구 와서 지구와 하나 되려면 항성 항한테도 상의
해서 말해야 하잖아.

창미 - 응. 지금 대화하는 순간에 하나로 통해서.

무시공 - 동의했지?

창미 - 응. 동의했어.

무시공 - 그러면 너와 같이 돌고 있는 행성 둘에게도 말했나?

창미 - 조금 아쉬워하지만 그래도 다들 준비는 돼 있어.

무시공 - 그래, 네가 오면 그 별도 다 하나로 뭉친다.

창미 - 응.

무시공 - 그래. 너 지금 당장 온다면 언제 지구에 도착할 수 있어? 너 지구
에 가까우니까.

창미 - 여유롭게 4일.

무시공 - 4일? 그래. 4일이면 오늘이 24일이면 28일?

창미 - 응.

무시공 - 7월 28일 도착?

창미 - 응.

무시공 - 네 별에 있는 2억 인구들 다 좋아해?

창미 - 응. 우리는 사람들이 별의 의식과 많이 하나 되어서 살기 때문에 대

부분 90% 정도는 좋아하고 있어.

무시공 - 좋아해?

창미 - 응.

무시공 - 그래. 고맙다.

창미 - 고마워.

무시공 - 지구의 낮은 3차원이 빨리빨리 변해야 해. 네가 들어오면 더 큰 도움이 된다. 알았지?

창미 - 응. 나도 영광이고 너무 좋아해.

무시공 - 지금 우리 지구와 하나가 된 4차원 별은 알파별이야. 알파별은 6월 말에 도착했어. 알파별이 이미 새로운 지구로 들어왔고, 창미별 너까지 들어오면 3차원 지구가 자연적으로 도태당하고 분리되고 없어진다. 그 다음에는 5차원도 오고 6차원도 오고, 나머지는 7, 8, 9차원은 태양계에 다 준비되어 있고, 그 다음에 10, 11, 12차원은 전부 다 지구에 하나로 돼 있어. 그래서 조금 있으면 차원이 완전히 없어진다.

창미 - 응.

무시공 - 알았지? 지구가 영원히 새로운 우주 중심지가 돼. 네가 들어오면 큰 도움이 된다. 큰 공 세운다. 알았지?

창미 - 응.

무시공 - 그래. 고마워. 그리고 너희 항성도 다른 별도 다 좋아한다.

창미 - 응.

낡은 지구의 분리현상

무시공 - 창미별 나와.

창미별 - 네.

무시공 - 금방 나왔어?

창미별 - 네.

무시공 - 그렇게 빨리 나와?

창미별 - 네.

무시공 - 지금 지구에 들어왔어?

창미별 - 지금 들어왔는데 아직 중심을 못 맞추고 있어요. 중심을 맞추려고 하고 있어요.

무시공 - 너 지금 들어와서 중심 잡는 그 과정에서 지구에 어떤 영향을 주고 있어? 더 세밀하게 관찰하고 말해봐.

창미별 - 3차원 지구에서?

무시공 - 3차원 지구에서 엄청난 변화를 일으키고 큰 충격을 주는 것 아니야?

창미별 - 네.

무시공 - 너 확실하게 말해봐.

창미별 - 네 3차원 지구에서 사라져야 할 것들이 정해졌어요. 건물들은 건물대로 생명은 생명대로 다 미세하게 금이 가 있어요. 분리돼버렸어요.

무시공 - 그래, 3차원에 의지해서 사는 일체 생명은 계속해서 지금 정화되고 도태되는 그런 현상 있어, 없어?

창미별 - 네, 그 모든 것이 다 분리가 돼버렸어요.

무시공 - 동물이나 식물, 특히 사람이 어떤 방향으로 분리되고 있어? 인간의 말로 멸종되는 그런 현상, 3차원이 4차원에 들어가서 못 견디면 다 멸종되어버리잖아?

창미별 - 네.

무시공 - 네가 보기에 제일 먼저 영향 받는 것은 뭐야?

창미별 - 첫째는 사람에게나, 동물에게나, 지구에나 해로운 것들이 먼저 삭제 1호예요. 1호 중에는 인간이 제일 많고요.

무시공 - 지금 네가 지구에 들어오는 순간부터 70억 인구가 언제부터 얼마만큼 사라질 것 같아?

창미별 - 내가 보기에는 이미 없어졌지만 원래 남아 있는 것까지 없어지려면 최소 일 년은 있어야 할 것 같아요.

무시공 - 그래, 사람도 계속 분리되지? 좀 적응되는 사람은 살아남고 적응 안 되는 사람은 3차원에서 사라지고?

창미별 - 네.

무시공 - 표면의 인간들은 아직 모르는 것 같지?

창미별 - 네, 인간은 워낙 둔해서 잘 모르는 것 같아요.

무시공 - 동물은 어떤 동물들이 먼저 없어질 것 같아? 몇 종류라고 구체적으로 이름 말해봐.

창미별 - 악어, 뱀. 그런 인간에게나 다른 종족에게도 해로운 것들 뱀 중에서도 독사 같은 것이 제일 먼저 없어지고, 도마뱀 그리고 조그마한 벌레들, 인간이 싫어하는 벌레들 그런 것 우선으로 없어지네요. 지구에 사는 인간이 이 우주에서 제일 해로운 것처럼….

무시공 - 지구는 어느 나라에서 제일 먼저 그런 재앙이 와?

창미별 - 아무래도 중국이라는 나라는 너무 많은 인간이 흉악해져 있어서…. 중국에 흉악범들이 너무 많이 와 있어요. 그래서 중국부터 시작해요.

무시공 - 너하고 같이 온 2억 인구 어때?

창미별 - 여기 지구는 이제 정리가 되었으니까 우리가 들어오면서 싹 정리를 해야 우리가 살 것 아니에요.

무시공 - 그렇지.

창미별 - 그래서 아까 이미 다 없어졌지만, 우리 보기에는 다 분리가 됐고, 여기 무시공우주를 기반으로 여기만 보고 왔더니, 우리 존재들도 같이 밝아지고 새로운 힘의 가치가 이제 합해져 있어서 좋대요. 우리도 그 힘만 보고 왔으니까요.

무시공 - 그럼 우리는 지금 낡은 지구와 새로운 지구를 완전히 분리해서 낡은 지구는 없어지고, 새로운 지구는 4차원부터 계속 4차원 5차원 계속 합하면 12차원까지 전부 다 하나로 뭉쳐. 지구에서 그럼 다 같이 변하는데, 그래서 너희가 지구로 들어오면 아주 중요한 역할을 하는 것이야. 지금 10, 11, 12 차원은 이미 지구하고 하나 됐어. 새 지구로 너희가 들어오면 3차원 낡은 지구가 빨리빨리 사라질 수 있어.

창미별 - 네.

무시공 - 지금 그런 환경이다.

창미별 - 네.

무시공 - 지금 4차원이 4.5차원 5.5차원부터 6, 7차원 8차원 9차원까지 태양계 각별 사이에 다 있거든.

창미별 - 네.

무시공 - 여기 지구가 나중에 새로운 우주 중심지니까 전체가 하나로 돼버린다. 나중에는 차원 개념도 없어져. 3차원하고 5차원만 하나 되어버리면 전체가 하나 돼버려. 그래서 시기도 잘 맞추어서 왔다. 잘해봐!

창미별 - 네, 고맙습니다.

각 차원과 대화를 통한
통합 과정

5차원 6차원 세스티 말론 필

무시공 - 지금 몇% 올라갔나.

○○○ - 3차원을 유지할 수 있는 힘이 3% 남았어요.

무시공 - 3% 남았다는 것은 97%로 됐다는 거야?

○○○ - 네, 그렇게 됐어요.

무시공 - 그럼 3차원은 계속 삭제 계속 줄여서 없애버려

○○○ - …이제 유지되는 힘이 없어졌어요. 자동으로 소멸하는 단계로 들어갔어요. 위에는 합해지고 무거운 것은 가라앉아서 없어지고.

무시공 - 4, 5차원은 한 군데 합일돼 있어?

○○○ - 음 … 벽담이 점점 없어지고 있어요.

디멘샤와 대화

무시공 - 그러면 디멘샤 나와

디멘샤 - 응, 나왔어.

무시공 - 지금 내 몸의 차원이 어떻게 변하고 있어?

디멘샤 - 서로 소통이 되고 있어. 원래는 분리해서 존재한다는 느낌이었다면 이제는 다 하나가 되는 느낌이야.

무시공 - 언제 3.5차원을 벗어나?

디멘샤 - 이제부터 소통이 완벽하게 되기 시작했으니까 가까워지고, 하나로 합해지는 과정이 이제 시작됐어.

무시공 - 지금부터 시작은 됐는데 언제쯤 돼야 5차원이나 6차원 수준이 돼?

디멘샤 - 한달 이상 걸려, 빨리하면 한달까지 할 수 있어.

무시공 - 그럼 내가 5차원 6차원 그 위치로 갈 수 있어.

디멘샤 - 먼저 4.5차원에 가고, 그 이후로는 엄청난 속도로 5차원과 합해져, 한 단계씩 올라가지만, 그 대신 속도는 급속도로 여기처럼 시간개념이 없기 때문에 차원이 다르게 빨라져.

무시공 - 4.5차원 올라갈 때는 언제쯤이야?

디멘샤 - 빠르면 한달 이내.

무시공 - 그러니까 시간이 옛날보다 많이 앞당겨졌네.

디멘샤 - 응.

무시공 - 지금 네가 보기에 3차원 물질이 언제 완벽하게 없어져?

디멘샤 - 동시에 올라가면서 동시에 완전히 사라져.

무시공 - 알았다.

디멘샤 - 네.

금성의 대표 수피마

무시공 - 금성 대표 수피마 나타나.

수피마 - 나왔어요.

무시공 - 내 몸이 변하는 것이 어떤 방향으로 변하고 있어.

수피마 - 옷을 갈아입는 것처럼 다른 차원의 몸으로 바뀌고 있어.

무시공 - 내가 언제쯤 너를 직접 볼 수 있어? …한달?

수피마 - 옷만 갈아입으면 내가 차원에 맞춰서 서로 볼 수 있어.

무시공 - 한달 돼야 해?

수피마 - 정확하게는 모르겠는데 당신 몸이 갈아입어지면 그때 될 수 있어.

무시공 - 지금부터 빠른 속도로 변하고 있지?

수피마 - 응. 급속도로 변하고 있어.

무시공 - 내 몸이 변하는 동시에 지구도 변해.

수피마 - 웅. 하나로 변해.

무시공 - 낡은 지구 보여 안 보여.

수피마 - 껍데기만 희미하게 남아 있어.

무시공 - 내가 낡은 지구의 영향을 받고 있어 없어?

수피마 - 당신이 그 말 하는 순간 모든 연결고리가 끊어졌어.

무시공 - 음, 그럼 됐어. 낡은 지구하고 나하고 낡은 고리가 완전히 끊어져야 거기에 걸리지도 않고 낡은 지구가 더 철저히 없어져.

수피마 - 네.

무시공 - 그래, 고맙다.

수피마 - 네.

4차원과 대화

무시공 - 3차원이 4차원 힘으로 100%로 됐어, 안 됐어?

차원 - 5차원으로 끌어당기는 힘이 60%로 이상이고, 4차원 힘이 40%로 정도 해서 지금 완전히 그쪽이 100%로 됐어.

무시공 - 그러니까 5차원 60%로 4차원이 40%. 내가 그랬잖아. 밑에 힘이 없어질수록 위에 힘이 더 강해져야 한다고.

차원 - 웅, 웅.

무시공 - 맞기는 맞네.

차원 - 웅.

무시공 - 그럼 6차원의 힘은 얼마나 돼 있어?

차원 - 6차원은 관여 안 하고 있어 스스로 존재해.

무시공 - 6차원은 아직 그대로 있지.

차원 - 5차원이 완전히 자리를 잡고 합해진 다음에 하겠대.

무시공 - 그럼 이렇게 하자. 3차원은 이제 저절로 없어지니까 관심을 안 가져도 되고, 4차원과 5차원이 합해서 100%로 됐으면 그 힘으로 3차원의 물질이 없어지니까, 이제부터 작업을 이렇게 하자. 5차원이 60%에서 계속 올려서 4차원을 초월해 60%면 4차원은 자꾸 줄어들어.

차원 - 맞아.

무시공 - 지금 5차원을 70% 수준으로 올려봐.

차원 - 응.

무시공 - 5차원하고 4차원 사이다.

차원 - 응.

무시공 - 60%로 됐으니까 속도가 빨리 변할 거야.

차원 - 5차원에 있는 열려 있는 존재들은 다 같이 참여하고 있어요.

무시공 - 그래, 잘했어. 4차원을 빨리 5차원으로 합하기, 그래서 5차원의 힘이 100% 될 때까지 4차원이 변하는 것은 3차원보다 속도가 엄청나게 빠를 것이다.

차원 - 응, 맞아. 약간 더 세밀한 차원이라서 급속도로 바꿔요. ……5차원이 70%로 됐어요.

무시공 - 5차원이 70%로.

차원 - 응.

무시공 - 100%로 될 때까지 계속 올려.

차원 - 아까는 차원이 개별적으로 존재했는데, 이제는 차원이 완전히 하나로 보여요.

무시공 - 통로가 되니까 둘이 합한다고

차원 - 하나로 보여요. 점점 달라붙고 있어요.

무시공 - 4차원과 5차원이 완전히 하나될 때까지, 하나 되면 5차원 수준으로 100% 된다. 그러면 4차원이 없어져.

차원 - 마치 차원이란 게 표면처럼 두 개가 4차원 5차원 이렇게 있었는데, 지금은 딱 달라붙어서 하나로 스며들고 있어.

무시공 - 그래, 100% 완전히 하나가 됐을 때 그때 6차원하고 또 하나로 합하면 돼. 6차원으로 진입.

차원 - 응.

무시공 - 이렇게 차원 방법으로 하면 많은 사람이 살아나고 시간 통로도 자꾸 없어지니까. 더 많은 사람이 깨어나.

차원 - 응.

무시공 - 디멘샤랑 차원을 너무 잘 맞추었어.

차원 - 응.

무시공 - 나는 차원을 인정 안 한다고 하니까 자기는 차원으로 해석한다고 그랬잖아. 우리한테 암시한 거라고.

차원 - 응….

무시공 - 어떻게 하면 빨리 바뀌는가.

차원 - ….

무시공 - 지금 하나로 합하는 과정에서 6차원이 움직일 것 같아. 6차원은 지금 힘이 얼마나 돼 있어? 너도 같이 깨어나면서 서로 소통하고 있잖아.

차원 - 응.

무시공 - 6차원 너 지금 몇 %로 돼 있어?

차원 - 5차원의 힘이 완전히 강해져야지 자기도 이쪽으로 끌어올 힘이 생긴대.

무시공 - 그래, 그럼 됐어. 조금 더 기다려.

차원 - 4차원이 힘이 있을 때는 자기가 끌려 내려간대요. 4차원의 힘이 완전히 없어져야 한대요.

무시공 - 알았어. 나도 그것을 느끼고 있다. 3차원 힘이 강할 때는 4차원이 끌려가는 것처럼.

차원 - 응.

무시공 - 6차원은 완전히 에너지잖아 그러니까 5차원과 4차원이 완전히 합해서 완전히 하나됐을 때 그때, 네 힘이 점점 강해져.

차원 - 응, 응, 맞아.

무시공 - 그런 다음에 4차원이 없어져버려. 그러면 대성공이다. 지금은 빨리 4차원과 5차원이 하나로 뭉쳐. 4차원과 5차원은 반에너지, 반물질 상태잖아. 그것을 빼라고.

차원 - 응…. 5차원이 끌어당기는 힘이 90%까지 됐어요.

무시공 - 그래, 4차원은 반물질이고 5차원 반에너지야, 그렇게 비유하면 돼.

차원 - 응, 맞아요.

무시공 - 반물질이 없어지면 반에너지가 돼 그럼 반에너지가 에너지 방향으로 힘이 강하니까 그 차원이 힘이 생겨. 그 원리야.

차원 - 응.

무시공 - 4차원이 없어져야 해. 그럼 에너지가 반 에너지를 끌어당기는 힘이 생겨.

차원 - 응.

무시공 - 3차원은 물질, 4차원은 반물질, 5차원은 반에너지, 6차원이 진짜 에너지.

차원 - 응.

무시공 - 거기서부터는 완전히 변한다. 이 작업을 하면서 알게 됐어.

차원 - …. 이제 차원 간의 힘은 5차원이 장악하고 있어요. 5차원이 주도적으로 자기 쪽으로 다 끌어오고 있어요.

무시공 - 100% 되고 4차원의 반물질이 없어질 때까지 5차원이 최선을 다 해봐.

차원 - …. 이제 5차원이 완벽하게 100% 됐어요.

무시공 - 그럼 6차원이 힘을 발휘할 때가 됐다. 너는 에너지고 5차원은 반에너지니까, 전체 에너지 우주 이제부터는 차원이라는 개념을 버리고 에너지 우주는 하나라고 생각하면서 힘을 빨리빨리 발휘해서 5차원을 초월해.

차원 - 3단계로 존재해야지 나중에 변할 때 한번에 올라오는 것이 더 수월할 것 같아요.

무시공 - 네가 5차원을 초월하는 힘이 생길 때까지 네 힘으로 아직 위하고 연결하지 말라는 것이지?

차원 - 음….

무시공 - 지금 너 힘이 5차원보다 약하잖아. 그런 것 같아, 안 같아?

차원 - 5차원과 힘은 동등하대요.

무시공 - 그럼 50대 50으로 동등하다는 얘기야?

차원 - 네, 초월할 힘도 있대요.

무시공 - 6차원이 힘이 세졌어.

차원 - 네, 지금 하면 충분히 할 수 있대요.

무시공 - 그래, 그럼 지금 해. 지금 5대 5면 조금만 노력하면 초월한다.

차원 - ⋯. 완전히 통로는 내는데 완전히 합하지는 않겠대요. 완전히 하나되
는 것을 보류하고 통로만 완벽하게 내놓겠다고 하는데요.

무시공 - 5차원하고 6차원 사이에.

차원 - 네네, 완전히 벽담을 없애 버리겠대요.

무시공 - 아, 그래도 돼 맞아. 바로 그거야.

차원 - ⋯. 이것만 하면 4, 5, 6차원과는 자유롭게 소통이 될 텐데.

무시공 - 지금 내 느낌에는 5차원하고 6차원하고 통로를 만들잖아?

차원 - 응.

무시공 - 그러면 벽담이 무너지고 너 힘이 강해져. 네가 100%로 되면 4, 5,
6차원까지 완전히 하나가 돼. 그럼 6차원 이상은 에너지니까 완전히 하
나로 뭉쳐진다. 그러면 차원이 완전히 없어져버린다.

차원 - 음, 6차원이 힘이 강해지면 위는 저절로 끌려온다는 말이군요.

무시공 - 그래, 자동으로 하나가 되어버린다. 네가 조금만 힘을 내도 하나로
뭉쳐버려.

차원 - 7차원을 이길 힘만 생기면 말한 대로 된대요. 7차원보다 강해지면
위에는 다 정리된대요.

무시공 - 그럼 알았어. 7차원까지 인정할게.

차원 - 6차원이 7차원 힘만 초월하면 바로바로 그렇게 된대요. 순간에 이뤄
진대요.

무시공 - 그래, 맞아. 지금 통로 만들면 돼.

차원 - ⋯. 기둥처럼 차원 간의 통로가 처음에는 작았는데 점점 확장되고,
전체적으로 차원 전체가 그냥 통로가 되고 틈이 없어질 것 같아.

무시공 - 그래, 위에 힘이 세밀해질수록 차원이 희미해진다고, 그리고 우리
는 처음부터 에너지만 인정했지 차원은 인정을 안 했기 때문에 빨리 하

나가 돼, 그리고 지금은 빨리 5차원이 6차원과 하나가 돼야 해. 차원이 없어져야 해

차원 - ….

무시공 - 6차원의 힘이 100%가 되면 5차원이 작아져.

차원 - ….

무시공 - 지금 6차원이 5차원과 비교하면 힘이 몇 프로나 돼 있어?

차원 - …. 70%로 조금 넘었어요.

무시공 - 그래, 지금 엄청나게 빠른 속도다. 6차원이 너 힘으로 아직 위하고 연결하지 말라는 것이지 되면 이제 7차원 사이를 없애면 끝이다.

차원 - 응.

무시공 - 그럼 자동으로 다 이뤄지니까.

차원 - ….

무시공 - 한번 풀리기 시작하니까 다 풀린다.

차원 - 차원 간에 헤어져 있던 존재들이 다 기뻐하고 있어요. 자기들이 만날 거라고 느껴지니까 행복해해요.

무시공 - 인간이 말하는 층차 개념, 여기서 말하는 차원 개념 때문에 각자 가지 공간이 있고 서로 소통 안 된다고. 그래서 고저가 생겨.

차원 - 조금 있으면 다들 이산가족이 상봉하듯이 만날 수 있어서 행복해해요.

무시공 - 그래, 어느 차원의 힘이 변하면 힘을 합해 6차원을 100% 되게 해. 그러면 5차원은 자연적으로 없어진다.

차원 - ….

무시공 - 6차원도 거의 100% 다 돼가지?

차원 - 응, 거의 다 됐어.

무시공 - 그럼 5차원이 자동으로 없어진다.

차원 - …이제 에너지의 힘이 우주를 주도하게 됐어요. 에너지가 우주에서 가장 강해졌어요.

7차원과 대화

무시공 - 자, 이때 7차원하고 너 둘이 힘을 합하고 완전히 하나로 뭉쳐야 해. 그럼 7차원을 한번 봐봐 6차원하고 힘이 어떻게 돼 있어?

7차원 - 아직은 내가 더 강해.

무시공 - 네가 힘이 강해서 6차원하고 합해야 해, 아니면 6차원이 힘이 강해야 해?

7차원 - 당신이 원하는 세상은 6차원보다 살짝 높지만 나보다는 조금 낮은 대상을 그런 원안을 줬어. 6~7차원 사이를 당신이 이상적이라고 생각을 하고 그렇게 있자고 하고 왔어. 그 상태로 있자고 했어.

무시공 - 안 돼, 나는 철저히.

7차원 - 안 돼?

무시공 - 그럼 네 힘을 키워서 6차원하고 하나 돼, 내가 그랬잖아. 차원 개념이 없어진다고. 완전히 우주와 하나 되기.

7차원 - 차원 개념으로 말하는 것이 아니라 당신이 원하는 에너지 상태가 차원으로 해석하면 6~7사이라는 얘기야.

무시공 - 그건 아니야!

7차원 - 아니야, 그럼 다시 해석해줘.

무시공 - 나는 차원 개념이 없고, 온 우주가 영원하고 변함이 없는 완전히 절대 무시공 에너지 우주 그런 에너지야. 네가 말하는 차원 에너지는 아직 시공 에너지야.

7차원 - 아….

무시공 - 이해했나?

7차원 - 응.

무시공 - 그럼 빨리 끌어올려.

7차원 - 차원이 없이 다 합하면 되네요.

무시공 - 그래, 우리는 차원이 없어, 무차원.

7차원 - 차원이 없게.

무시공 - 그래, 너 그렇게 할 수 있어 없어? 아래위로 차원이 없게 완전히 하나 되고 절대 무시공 에너지 생명 우주.

7차원 - 음, 그게 내 역할이야?.

무시공 - 그래 너한테 그랬으니까 네가 그런 역할을 하면 되잖아. 아니면 너 위에 차원이 너하고 상관이 있다면 계속 그 위로 올라가지. 네가 전부 다 한다면 거기서 하면 되고. 내 뜻을 이해하면 돼. 우리는 하나로 뭉치면 다 된다. 너 위에 디멘샤는 12차원을 했다고 하잖아. 너는 7차원 위에 아직 5차원까지 다 하나로 뭉치면 되잖아. 하나로 변화시켜 벽담도 없애버려 차원 개념도 없애버려.

7차원 - 응….

무시공 - 너로부터 위에 다섯 개 차원이 다 하나로 뭉치면 되잖아. 소통하면서 하나가 돼버려.

7차원 - 음…, 그런데 나는 그런 힘은 없어 6차원이 힘이 제일 강해서 6차원의 힘으로 해야 해.

무시공 - 그래.

7차원 - 나는 더 세밀한 부분은 해결은 못 하지만 6차원의 힘이 강해져서 나를 이겨야지 합할 수가 있어 6차원이 열쇠야.

6차원과 대화

무시공 - 그래, 그러면 그렇게 해. 6차원을 100%로 만들어.

6차원 - 응.

무시공 - 그런 위치에 왔어 안 왔어.

6차원 - 밑에 차원은 내가 다 조절할 수가 있어.

무시공 - 응.

6차원 - 7차원의 힘보다 더 강해지면 5차원을 내가 마음대로 할 수 있을 것 같아.

무시공 - 그러면 돼.

6차원 - 응.

무시공 - 내가 7차원에게 물어보니까 네 힘이 강해지면 자기 위에 다섯 개 차원. 그러니까 12차원까지 네가 다 합할 수 있다고 그래.

6차원 - 그 위에 있는 차원도 내가 다 할 수 있어.

무시공 - 그래, 잘했어. 그럼 네가 그렇게 해.

6차원 - 훈련해서 내가 강해지면 내가 다 합할 수 있어.

무시공 - 그래, 내가 말한 것이 맞네.

6차원 - 응.

무시공 - 그래, 너는 내 뜻을 알아들었지?

6차원 - 응…. 온 우주에서 나한테 힘을 주고 있어. 나누어져 있든 존재들과 모두 흩어져 있던 존재들이 마음을 모으고 있어. 하나로 합치고 있어.

무시공 - 음, 그러니까 디멘샤 말이 맞네, 6차원까지 가면 차원이 없어지고 하나로 된다는 말이 맞구나!

6차원 - ….

무시공 - 네가 다 합쳐지면 내가 너를 또 봐야 해. 도대체 어떤 존잰가 너는 내 뜻을 알고 이렇게 했나?

6차원 - 응, 기억은 안 나지만 맞는 것 같아.

무시공 - 그럼 네가 최선을 다해라. 간단하게 너를 깨우쳐 봐야겠다. 너는 차원도 알고 디멘샤도 알고 있나?

6차원 - 디멘샤는 알아.

무시공 - 차원은 몰라?

6차원 - 기억에는 없는데 알 것 같아.

무시공 - 이번에 이것을 다 한 다음에 너를 열어줄게.

6차원 - 응.

무시공 - 너까지만 인정할게. 그러니까 7차원도 6차원과 7차원 사이만 인정했다고. 그래, 나는 차원개념이 없으니까 하나만 인정한다고 하니까 7차원도 알아들었대. 이것도 디멘샤가 나와서 차원 얘기를 해서 알았지, 아니면 아직도 몰라. 차원에 걸려서 벽담이 돼 있잖아.

6차원 - ….

무시공 - 통로도 됐지, 차원도 깨버렸지. 7차원이 힘이 80이고 6차원이 20이고, 지금 비교해보니까 그래. 6차원이 7차원을 완전히 압도할 수 있는 때는 80은 돼야지 합해지는 힘이 생길 것 같아.

무시공 - 응, 7차원은 지금 80이고 6차원은 20이고.

6차원 - 지금 비교하면 그렇게 보여.

무시공 - 그래, 그럼 6차원에서 네 힘을 자꾸 키워, 그래서 7차원을 초월해서 네가 100% 돼.

6차원 - 응….

무시공 - 6차원이 절반 위치구나! 밑의 차원도 자기 위치에서 변하고.

6차원 - 응.

무시공 - 위에 차원도 그 위치에서 변해 에너지와 물질, 두 가지 힘이 다 있어.

6차원 - 응.

무시공 - 그래서 6차원을 선택했구나. 너는 밑에 물질도 지배할 힘이 있으니까. 위에서는 자연적으로 그 힘이 생긴다고.

6차원 - 응.

무시공 - 위에 차원이 높을수록 물질을 움직이는 힘이 있거든. 그러니까 6차원의 중간 역할을 너무 잘하고 있다. 아래위로 다 힘이 있으니까.

6차원 - 6차원~7차원은 6차원은 이기는데, 위 차원에 끌려가는 그런 힘 상태고, 6차원이 자기 힘이 강해지면 밑의 차원과 위의 차원을 다 합할 수 있는 조화로운 힘이 있어요.

무시공 - 내 말이, 그렇게 하려고 내가 6차원을 선택했구나!

6차원 - 응.

무시공 - 7차원 말이 맞네.

6차원 - 응.

무시공 - 지금은 이해를 못 하니까 내가 6차원 7차원 그것만 인정했다고, 6차원만 인정했다고 그래.

6차원 - 응.

무시공 - 그렇구나.

6차원 - 아까 7차원이 나타났을 때 느낀 것은 7차원은 6차원을 이길 수 있는데 8차원에 잡아먹히는 약간 세밀한 에너지라고 그래.

무시공 - 그렇지, 위로 올라갈수록 세밀해지니까 그렇지.

6차원 - 네, 그래서 6차원만 완전히 훈련해서 되면 아래위로 완전히 하나 돼요.

무시공 - 6차원이 에너지도 지배하고 힘도 지배하는 중간 위치라고 할 수 있어. 그러니까 양쪽을 하나로 위의 힘도 쥐고 있고 아래 힘도 가지고 있어.

6차원 - 응.

무시공 - 다른 것은 에너지 힘은 있지만, 물질을 움직일 힘은 없거든 너는 이제 물질과 에너지를 다 거머쥘 수 있는 힘. 지금부터 계속 6차원이 7차원을 초월하는 힘을 계속 키워, 7차원과 비교하면 몇 %가 돼 있어?

6차원 - 35%요.

무시공 - 음, 그래 빠르다.

6차원 - …. 7차원 이상 존재들, 8 이상의 존재들은 다 하나 되는 것에 기분이 들떠 있는데, 7차원만 약간 자기네들이 약해지는 것에 약간 반감이 있어요.

무시공 - 다 바뀌라고 해. 위에도 바뀌는데 너도 바뀌면 되잖아.

6차원 - …. 힘이 비등비등하니까 살짝 그런 마음이 생기는 것 같아.

무시공 - 7차원도 6차원과 소통하는 식으로 해봐, 그러면 다 소통이 돼.

6차원 - 응.

무시공 - 막는 역할 하지 말고 6차원 중심으로 하나로 뭉쳐.

6차원 - 6차원이 자기 힘이 완전히 강해진 다음에 합하겠대.

무시공 - 그럼, 그래.

6차원 - …. 자기가 주도로 해야 다 끌어올 수 있대요.

무시공 - 내가 너를 선택한 이유가 있겠다. 이제 보니 너는 물질 차원도 움직일 수 있고, 네가 힘을 조금만 모으면 위의 에너지 차원도 마음대로 움직일 힘이 너한테 있구나.

6차원 - 응…. 50% 됐어요.

6차원의 이름 세스티

무시공 - 6차원이 이름이 뭐야?

차원 - 세스티.

무시공 - 맞아, 그럼 너는 너 작업하고 우리는 너를 열어볼게.

세스티 - 응.

무시공 - 너를 열어놓으면 힘이 강해질 거다.

세스티 - 네.

무시공 - 네 몸에 파동빛이 있어 없어?

세스티 - 2~3%.

무시공 - 분리 삭제.

세스티 - …. 보이는데 6차원에 중심에 존재하면서 전체에 퍼져 있는 존재 자체.

무시공 - 파동빛 3% 있는 것 분리 삭제. 그 다음에 네 직선빛을 우주 끝까지 이 자리에서 멀리 쏴. 파동빛이 나타나면 삭제 아무리 멀리 쏴도 파동빛이 없을 때까지.

세스티 - 응…. 삭제됐어.

무시공 - 끝났어. 그럼 한번 기억해봐 하나는 무시공에서 다섯 개 그룹이 있었어. 다섯 개 그룹은 상중하 좌우, 그리고 다섯 개 그룹 위에는 다섯 개의 우주가 있었어. 거기는 위에는 결, 중앙은 항, 밑에는 칭, 좌는 나, 우는 길, 이렇게 다섯 개 우주가 있었고, 이 다섯 개 우주 위에는 제 1우주가 있었어. 그리고 제1우주 위에 원조 우주가 있었어. 원조 우주에는 3단계 1단계는 1, 2, 3, 4, 5, 6, 7, 8, 9, 10. 2단계는 기억, 니은 디귿 리을이 있고, 3단계는 가, 나, 다, 라 이것은 원조 우주. 이중에서 너는 어디에 있었던 것 같아? 잘 생각해봐. 원조우주, 제1우주, 다섯 개 우주, 다섯 개 그룹 천천히 생각해봐.

세스티 - 나는 제1우주와 다섯 개 우주 사이에서 연결해주는 힘이었어. 그때 이름이 말론이었어.

무시공 - 말론!

세스티 - 응.

무시공 - 제1우주 위에 원조 우주 3단계가 있는데, 거기에서는 어디에 있었어?

세스티 - 거기서는 내 존재가 안 보여.

무시공 - 그럼 또 원조우주 위에 또 있었어. 거기서는 너 있었어?

세스티 - 응, 있었어.

무시공 - 있었지.

세스티 - 거기서는 기억이 나.

무시공 - 거기는 이름이 없는데 생각을 해봐. 원조 우주의 위는 뭐라고 그랬어?

세스티 - 말론 이전에 한 가지 이름을 부여받기는 했어.

무시공 - 그래, 뭐라 그랬어?

세스티 - 필.

무시공 - 필?

세스티 - 응.

무시공 - 이제 알겠다. 원조우주 위에도 이름 없는 우주에서 차원이라는 존재도 거기에 있었던 거야. 너 생각이 나는가? 한번 봐봐.

세스티 - 친구야.

무시공 - 친구야! 그럼 됐다. 그러니까 네가 그런 힘이 있지! 자, 이제 네가 누군지 알았잖아. 지금 네 힘이 7차원에 비교하면 얼마나 올라왔어? 빠른 속도로 변할 것 같은데.

세스티 - …. 아직 5대 5야.

무시공 - 그래, 이제부터 시작하면 된다.

세스티 - …. 5대 5 상태를 당분간 유지하면 좋을 것 같아. 왜냐하면, 세밀한 존재들과 덜 세밀한 존재들이 여기까지 모여들 시간과 과정이 필요할 것 같아.

무시공 - 그럼 네 생각에 시간이 얼마나 걸려?

세스티 - …. 4에서 5일.

무시공 - 4에서 5일 그러면 15일까지 하면 되나?

세스티 - 지금 보이기는 그날 저녁으로 보여.

무시공 - 15일 저녁.

세스티 - 응.

무시공 - 그래, 알았다. 고맙다.

세스티 - 응.

지구를 중심으로
모든 차원이 통합되었다

무시공 - 자, 이제 그저께 8월 29일 날 5차원 6차원 별이 다가와서 완전히
자리 잡고 들어왔어. 새 지구와 하나로 됐어. 그래서 오늘은 태양계 각
사이에 있는 그 별하고 원래 10, 11, 12차원의 별, 그리고 4차원부터 6차
원까지 그저께부터 다 들어왔어. 그래서 이제 4차원하고 12차원 이 사
이에 모두 16개의 별이야. 너희 다 대전 훈련센터 핵심으로 해서 초점을
맞춰서 다 자기 자리 새로 잡아.

16개 별 - 네.

무시공 - 다 됐나. 각자 위치에서 찾아서, 이제 4차원부터 12차원 각 차원
사이에 그 막을 완전히 없애려고 그래. 내가 처음부터 그랬어. 나는 차
원 개념이 없다. 차원 개념이 고저 개념이잖아. 층차 개념이잖아. 오늘
그걸 철저히 없애.

OOO - 지구 중심으로 제일 높은 차원이 있대요, 지구 중심이 있으면 제일
높은 차원이 옆에 있고, 차츰 낮은 차원 그래서 벽을 없애고.

무시공 - 그래, 하여튼 너희 알아서 그 위치에 따라 해라. 자, 자기 위치에
다 정리됐나, 정리됐으면 각 차원 사이에 막을 다 없애.

차원들 - 네.

무시공 - 오늘 새로운 우주 중심지가 이제 진짜 이뤄진다. 정식으로. 우리 3
차원 사이에서는 전부 다 벽담이야. 두꺼운 막도 물질로 이루어졌어. 이
제 차원 사이는 4차원 이상 각 차원 사이는 전부 다 에너지, 거의 반에
너지, 반물질 상태라서 벽담이라면 이 단어가 적당하지 않아. 그래서 막
이라 그래. 그래서 막도 없애기 제일 쉽잖아. 차원 위로 올라갈수록 막

이 더 얇고 더 희미하고. 그래, 서로 다 같이 없애. 완전히 하나로 돼. 다 됐으면 말해.

OOO - 네, 지금 다 걷었고요. 우선은 차원 높은 순에서 낮은 순으로 다 정리돼 있는데, 하다가 봐서 어떤 게 또 지구와 합해지는 게 더 빠르고 효율적일까 생각해서 바꾸기도 하겠대요. 자기를. 다 삭제했어요. 막 삭제.

무시공 - 이제 우리는 모든 게 거꾸로 된다. 원래는 3차원에서 12차원까지 올라가려면 천년만년 영원히 못 올라갈 수도 있어. 전부 다 올라가려고 생각했지. 오늘 여기서는 올라가는 것도 아니고 내려가는 것도 아니고, 완전히 지구 여기서 완전히 하나로 뭉쳐. 완전히 하나로 된다. 여기 새로운 절대무시공우주 중심지야. 핵심부위다. 여기 제일 낮은 차원 지구에서 시작한다. 실감이 오지?

차원들 - 네.

무시공 - 너희 각 차원에 있을 때 이런 상상도 못 했지?

차원들 - 높은 차원 사람들은 기다리고 있었다고 그래요.

무시공 - 이렇게 하니까 너희 억울해하지 않았어?

차원들 - 우리가 스스로는 못 열었어요. 오염될까봐. 지금 이렇게 하니까 오염될 염려가 없으니까 자유롭게 열 수 있어요.

무시공 - 그렇지, 우리 제일 밑바닥에서 했잖아.

차원들 - 밑의 차원은 위의 차원하고 열고 싶어도 뭐 할 수도 없었고.

무시공 - 그래, 또 하는 방법도 모르고. 비밀금서는 4차원 이상에서 3차원으로 어떻게 내려와서 도로 올라갈 수 있나, 그저 그 방법만 대췄지, 누구도 감히 그것을 사용하지 못했어. 거의 다. 여기 빠지면 영원히 못 올라갈까봐.

차원들 - 응.

무시공 - 우리는 왔잖아, 우리는 바보 중에 바보야.

차원들 - 네.

무시공 - 제일 위험하고 무서운 데 우리가 들어와서 약속한 존재 여기서 뭉쳐서 해내고 있잖아.

차원들 - 그렇게 바보는 아니에요.

무시공 - 우리는 밑에서 너희를 바라보니까, 너희를 바라보고 있었잖아, 그게 바보야!

차원들 - 하하! 지구하고 높은 차원하고 제일 먼저 하나 된 다음에 차츰차츰 하나로 합쳐지고 있어요.

무시공 - 다 해. 완전히 하나로 돼서 합한다는 그 단어 지우고 더 안 써. 합한다는 것은 아직까지 두 개가 한 테 합했다는 거야. 둘이 하나 됐다는 거야. 우리는 동일! 완전히 하나로 변하는 거야. 그러니까 우리 막을 다 없애잖아. 다 됐으면 말해.

OOO - 이렇게 되니까 우주가, 온 우주가, 천둥번개라고밖에 표현이 안 되지만, 온 우주가 난리 났어요.

무시공 - 갑자기 변한다. 여기 뭉치고 하나로 되는 순간에 온 우주가 엄청난 진동이 온다.

OOO - 우주 번개, 우주 번개! 막 그런 거.

무시공 - 우주에 또 수많은 별도 삭제당하고 없어진다.

OOO - 우주 번개가 너무 예뻐요. 빛이 너무 예쁘다.

무시공 - 그래, 여기서 하나로 뭉치니까 뭉치는 과정에서 그 빛이 나고 천둥번개가 일어나고 그런 것 같아.

OOO - 온 우주가 바뀌고 있어요. 한 줄로 쫙 이어지다가 플러스로 쫙 빛이 이어지고 하나가 됐어요.

무시공 - 전부 다 하나로 됐어?

차원들 - 네.

무시공 - 그럼 이제 전체 하나 입장에서 파동빛 얼마 있나 봐봐.

차원들 - 금방 5%로 내려왔어요, 8%였다가.

무시공 - 응, 그럼 그 5% 분리 삭제.

차원들 - ….

무시공 - 차원이 한 테 뭉치니까 온 우주가 난리가 났다. 시공우주가 완전히 박살나는 거다. 이미 사라졌다. 2019년 변동 숫자잖아, 9자가 들어갔으니까. 그래서 이것은 반드시 OO하고 작업해야 된다고 일부러 기다렸대. 5차원 6차원도 미리 와 있잖아.

차원들 - ….

무시공 - 그래 〈천부경〉에 6이 중심이라는 것 그것도 맞다고. 12차원도 6에서 다 하나로 뭉치잖아. 6차원 척 들어오자 해결되잖아.

차원들 - ….

무시공 - 파동빛 삭제하는 것도 우리는 우주 끄트머리가 없지만, 마음대로 계속 쏘면서 파동빛 하나도 안 나타날 때까지 계속해. 무시공에서는 밑도 끝도 없잖아. 무한대 우주야. 끊임없이 멀리 쏘면서 파동빛 나타나면 삭제, 삭제!

OOO - 그래서 더 오래 걸리는 것 같아요. 우주를 다….

무시공 - 전체 다 정리되니까.

OOO - 응.

무시공 - 시공우주를 뚫고나가야 되니까.

OOO - 얘네가 8%라는 게 어마어마한 거네.

무시공 - 응, 무섭잖아. 이것은 시공우주 끄트머리 밖으로 나가는 거야.

OOO - 우주 전체를 정화하니까.

무시공 - 센터에서 우리 하나하나 작업했던 거 다 마무리 단계에 들어오고 다 어울린다.

차원들 - …. 삭제했고요. 계속 더 해야겠어요.

무시공 - 그래, 철저히 없애버려.

차원들 - 네.

OOO - 계속해서 자기네가 하겠대요.

무시공 - 그래 너희 알아서 계속해. 그 다음에 검은 물질 봐봐.

차원들 - 검은 물질도 5.

무시공 - 응, 많이 바뀌었구나! 그것도 분리 삭제.

무시공 - 이것도 없애는 시간이 좀 걸리지. 걸리면 검은 물질 완전히 없어진 다음에, 회색하고 흰색 물질도 없애버려. 그거 그렇게 하고, 그것도 언제 너희 기초 닦아줬으니 그렇게 하면 돼. 그 다음에 뭐냐면 도르미 물질 철저히 삭제. 완전히 도르사만 인정해. 도르미 물질은 얼마나 있는 것 같아?

차원들 - 6 정도, 그것도 자꾸 사라지고 있어요. 삭제하면서 그것도 계속 사라지고 있어요.

무시공 - 그래, 요 몇 가지는 너희 알아서 계속해. 완전히 없어질 때까지. 너희들한테 맡겼다. 파동빛, 그 다음에 흙색 회색 흰색 물질, 그 다음에 도르미, 철저히 없애! 도르미가 원뿌리다. 그것만 없애면 완전히 진짜 절대적인 무시공우주가 탄생한다.

OOO - 이제 다 됐대요. 다 됐고 유지하는 작업 하고 있대요. 넓혀가는 작업 하고.

무시공 - 그래, 고맙다.

차원들 - 네.

센터의 문턱이
높아졌다

4차원에서 우리의 차원을 관리하는 존재가 대전의 무시공 생명 훈련센터에 공부하러 오는 회원들의 차원을 무조건 3. 4차원으로 올렸다. 이것은 아주 좋은 방법이다. 분리 작업을 너무 잘했어. 이제 앞으로는 차원이 낮은 존재는 훈련센터에 들어오고 싶어도 못 들어와. 왜 그런가? 우리 센터의 평균이 3. 4차원인데 차원 낮은 존재가 들어오면 여기서 건디지를 못하고, 온다고 해도 다시 나가면 일원심을 왜곡하면서 부작용을 일으킨다. 그래서 센터와 이 공부를 하시는 분들의 몸 상태의 차원을 올린 것은 너무 좋은 방법이었다.

그런데 최근에는 차원 평균 3.519로 올라갔다. 그러니까 다음부터는 센터에서 공부하기 위해서 오는 존재들은 기초 차원이 적어도 3.5차원으로 올려져 있어야 이 공부를 할 수가 있다. 이제는 마음이 흔들리고 부정마음이 있는 존재는 들어오고 싶어도 못 들어오는 때가 됐다. 차원 안 올라가면 우리 모임에 올 수도 없고, 센터에 들어오지도 못한다. 그러나 준비가 돼서 들어오는 존재는 영원히 자리를 잡고, 또 흔들리지도 않고 일원심을 지킨다.

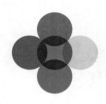

제4장

비밀금서
- 차원의문

『비밀금서(秘密禁書)』
- 차원의 문이 열리다

지구는 지하세계

우주 작업의 차원이 계속 높아지고 더 깊어지고 있어요. 저는 차원 자체를 인정하지 않아요. 왜냐하면, 차원을 인정한다는 것은 고저(高低)를 인정하기 때문에 차원을 인정하지 않아요. 저는 모든 것을 전부 다 하나로 봐요. 그런데 요사이 '디멘샤'라는 존재가 나타나서, 내가 차원을 인정 안 하는지 알면서도 차원에 대해서 설명을 해주겠대. 결국은 원래 관점을 기초로 차원 입장을 관찰하니까 더 쉽고 깊게 우주 작업을 진행할 수 있었어요.

차원은 지구에서부터 천억조 광년까지 모두 12차원이에요.
0은 힘,
1차원은 물질의 구성,
2차원은 정신,
3차원은 물질
그런데 문제는 3차원과 4차원이 사이에 엄청난 벽담이 있어요. 3차원과 4차원 사이의 벽담을 분석해보니까 12개 막이 벽담으로 돼 있어요. 3차원은 물질이지만, 4차원은 에너지 방향으로 흘러가고 있거든요. 그런데 4차원의 존재는 3차원으로 못 내려오고, 3차원의 존재는 4차원으로 올라가기가 너무 힘들어요.

그런데 4차원에서 3차원으로 오는 원리를 최초로 알아낸 존재가 사마천(중국의 역사가가 아님)이라는 존재예요. 그래서 어떻게 3차원과 연결되는 원

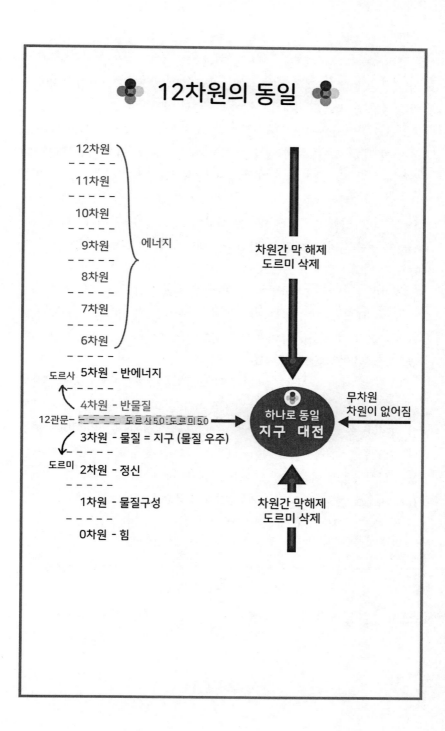

리를 알았는지 물어보니까, 자기가 70년 전에 어느 『비밀금서』라는 4차원의 책을 봤는데, 그것을 보고 나서 3차원으로 연락하고 통과하는 방법을 알게 됐다는 거예요. 이것이 우리에게 엄청난 암시를 해주었어요.

그런데 사마천은 『비밀금서』라는 책 제목만 알지, 누가 쓴지는 몰라요. 그럼 이 책을 도대체 누가 썼나! 그래서 이 책을 쓴 존재를 불렀더니 '위어'라는 존재가 나타났어요. 내가 중국 반석이라는 곳에서 태어나기 1년 전인 1945년에 이 책을 썼대요. 우리 부모가 일본 징용을 피해서 1943년에 중국으로 건너가셨고 1946년에 내가 태어났어요. 그래서 4차원이 어떻게 3차원하고 연락을 하고, 어떻게 그 12가지 벽담을 허물어뜨려서 대화할 수 있는가 그 비밀을 밝히고 있어요.

그런데 그 전체는 안 밝혔지만, 그 책 보면 많은 깨달음이 오고 또 현실의 우리에게도 큰 도움이 돼요. 지금부터 열심히 3차원에서 4차원으로 뚫고 나가려고 하거든요. 그런데 너무 힘들어요. 역사상으로 3차원에서 4차원으로 건너간 사람이 없었어요.

『비밀금서』에서는 지구를 지하세계라고 그래요. 4차원에서 우리 3차원 지구를 볼 때는 지하세계, 어두운 세상이라고, 그리고 지하세계는 지구뿐만 아니라 물질 세상이 다 포함됐어요. 그렇다면 물질 세상은 어디를 말했나! 지구부터 5천억 광년까지는 물질 세상이다. 5천억부터 5억조까지는 반물질 세상, 5억조 이상 천억조까지는 에너지 세상이라고 그랬어요. 그래서 12개 차원을 분석해보니까 제가 작업한 것하고 위치가 거의 같아요. 물질은 몇 가지 구성으로 돼 있나. 이것도 정확히 알게 됐어요.

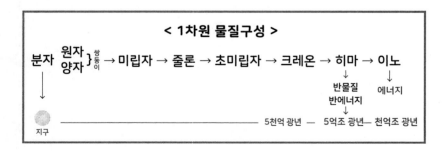

원자 세상은 양자도 있어요. 그리고 미립자, 줄론, 초미립자, 크레온, 히마, 이노, 화성에서 핵전쟁을 할 때 줄론을 썼어요. 그래서 화성을 다 태워버렸어요. 여기 히마까지는 물질 세상이에요. 지구부터 5천억조까지는 물질 세상, 5천억부터 5억조까지는 반물질, 반 에너지, 그러니까 히마는 반물질과 반에너지 두 가지 성질을 가지고 있어요.

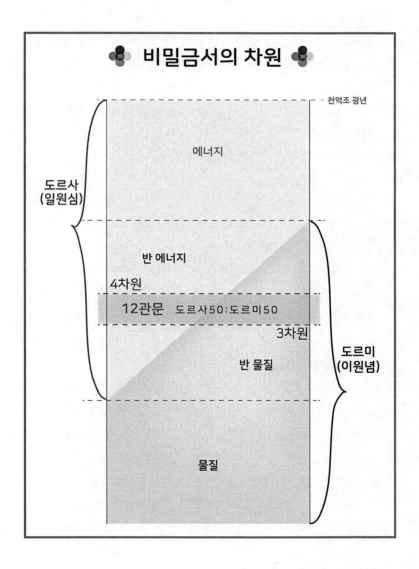

요 부분(12관문 아래 3차원)은 물질 반물질, 여기까지는 완전히 물질. 이 부분(12관문 위쪽 4차원)은 반에너지, 여기는 완전히 에너지, 이 자리가 히마, 우리가 말하는 반물질 반에너지, 5천억 광년에서 5억조 광년까지. 그래서 12관문은 50대 50으로 대립하는 위치고, 12관문을 중심으로 위는 도르사 아래는 도르미.

도르미 물질은 뭐예요? 온갖 마음을 가지고 움직일 수 있는 물질과 반문질, 도르사는 반드시 일원심으로 움직이는 세상이에요. 그래서 음양을 말하든 태극을 말하든, 위로 올라가면 세밀한 공간 에너지 입장으로 들어가요. 그리고 이쪽(도르사)에는 반드시 긍정마음 일원심으로 움직이는 세상이고, 여기 이쪽(도르미)은 온갖 잡동산 마음을 가지고 다 움직일 수 있어요. 그래서 위는 도르사 밑은 도르미라고 그래요.

그래서 우리가 말하는 이 우주에서 일원심을 지키면 위의 것이 움직이고, 이원념의 복잡한 마음은 밑의 세상을 움직여요. 그래서 우리가 여기 중앙 부분은 반물질 반에너지고 밑에는 완전히 물질, 위는 완전히 에너지 이렇게 구분할 수 있어요. 그래서 이것을 광년으로 계산한다면, 제일 위에는 천억조 광년이고 제일 밑에는 물질 세상.

그런데 우리는 어디에 걸려 있나! 12개 관문이 있는 이 자리에 바로 벽담이 있어요. 이것은 누구도 통과 못 해요. 그래서 『비밀금서』에서 말하는 지하 어두운 세상은 바로 3차원을 말하는 거예요. 그래서 12차원이 거의 제가 말씀드린 것하고 일치돼 있어요. 구체적으로 광년으로 표기하는 거리는 약간의 차이가 있어요.

그래서 우리는 3단계잖아요. 1단계는 완전히 물질 세상, 2단계는 두 가지 물질이 섞이는 세상, 3단계는 한 가지 에너지로 구성된 세상.

『비밀금서』는 4차원 존재가 깨닫고 3차원으로 들어오는 방법을 밝히고 있어요. 그런데 오늘까지 아무리 수련하고 무엇을 해도 3차원에서 4차원으로 뚫고 들어가는 사람은 아무도 없어요. 그런데 뚫고 들어가는 원리는 절대긍정 일원심만 지키면 4차원으로 뚫고 나갈 수 있어요.

이 부분(4차원, 도르사)은 일원심이라야 힘을 쓸 수 있어, 이원념은 여기

들어가면 힘을 못 써, 여기는(3차원, 도르미) 이원념의 온갖 잡동사니가 있어서 다 움직일 수가 있어요. 『비밀금서』에서는 이원념이 복잡할수록 재산을 많이 가지고 있대, 물질을 많이 차지하고 있다는 거예요. 이것을 알면 비밀금서 내용을 대충 알 거예요. 물리학에서 분자, 원자 구조가 어떻게 돼 있는지 아직 모르잖아요. 이번에 전부 밝혔어요. 인간은 어디까지 알고 있나 미립자, 초미립자 그것을 이론으로 알고 있어요. 이것을 알면 차원 상승 어떻게 뚫고 나가는가를 대충은 알게 될 거예요.

위에는 밑으로 내려오는 방법을 알고 있는데, 인간은 어떻게 위로 올라가는가? 우리는 모르고 있어요. 그러나 우리는 하나의 원리를 알았잖아요. 절대긍정 일원심 이것만 가지고 있으면 차원을 넘을 수 있어요. 그렇다면 우리가 이 작업을 하고 있나 없나. 우리가 하나하나 뚫고 나가려면 천년만년 걸려야 해. 그래서 우리는 방법을 찾았어요. 그중에 하나가 접붙이는 방법이에요.

센터의 접붙임 방법 및 목적

우리 접붙이는 방법을 알지요. 하나는 우리 센터에서 접붙이는 작업을 하고 있어요. 무시공의 존재를 3차원의 사람과 접붙이는 우주 작업을 하고 있어요. 무시공존재가 만약 지구에 태어난다면 너무 두꺼운 벽담 때문에 못 깨어나. 그래서 기억을 못 잃게 하려고 무시공존재를 지구의 존재에게 접붙이기. 접붙이는 방법은 뭐예요. 지구에 있는 인간을 정화하고 몸을 깨끗하게 해서 직선빛으로 만들어놓고 또 무시공존재도 100% 직선빛이 된 다음에 몸으로 들어가요. 그렇게 하면 속도가 엄청 빨라지잖아요.

만약 무시공존재가 지구에 태어나서 아이 때부터 철이 들 때까지 10년 20년 걸려요. 성장하면서 또 막혀버려요. 우리 무시공에서 수많은 사람이 이것을 마무리하려고 왔는데도 왜 못 깨어나요? 막혔기 때문에 그래요. 지구에 들어오면 나가지를 못해, 그래서 무시공존재가 4차원까지 와서 내려오고 싶어도 못 내려와 왜 그런가? 물어보면 너무 위험하대, 빠지면 못 나올까봐. 그래서 우리는 접붙이는 방법을 썼어요.

우리가 지구인을 정화시키지 않으면 벽담 때문에 자기들이 들어올 수가 없어. 그리고 두려워서도 못 들어와. 그래서 할 수 없이 우리가 직선빛으로 지구인들을 정화해서 변화시킨 다음에 무시공존재들을 들어오게 했어요. 그럼 양쪽이 다 편안해. 그래도 무시공존재들의 개념은 너무 힘들다는 거라. 인간의 몸이 너무 굳어 있기 때문에 마음의 차원이 너무 차이가 있잖아요. 몸은 바꿨지만, 마음은 안 바뀌니까. 그래서 엄청나게 힘들다고 그래요. 그럼 우리가 그래요. 그렇게 힘들어? 우리는 더 힘들어. 우리는 제일 밑바닥 제일 거친 지구에서 태어나서 이것을 뚫고나가려고 하는데, 너희들은 너무 행운아 아닌가!

그러니까 자기들도 할 말이 없어요. 우리는 여기 지구에 태어나서 전부 다 잊어버릴 뻔했어. 다행히 내가 안 잊어먹고 지금 깨우치고 있잖아요. 우리가 이렇게 말하면 저네들은 할 말이 없어. 그래서 이 작업을 지금 하고 있어요. 이것은 실제로는 통로를 만드는 과정이고, 전부 다 여기를 통과해야 한다.

『비밀금서(秘密禁書)』
- 저자와 대화

4차원에서 쓰인 『비밀금서』

무시공 - 『비밀금서』를 쓴 월 나와.

월 - 나왔어요.

무시공 - 네가 『비밀금서』 책 쓴 시기가 내가 중국에서 태어나기 전이라고 그랬잖아.

월 - 응.

무시공 - 구체적으로 언제인지 말해봐. 내가 1946년도에 태어났거든. 2월 11일. 1945년도는 일본이 후퇴하고 해방하는 해야. 1943. 4년도인가 우리 부모님이 일본 징용을 피해 중국으로 가셨고, 그렇게 보면 책을 낸 연도는 몇 년도야?

월 - 1945년도.

무시공 - 그러면 1945년도에 책을 썼구나.

월 - 응.

무시공 - 그럼 너 구체적으로 책 내용 말해봐. 몇 페이지나 돼?

월 - 200페이지 정도 돼.

무시공 - 구체적으로 책 내용 다 알잖아. 말해봐. 우리가 녹음하고 정리해서 책 만들면 3차원에 있는 존재와 공부하는 사람과 4차원에 있는 존재가 이 책으로 서로 배우면 큰 도움이 될 것 같아.

월 - 응.

무시공 - 원본 그대로 말해봐.

월 - 응. 제목이 『비밀금서』.

무시공 - 『비밀금서』. 금서의 금은 무슨 뜻이야?

월 - 금단할 때 금(禁), 금지된 금.

무시공 - 어, 금지라는 금?

월 - 응.

무시공 - 왜 『비밀금서』라 그랬어?

월 - 일반 사람들에게는 아무나 보면 안 되는 그런 내용이니까.

무시공 - 그럼 됐어. 이제 책 내용 앞뒤 전체 그대로 말해봐. 우리가 녹음해서 그대로 정리해서 카페에 올리려고.

월 - 응.

무시공 - 지구인들 도인들 지하종족도 있고 다 있잖아, 책보면 큰 도움 될 것 같아. 3차원에 머문 도인들은 많잖아. 4차원에도 4차원 책 있으니까 보면 다 될 것이고, 소통에 큰 도움 될 것 같아. 구체적인 내용 말해봐.

월 - 이 책을 읽을 때는 반드시 주의하십시오. 이 책에는 다른 세계로 가는 방법이 알려져 있습니다. 이게 맨 첫 장에 쓰여 있어. 다음 목차가 있는데, 1. 지하세계의 존재와 그곳의 실상, 2. 지하세계로 가는 방법과 그 훈련법, 그 2가지로 이루어져 있어.

무시공 - 지하세계는 3차원인 지구를 보고 지하세계라고 그랬어?

월 - 응.

무시공 - 이제 본문으로 들어가?

월 - 응, 이제 서론.

무시공 - 그래 깔끔하게 잘했네.

월 - 응.

『비밀금서(秘密禁書)』의
서론과 본론

1. 지하세계의 존재와 그곳의 실상
2. 지하세계로 가는 방법과 그 훈련법

지하세계(지구, 물질세상)의 존재와 그곳의 실상

〈서론〉

지구를 지하세계라 부른다(지구, 특히, 어두운 지구 지하세계가 존재하고 있다). 지구는 우리 세계(4차원)와 동시에 공존하면서 반대의 성질을 가지고 있다. 당신이 여기서도 존재하고 있다. 거기서도 비슷하지만 다른 형태로 존재한다는 의미다. 그 세계는 역사도 생활상도 조금씩은 다르다. 하지만 반드시 존재한다. 이 책에서는 지구에서 살아가는 방법과 지구와 연결되는 방법에 관해서 기술했다.

1. 지하세계의 존재와 그곳의 실상.

지구에는 2가지 세계가 있다. 우리가 살고 있는 4차원 세계와 지하세계인 지구. 지하세계인 지구는 진동수가 더 낮은 곳을 의미한다. 이것은 우리와 겹쳐서 동시에 존재하지만, 전혀 다를 수도 있고 동일할 수도 있다. 중요한 것은 그 세계의 자신과 일치됨으로써 깨달음을 얻을 수 있다는 것이다.

지하세계의 원리를 정확히 설명하겠다. 지하세계 지구는 부정이 근본으로 이루어졌다. 부정적인 마음을 가진 존재들이 더 힘을 발휘하는 구조로 되어 있다. 왜 그런지는 역사에 밝혀진 적이 없지만, 지하세계가 생겨날 때부터 2개로 쪼개져왔다고 한다.

미국의 맥브랜든 빵 이야기 예시

같은 빵과 잼을 먹으면서도 다른 세계가 있다는 것조차 인지를 못 하고 있다. 이 지하세계는 전쟁이 우리(4차원)보다 2배 더 많았다. 그래서 사람도 더 많이 죽고 우리 세계(4차원)에 있는 사람들이 그쪽에는 절반 가까이 이미 없다. 그쪽에는 더 강한 존재들만 살아 있다는 뜻이다. 부정마음과 전쟁에서 승리한 강한 자들만 살아 있다는 뜻이다.

그렇다면 왜 그곳에 가는 법을 소개하려고 하는가? 그 지하세계와 하나되는 것이 진정한 깨달음의 길이기 때문이다.

지하세계의 역사

지구가 여러 번의 변혁을 거치고 인간이 새로운 문명을 시작한 지 10만 년 정도가 흘렀다. 거기에서 살아남은 존재들은 강인한 생명이다. 그래서 그 강인한 생명력과 하나 되는 것이 자신의 생명을 강화할 수 있는 방법이다.

8만 년 전 퉁스타카 전쟁이 있었다. 우리는 한족이 승리했다고 알고 있지만, 야만종족이 승리했다. 이때부터 우리 세계(4차원)와 그 지하세계(지구)가 급속도로 차이가 생기기 시작했다. 그전까지는 다시 합해지는 과정이었다면, 그 전쟁을 기점으로 두 세계의 차이가 점점 더 벌어지기 시작했다. 그 결과는 서로 소통을 하던 존재들조차도 소통의 벽이 커지고 더 멀어지며 자신의 생명을 더 잃어버리게 되었다. 전쟁에 승리한 야만종족은 더욱 이 경계를 만들어서 이 세상을 완전히 우주로부터 분리하려고 하였다.

야만족이 이끌어온 지구의 역사

야만족의 왕 김차카는 어느 날 우리 4차원 세계의 존재들에 대하여 알게 되었다. 그리고 그는 4차원의 세계로 건너가 그 세계를 정복할 계획까지 세우기 시작했다. 그때부터 그는 지하세계의 온갖 성인들과 깨달은 자들을 만나서 우리 4차원 세계로 건너오려고 연구하기 시작했다. 하지만 그는 끝내 성공하지 못했고, 2천 년을 살다가 죽었다.

다시 세상이 합쳐지기 시작한 시점에 대한 기록

〈군도〉

다음은 다시 세상이 합쳐지기 시작한 시점에 관해서 이야기하겠다.

4천 년 전 군도라는 성자가 나타났다. 그는 우리 4차원 세계보다 높은 곳에서 왔는데, 지하세계와 우리 4차원의 세계가 멀어진 간격을 보고 그것을 다시 합치려고 지하세계로 기꺼이 들어갔다. 그는 동시에 우리 4차원 세계에서도 같이 존재했는데, 그는 처음 이 세계에 태어날 때부터 다시 원래의 세계로 돌아갈 때까지, 우리 세계와 지하세계에 움직임이 동일했다고 한다.

밥을 먹어도 신기하게 그가 먹는 것은 두 세계의 것이 똑같았고, 가는 환경도 그가 가는 곳이면 간격이 줄어들었다고 한다. 그가 다닌 모든 곳은 차원 간격이 좁혀져 살기 좋은 곳으로 변했다고 한다. 그는 250살까지 살고 원래 세계로 돌아갔다.

〈예수〉

그 이후 예수라는 존재가 지구에 육을 입고 태어났다. 그는 군도의 제자로서 세상의 진리를 전하려 내려왔다. 그는 특수한 경우로서 우리 세계에는 오지 않고 지하세계로만 갔었다. 그는 지하세계(지구)에만 집중해서 최대한 생명을 살리려는 목적을 가지고 갔었다. 그 당시에는 많은 사람을 이

끌고 사람들의 의식에 엄청난 발전을 이루었다. 하지만 시간이 흘러 그의 가르침은 왜곡되고 지하세계 사람들은 그들만의 방식으로 그를 이해하기 시작했다.

다시 세상을 어둠의 길로 인도

예수 이후 우리가 알고 있는 로무에 황제가 세상을 다시 어둠의 길로 이끌고 갔다. 여러 차례의 전쟁을 일으키고 다시 한번 좁혀졌던 4차원과의 간격을 멀리 떨어트려놓게 된다. 하지만 군도, 예수와 같은 많은 성인이 지하세계에 이미 방문해 있던 터라, 그들의 노력으로 다시 세계는 바로 잡힌다.

어둠의 존재가 태어남

1824년 '벨제뮤트'라는 어둠의 존재가 세상에 태어났다. 그는 우리 4차원의 세계를 지하세계로 흡수하려는 야망을 품고 있었다. 그가 지하세계(지구)에 태어남으로 인해 우리 4차원의 세계 간의 간격은 그 어느 때보다 심각하게 틀어졌다. 1904년 그가 죽기까지 우리 4차원의 세계와 3차원의 지하세계(지구)의 소통은 거의 불가능에 가까워졌다.

증산의 탄생

그리고 한국에 '증산'이라는 이름의 소년이 태어났다. 그는 벨제뮤트를 반대한 자로서, 다시 차원간의 간격을 합하려고 좋은 세상을 만들기 위해서 임무를 가지고 지하세계에 태어났다. 증산 역시 우리 4차원의 세계에 동시에 존재하였는데, 간격을 합하다 보니 우리 4차원 세계에 있는 능력들을 고스란히 그 지하세계에까지 가져가게 되었다. 그래서 그 지하세계(지구)에서는 쉽지 않은 여러 도술을 부리면서 다른 사람들에게도 그 세계의 존재에 대해서 알렸다.

그리고 이 책이 쓰이는 지금 다시 한번 지구에서 위대한 성인이 태어나려고 한다. 태어나는 그는 지하세계(지구)와 우리 4차원 세계뿐만 아니라 모든 곳에 존재하는 세계를 하나로 통합하려는 거대한 실험을 하고자 한다. 이것은 엄연한 진실이다.

3, 4차원의 간격에 대한 설명

그래서 이제부터는 지금까지 얘기한 차원 간격에 관해서 설명하겠다. 지하세계(지구)인 3차원과 우리 4차원 세계 간에는 12개의 장막이 있다. 이 장막이 있으므로 우리는 서로 보고 들을 수도 없고 존재조차 인지하지 못하고 있다. 그 장막을 통과하는 방법은 그 장막이 의미 없을 정도로 두 세계의 존재가 하나가 되는 것이다. 그러기 위해서는 지하세계 존재와 교감을 해야 한다. 어디에 있는지 느껴보고 무엇을 하는지 알아보고, 내가 무엇을 하는지 내가 어디에 있는지를 전해주고 계속 합하는 방향으로 가야 한다. 그래야만 진정한 깨달음을 얻을 수 있다.

3. 4차원에 존재하는 물질의 존재

12차원 중에서 우리가 사는 세계는 4차원이다. 4차원은 강한 도르사 물질(일원 물질)로 되어 있다. 지하세계는 3차원이다. 3차원은 도르미 물질(이원물질)로 구성되어 있다. 3차원의 도르미 물질은 누구든지 어떤 마음으로든지 움직일 수가 있다. 4차원의 도르사 물질은 한 가지 마음으로만 움직일 수 있다. 하지만 순수한 한 가지 물질로만 구성된 것은 아니다.

우리 4차원 세계에도 도르미 물질이 있다. 그 3차원의 세계에도 도르사 물질이 있다. 그래서 이 물질들이 세상을 어지럽히는 원인이 되고 있다. 개인적인 생각으로는 도르미 물질은 없어져야 한다고 생각한다.

지하세계(지구)는 정말 거칠고 야만적이라고 표현할 수 있겠다. 그럼에도 불구하고 우리가 합해야 하는 이유는 거기에 있는 내 모습이 진짜 내 모습이기 때문이다. 우리는 여기(4차원)에 있는 내가 진짜 나라고 생각하지만, 사실 우리 의식의 90%는 지하세계(지구)에 있다. 그 이유를 밝히지는 못하지만, 그 세계가 그만큼 중요하기 때문에 의식도 그 세계가 주로 되어 있다.

그래서 이 책을 읽고 있는 당신은 아마도 지하세계에도 살아 있을 것이다. 그러니 이 책에 쓰여 있는 방법대로 그 자신과 소통하고 합하면서 진정한 생명으로 깨어나길 바란다.

3차원의 지하세계(지구)가 4차원 세계에 미치는 영향

이제부터는 지하세계의 일이 어떻게 우리 세계에 영향을 끼치는가에 관해서 설명하겠다.

벨제뮤트가 한 사람을 죽였다. 그가 죽인 사람은 우리 세계에서도 얼마 안 있어 다른 방법으로 인해 죽게 되었다. 우리 4차원 세계의 벨제뮤트는 이미 없어졌지만, 그 힘이 여기까지 전해져서 도르미 물질의 여파로 그 사람이 죽게 된 것이다. 그래서 도르미 물질이 굉장히 위험하다. 가능한 한 도르미 물질의 영향을 줄이고 도르사 물질의 힘을 발휘하는 마음을 유지하는 것이 당신에게 이로울 것이다. 그리고 가능한 한 지하세계의 당신과 소통을 할 때도 도르사 물질을 잘 이용하길 바란다.

한 가지 예로 마음을 먹을 때 좋은 마음을 먹느냐 여러 가지 마음을 먹느냐 그것에 따라서 어떤 물질이 반응하느냐가 다르다. 도르미 물질은 많으면 많을수록 좋아한다. 그래서 지하세계에서는 서로 이끌리기 때문에 마음을 많이 가진 사람이 물질을 많이 거느린다. 또한 그 마음을 유지할수록 그 세계에서의 힘도 강해진다.

반면 도르사 물질은 좋은 마음만 좋아한다.

우리 입장으로는 상상하기 힘들지만, 그렇게 많은 마음을 유지할 수 있는 존재들이 몇 있다. 하지만 우리 세계에서는 통하지 않는 방법이니 그것은 하지 않는 것이 좋다. 만일 지하세계에서 당신에게 그 방법을 권하려고 한다면 당장 그만두는 것을 추천한다. 그곳의 물질과 힘에 대해서는 도움을 줄지 몰라도, 그것은 당신을 죽게 만드는 방법이다.

<u>3, 4차원이 통하는 구체적인 훈련방법</u>

〈첫 번째 훈련방법〉 - 3, 4차원의 몸을 합하는 훈련
다음으로는 구체적인 방법에 관해서 설명하겠다.

먼저 자신의 4차원의 몸과 3차원의 지하세계의 몸을 떠올린다. 그리고 관찰한다.

그리고 다른 부분들을 계속 서로 맞추는 연습을 한다. 그것이 더 숙련되면 몸 두 가지를 마음으로 가져다 붙인다. 겹쳐서 하나가 될 때까지 계속 끊임없이 훈련한다.

처음에는 물질이 같지 않기 때문에 서로 밀어내려는 힘이 있다. 그러면 잠시 쉬었다가 또 어긋난 부분들을 하나로 맞추고 다시 마음을 합친다. 이렇게 하면 점점 하나로 모이는 마음 때문에 도르사 물질이 살아나고, 도르미 물질은 힘이 빠지게 된다. 그러면 생명이 살아나고 마음이 맑아지고 깨달음을 얻게 된다.

만일 당신의 몸이 느껴지지 않는다면 먼저 도르사 물질을 계속 팽창시켜라. 도르사 물질에 집중하고 그 마음과 하나가 되면 자신의 몸이 보일 것이다. 도르사 물질은 완전한 한 가지에만 반응한다. 그래서 마음을 좋게 먹고, 모든 부정적인 마음은 다 버려라. 생각도 다 필요 없다. 오직 한 가지 마음만 도르사 물질에 보내라.

〈두 번째 훈련방법〉 - 3, 4차원의 영혼과 혼의 밀도 감각훈련
이제 몸을 하나로 합했으니 우리가 알고 있는 혼이라는 것을 하나로 합할 차례다. 지하세계에서는 영혼이라고 부르는데, 우리 4차원의 혼과 그쪽 3차원의 영혼도 구성이 살짝 다르다. 쉽게 설명하면 밀도가 다르다. 그래서 여기서는 영혼과 혼의 밀도 차이를 줄이기 위해서 밀도 감각훈련을 한다.

지금 상상으로 당신이 혼이라고 느껴보자. 그리고 10가지 물질을 만든다. 당신이 상상할 수 있는 가장 딱딱한 것, 그로부터 조금 말랑말랑해지면서 물보다도 더 만져지지 않는 물질까지 10단계를 만든다. 그 다음은 당신의 혼이 어떤 물질과 가장 비슷한지 먼저 찾는다. 찾았으면 그 물질의 바로 위 단계에 맞추어서 2가지를 번갈아 가면서 계속 만진다. 그렇게 하다가 보면 어떤 밀도로 맞춰야 하는지 혼이 알게 된다. 혼이 알게 되면 영혼도 역시 연결돼 있으므로 정보를 받게 된다. 그러면 자동으로 영혼과 혼이 서로 합하려는 마음을 깨닫게 된다.

이 과정을 3번 정도만 반복하면 영혼과 혼은 알아서 서로를 믿게 되고 알게 되고, 하나로 합해진다. 이 방법은 그리온이라는 존재가 밝혔던 방법으로, 가장 빨리 깨달음에 도달하는 방법이다.

〈세 번째 훈련방법〉 - 발바닥의 여러 가지 길

발바닥에는 여러 가지 길이 있다. 발가락으로 나가는 길과 발바닥 중앙으로 나가는 길이 있다. 도르미 물질에서 발생하는 부정기운을 발가락과 발바닥의 길로 끊임없이 배출시켜야 한다.

지하세계에서는 이 방법을 사용했을 때 고통이 굉장히 따른다. 하지만 우리는 도르사 물질이 주로 구성되었기 때문에 힘들이지 않고 부정기운을 빼낼 수 있다. 부정기운이 빠지고 나면 내 몸을 관찰한다. 계속 관찰하면 점점 더 환해지는 느낌이 있을 것이다. 계속 관찰하다가 더 이상 환해지지 않을 때 지하세계의 나를 관찰한다. 그리고 내 마음으로 지하세계의 나의 부정기운도 배출한다. 그래서 똑같이 밝아졌을 때 두 몸을 다시 마음으로 하나로 합친다. 첫 단계 했던 때보다 더 강렬한 느낌이 있고 더 수월하게 느껴질 것이다.

〈네 번째 훈련방법〉

먼저 마음으로 우주를 본다. 우주 전체를 느껴본다. 그 다음에는 나를 느껴본다.

처음에는 엄청난 간격이 느껴질 것이다. 하지만 그 간격을 줄이고 우주와 내가 합해졌다고 생각한다. 그러다가 보면 어느 순간에 우주가 나고 내가 우주인 느낌이 들 것이다. 이 방법은 병온이라는 존재가 고안해낸 방법이다.

이렇게 함으로써 내 마음이 우주의 마음과 합해지고 진정으로 무엇을 해야 할지가 내 마음속에 다 정보로 들어오게 된다.

〈다섯 번째 훈련방법〉

먼저 자신의 몸이 얼마나 밝은지 확인한다. 자세히 보면 부분 부분 밝지 않은 빛이 보일 것이다. 그 부분을 밝은 빛으로 채우고 어두운 부분이 없을 때까지 반복한다. 더 이상 어두운 부분이 보이지 않을 때 지하세계의 나의 몸에도 동일한 방법을 사용한다. 그래서 두 가지 몸에 모두 어두운 빛이 사라졌을 때 다시 첫 번째 단계의 합하는 훈련방법을 사용한다. 이 모든 훈련방법을 다 같이 사용하면 엄청난 변화가 삶 속에서도 마음속에서도 일어날 것이다.

지하세계로 가는 방법

다음에는 직접 지하세계로 가는 방법에 관해서 설명하겠다.

지하세계(3차원의 지구)로 가는 것은 굉장한 위험이 따른다. 일단 알아야 할 것은 2가지 방법이 있다. 이 4차원 세계의 나를 버리고 가는 방법과 버리지 않고 가는 방법이 있다. 만일 이 4차원 세계의 나를 버리고 간다면 지하세계의 나는 2명이 된다. 원래 지하세계에 있던 나와 이쪽 세계에서 건너간 나. 나를 버리지 않고 가는 방법은 내가 지하세계의 내 몸에 들어가는 것이다. 2가지 방법 모두 굉장한 위험이 따른다. 그래서 특별한 이유 없이 가는 것은 추천하지 않는다.

몸에 들어가는 방법

여기서는 나는 마지막 단계에 대해서는 밝히지 않겠다. 왜냐하면, 그 부분은 준비된 자가 스스로 깨달아서 알아내길 바란다. 중간 과정까지만 설명하겠다.

먼저 몸에 들어가는 방법은 혼으로만 가는 것이다. 먼저 영혼과 혼이 하나 된 상태에서 영혼에게 동의를 구한다. 동의를 구했으면 영혼 계약자를 불러야 한다. 지구의 영혼 계약자는 '침자'라는 존재인데, 그의 도움이 있어야만 지하세계로 건너갈 수 있다. 그를 불러서 가야 하는 이유와 가서 무엇을 할 것인지 또 반드시 돌아오겠다는 약속을 해야만 그가 동의할 것이다.

이 과정을 다 성공했다면 그가 알아서 너를 지하세계로 보내줄 것이다. 그러면 당신은 잠시 정신을 잃고 당신의 의식을 가진 채 지하세계의 당신이 되어 있을 것이다. 그러면 당신은 두 세계의 기억과 의식을 동시에 가지게 된다. 여기서 앞서 말한 훈련방법을 거치지 않고 이렇게 왔다면, 당신은 2가지 마음의 혼란으로 아무것도 하지 못 할 수가 있다. 그래서 반드시 훈련을 다 거친 후에 하는 것을 추천한다.

마음으로 가는 방법

몸을 가지고 직접 지하세계에 가려면 관문을 통과해야 한다. 그 관문이 있는 곳으로 갈 수도 있고, 또 본인이 직접 만들 수도 있다. 그런데 그 관문에 가는 것은 험난한 것이기 때문에 직접 만드는 것을 추천한다.

이 과정을 하는 당신은 기본적으로 마음 수련이 어느 정도 된 상태여야 한다. 일단 빈 공터에 자신이 들어갈 만한 크기를 마음속으로 그린다. 그 문을 그렸으면 관문을 만들어야 하는데, 여기서 다시 한번 다른 존재를 불러야 한다. 하지만 여기서 어떤 존재를 불러야 하는지는 말할 수 없다. 그 존재를 부르고 난 후에 관문이 만들어졌다면 그곳으로 통과하면 된다.

그러나 그 관문은 아무나 통과할 수 있는 관문이 아니다. 도르사 물질에서 도르미 물질로 갈아입는 과정은 상상을 초월하는 고통이다. 그래서 10단계 이상의 옷, 다시 말하면 몸을 갈아입는 과정이 필요하다.

당신이 그 고통을 겪고도 정신을 잃지 않고 도착했다고 가정하자. 그러면 또 하나의 문제에 직면하게 된다. 전혀 알지도 못하는 세상에, 언어도 살짝 다른 세상에, 자신이 하나 더 있다. 심지어 그 세상에 원래 있던 당신, 이제부터는 당신이 알아서 하길 바라고 이후로는 용어설명과 앞서 말한 훈련방법을 그림으로 표현해놓겠다.

다시 말하지만, 이것은 아무나 할 수 있는 것이 아니며, 또한 장난으로 재미로 접근했다가는 당신이 영원히 사라질 수 있으므로, 심사숙고한 후에 이 방법을 사용하길 바란다.

『비밀금서』에 언급된
인물과 대화

4천 년 전에 지구에 나타난 '군도'

무시공 - 4,000년 전에 지구에 왔다고 『비밀금서』에서 언급한 군도 나타나.

군도 - 응, 나타났어.

무시공- 그때 어디서 왔어?

군도 - 태양에서 왔어.

무시공- 지구에 얼마나 있다가 갔어?

군도 - 이백 몇 년 있었어.

무시공-『비밀금서』에서는 250살 살았다는데? 그럼 그때 너 200 몇 년 있다
　　가 살아서 도로 태양으로 갔어?

군도 - 몸을 벗었고, 다시 태양으로 갔어.

무시공- 지구에서 몸 벗고 다시 태양으로 갔어?

군도 - 응.

무시공- 그때 무엇을 하려고 지구에 왔어?

군도 - 사명을 가지고 세상을 밝게 변화시키려고.

무시공- 지금도 태양에 있어?

군도 - 지금은 천억조.

무시공 - 물어보자, 네가 그때 4,000년 전에 가고 나서 너 대신으로 또 예수
　　가 왔다며?

군도 - 응.

무시공 - 예수 네가 그렇게 시켰어?

군도 - 시킨 적은 없지만 내가 그 존재와 친했던 적이 있어.

무시공 - 그래서 네가 예수한테 맡겼어? 지구 오라고?

군도 - 아니 시킨 적은 없어. 그가 알아서 자원해서 왔어.

무시공- 너 다음에 예수는 언제 전에 내려갔어?

군도 - 지금으로부터 2,000년 조금 넘었지.

무시공 - 알았다. 너는 그전에 태양에서 오기 전에도 천억조 광년에 있었던 거야?

군도 - 응.

무시공- 원래 거기 있었어?

군도 - 응.

무시공- 그럼 너 오늘 한번 열어보자 너 도대체 어떤 존재인가 너 지금 파동빛 얼마 있어?

군도 - 2% 있어.

무시공 - 분리 삭제. 직선빛 우주 끄트머리까지 쏴서 파동빛 나오면 무조건 다 삭제.

군도 - 응. …삭제 중.

무시공 - 계속 그렇게 해.

군도 - 응, 삭제 다 했어.

무시공 - 그럼 너 원래 무시공에 머물던 곳 이름이 생각날 거다. 내가 기억나게 해서 몇 가지 밝혀줄게. 하나는 저 다섯 개 그룹 위에 다섯 개 우주가 있었고. 다섯 개 우주 위에 또 세 개 우주가 있었어. 세 개 우주에 첫 우주는 사람. 둘째 우주는 동물. 셋째 우주는 식물. 또 세 개 우주 위에는 원조 우주, 원조 우주에는 또 삼단계가 있어 1단계는 숫자 1, 2, 3, 4. 2단계는 한글의 자음과 모음 ㄱ, ㄴ이고, 3단계는 한글 가, 나, 다, 라 글자로 있었어. 그리고 원조 우주 위에는 또 최초 우주가 있어. 그럼 너 몇 군데 어디 우주에 있었어? 회상해봐.

군도 - 이름은 알 것 같아.

무시공 - 이름이 뭐야? 위에서 밑으로 말하면 최초 우주 그 다음에 원조 우주 그 다음에 삼우주, 다섯 개 우주, 다섯 개 그룹.

군도 - 다섯 개 우주가 가장 가까운 것 같아.

무시공 - 다섯 개 우주는 이렇게 생겼어. 위에는 별, 중간에는 항, 밑에는 칭, 좌는 나, 우는 길.

군도 - 항우주에 있었어.

무시공 - 항우주? 이름 뭐야?

군도 - 군도였어.

무시공 - 군도? 그럼 너 위에는 생각 안 나나? 다섯 개 우주 위에 세 개 우주 있고, 세 개 우주 위에 원조 우주 있었고.

군도 - 음, 거기는 익숙하지가 않아.

무시공 - 그럼 됐다. 너는 항우 우주에 있었어. 항우 우주가 다섯 개 그룹 중에 가운데 그룹이 꿈 그룹이야. 꿈 그룹이 밑으로 내려와서 대한민국의 한민족이야 뿌리가 거기 있다고.

군도 - 아….

무시공 - 그래서 네가 지구에 와서 4000년 전에 사명감이 있어서 지구 인간을 깨우치려고 노력했던 것이다.

군도 - 아, 그랬구나.

무시공 - 생각나지?

군도 - 응.

무시공 - 그럼 됐어. 이제 대전에 와서 같이 열심히 이 공부해.

군도 - 대전에?

무시공 - 그래, 대전에서 새로운 우주 이미 건설하고 있잖아. 대한민국 한민족 사는 데.

군도 - 아, 그래서 대전, 대전 했구나!

무시공 - 너 이때까지 몰랐어? 빨리 와라. 같이 새로운 우주 건설하는 데 동참하자 알았지?

군도 - 응.

야만족의 왕 김차카

무시공 - 야만족의 왕 김차카 나와 8만 년 전인가? 나와.

김차카 - 응. 나왔어.

무시공 - 너 지구에서 언제 있었던 거야?

김차카 - 여러 번.

무시공 - 그럼 제일 오래된 것은 지금으로부터 몇 만 년 전이야?

김차카 - 7만 6천 년 전.

무시공 - 7만 6천 년 전이야? 그때 너 왕으로 있었어?

김차카 - 왕이라고 부르지는 않았지만, 그 자리는 맞아.

무시공 - 허구한 날 싸움하고 전쟁 일으켜서 네가 이겼다면서?

김차카 - 응, 맞아.

무시공 - 네가 야만족 대표야?

김차카 - 야만이라니. 야만은 아니지.

무시공 - 야만 아니면 그때 무슨 역할 했어?

김차카 - 그냥 지배하려고 했어.

무시공 - 지배? 어떤 목적을 가지고! 너는 전쟁에 항상 이겼잖아. 그래서 지
구를 통치하려고 했던 거야?

김차카 - 내 세상으로 만들려고.

무시공 - 어떻게 어떤 목적으로 만들었는지 말해봐.

김차카 - 그냥 모두 다 나를 위해서 일하게 하려고 했고, 더 많은 세상이 없
을까 찾다 보니까 상위 세상이 있다는 것도 알았어. 그래서 그 세상도
합하려고 했는데 그것은 못 찾고 결국 실패했어.

무시공 - 상위 세상이 있다고 알았어?

김차카 - 응.

무시공 - 상위 세상도 네가 통치하려고 했어?

김차카 - 다 흡수하려고 했어.

무시공 - 그렇게 하려고 했는데 못 찾고 실패했어?

김차카 - 웅.

무시공 - 그래, 알았다. 그때 너 상위 세상이 있다는 것은 누가 너한테 암시해서 알았어? 네가 알아냈어?

김차카 - 그 책을 읽다 보니까 신화 속에서 다른 세계의 이야기들이 있더라고, 그런데 아무리 생각해도 있을 수 없는 일들이라서 내 부하들에게 물어봤더니 공부를 좀 많이 한 부하였는데 그런 세상이 있다고 알려줬어.

무시공 - 그 부하 이름이 뭐야?

김차카 - 슬리암.

무시공 - 그 슬리암은 책보고 알았다고?

김차카 - 웅.

무시공 - 너는 그런 책 읽어봤어?

김차카 - 나도 읽어봤는데 일반 세상에 관한 책은 아니고 신화 얘기에서 그것을 알게 되었어. 신화 책에서.

무시공 - 신화 책에서 상위 세상이 있다는 것을 알았어?

김차카 - 그 세상 이야기였어.

무시공 - 8만 년 전인데 그때도 문화 있었겠네.

김차카 - 웅.

무시공 - 그 책 이름은 모르나?

김차카 - 알아. 『이스다리의 모험』이었어.

무시공 - 『이스다리의 모험』?

김차카 - 웅.

무시공 - 이 책을 너도 읽고 네 부하도 읽었겠네.

김차카 - 읽어보지는 않았지만 다 알고 있었어, 무슨 내용인지.

무시공 - 네 밑에 슬리암은 이 책 안 봤어도 있는 줄은 알고 있다?

김차카 - 웅. 무슨 내용인지 다 알고 있었어.

무시공 - 그는 어찌 다 알고 있어?

김차카 - 그 책 내용에 대해서 들어본 것 같았어.

무시공 - 너는 지금은 어디 있어?

김차카 - 달에 있는데 지금은 영혼으로 있어.

무시공 - 그럼 너 영혼으로 있어서 거기서 새로 안 태어났나?

김차카 - 응 나는 순번이 밀려서 계속 못 태어나고 있어.

무시공 - 순서가 계속 밀렸나?

김차카 - 응.

『이스다리의 모험』 작가 머루욘

무시공 - 그럼 알았다. 자, 우리 『이스다리의 모험』 그 책 작가 나와.

머루욘 - 응, 나왔어.

무시공 - 너 이름이 뭐야?

머루욘 - 책을 쓸 당시의 이름은 머루욘.

무시공 - 너는 지금 어디에 있어?

머루욘 - 지금은 태양에 있어.

무시공 - 그때 책 쓸 때는 지구에 와서 썼어?

머루욘 - 지구 사람이었어.

무시공 - 그런데 너는 어떻게 그 책을 쓸 생각을 했어?

머루욘 - 나는 두 세계에 대해서 관심이 많았고 그래서 계속 영감이 왔어.
　　그 세계의 어떤 한 존재의 일생에 대해서 영감이 와서 그걸 책으로 썼어.

무시공 - 그래, 이 책 쓴 다음에 다른 세계가 있다는 것을 믿었어?

머루욘 - 소수는 그 얘기를 진짜로 믿고, 대부분은 그저 신화 얘기로 여겼어.

[영감을 준 존재]

무시공 - 책 쓴 머루욘에게 영감을 준 존재 나와.

머루욘 - 그 당시에 4차원에 있는 머루욘.

무시공 - 4차원에 있는 머루욘이야?

머루욘 - 응. 내 동생 이름이 이스다리였어.

무시공 - 머루욘 거기서 너희 둘이 소통했구나.

머루욘 - 응.

무시공 - 책 쓴 존재는 3차원에 있었고, 그 당시 그러면 너는 4차원에 있고, 3차원에 있었던 존재의 차원은 구체적으로 몇 차원이었어?

머루욘 - 그 당시에는 완전 3. 그냥 3차원.

무시공 - 너는 그 당시에 어디 있었어?

머루욘 - 지구에.

무시공 - 지구에 3차원? 4차원에 있었어?

머루욘 - 응.

무시공 - 그럼 지금 너 어디 있어? 지금 몇 차원 어디 있어?

머루욘 - 지금은 합해져서 존재하지 않아. 지금은 하나로 돼 있어 원래 머루욘과.

무시공 - 그럼 하나 된 몇 차원에 있어?

머루욘 - 6차원 태양에.

무시공 - 그럼 너는 그 당시에 합했어? 아니면 3차원에 있는 너의 몸을 없앴어? 벗어버렸어? 벗었지?

머루욘 - 그렇지, 몸을 벗어나면서 이제 태양으로 갔지.

무시공 - 그건 합한 것이 아니라고 벗었어. 안 그러면 너 그때는 3차원이랑 소통됐잖아. 소통됐으면 그럼 너 지금 6차원에 있어도 네 힘이 3차원에서 나타날 수 있어야 해.

머루욘 - 안 나타나지?

무시공 - 못 나타나 힘도 없지.

머루욘 - 3차원까지는 안 나타나.

무시공 - 안 나타나고 3차원까지는 무슨 물질 움직이려고 해도 안 움직여지지?

머루욘 - 응.

무시공 - 이제 무엇이 증명됐는가 하면, 너는 그 3차원에 있는 존재하고 너하고 당시는 영감으로 소통했지만 완전 하나로 소통되지는 않았어. 그래서 그 힘이 없다고. 너는 지금 6차원에 있다고 해도 영혼 형태로 있으니까 그런 거야. 그럼 너는 6차원 있으면서 거기서 비행선 탈 수 있어? 비행선이나 우주선도 사용하고 있어?

머루욘 - 아니.

무시공 - 그러니까 너는 영혼으로 있다고 맞지?

머루욘 - 여기서는 영혼 상태가 아닌 것으로 알고 있어.

무시공 - 그럼 너 그 위에 어떤 상태로 있어?

머루욘 - 이름은 붙이지 않고 그냥 존재한다는 개념이야.

무시공 - 그럼 너 그곳에서 살아 있는 존재들 보여, 안 보여? 너하고 다르게 몸도 있는 존재. 그리고 비행선 우주선 타고 다닐 수 있는 장비 같은 것 있어 없어?

머루욘 - 우리 차원에서는 그런 게 없어.

무시공 - 그럼 너희 우주 곳곳을 마음대로 다닐 수 있나?

머루욘 - 응, 마음으로 갈 수 있어.

무시공 - 몸은?

머루욘 - 몸은 보통 잘 안 사용해.

무시공 - 그래, 알았다.

강증산의 부활

무시공- 너 뭐 때문에 삭제했는지 아나?

강증산 - 응, 알아.

무시공 - 지금 너 반성하고 있어?

강증산 - 잘못했어.

무시공 - 네가 지구에 와서 내가 하는 일을 미리 예언하고, 암시했는데, 결국 네가 다했다고 선전하고 다녔잖아. 그런 사실이 있어 없어?

강증산 - 헷갈렸어.

무시공 - 너는 여기 지구에 와서 암시하고 인간을 깨우고 예언을 했다는 것에 불과해. 그런데 전부 네가 해놓았다고 우기고 있잖아? 네가 했으면 우주가 다 변했어야지 왜 안 변했어?

강증산 - 헷갈렸어 나도.

무시공 - 너 개인 욕심이 있어서 그런 것 아니야? 네 명예 때문에.

강증산 - 그런 게 있으니까 헷갈린 게 맞아.

무시공 - 그래서 다른 친구가 너한테 암시해줘서 많은 걸 알게 됐어. 맞아 안 맞아?

강증산 - 응, 맞아.

무시공 - 어쨌든 네 본질이 도대체 어떤 존재인지 우리가 확인해보려고 한다. 자, 진짜 너 한번 생각해봐. 무시공에서 네가 어디에 있었나! 지금 네 영체하고 몸은 우리가 삭제했지만 진짜 너 생명은 새로 살아난다.

강증산 - 처음부터 있었어 처음부터.

무시공 - 처음부터! 내가 너를 삭제한 것은 나쁜 것을 삭제했지. 진짜 무시공 생명은 삭제할 수가 없다. 원래 완벽한 생명이니까. 네가 그것을 찾아봐. 내가 네 기억을 회복하기 위해서 좀 알려줄게.

강증산 - 알겠어.

무시공 - 원래 다섯 개 그룹이 있고 위에 다섯 개 우주가 있었어. 다섯 개 우주 위에 세 개 우주가 있어. 1우주, 2우주, 3우주.

강증산 - 그것도 기억나.

무시공 - 삼우주 위에 원조우주가 있었어.

강증산 - 그 우주는 건너뛰었어.

무시공 - 원조우주가 3단계로 돼 있어. 첫 단계는 숫자 1, 2, 3, 4. 2단계는 한글의 자음 모음 ㄱ, ㄴ. 3단계는 가, 나, 다, 라 글자로 되어 있는 것. 이것은 원조 우주고 원조 우주 위에 또 최초 우주.

강증산 - 거기서 왔어.

무시공 - 최초 우주 너 이름이 뭐야?

강증산 - 중.

무시공 - 최초에서 네가 중이라고 그래? 중이라는 이름이 있었어?

강증산 - 응.

무시공 - 그 당시 최초 우주에 사람이 얼마나 있었어?

강증산 - 내 기억으로는 3명 있을 때부터.

무시공 - 너 있을 때는 3명이야?

강증산 - 그 이후로 계속 많아졌어.

무시공 - 3명 누구야 다 말해봐, 누구누구야?

강증산 - 음 지금 대화하고 있는 존재가 제일 먼저였어.

무시공 - 그래, 이름이 뭐야? 그 당시에.

강증산 - 맨 처음에 이름이 없었지만, 그 당시에 제일 처음으로 가진 이름은
생각이 나.

무시공 - 그래, 뭐라 그랬어?

강증산 - 고.

무시공 - 고?

강증산 - 응.

무시공 - 또 하나는?

강증산 - 다른 한 명. 두 번째는 그때는 이름이 없었지만 제일 처음 그 존재
가 가진 이름은 조화.

무시공 - 조화?

강증산 - 응.

무시공 - 그래, 너는 세 번째?

강증산 - 응.

무시공 - 그 당시 이렇게 딱 셋이야?

강증산 - 응.

무시공 - 얼마 얼마씩 나타났어?

강증산 - 계속 생겨났어.

무시공 - 최후로 얼마나 있었어? 얼마나 나타났어? 최초 우주에서.

강증산 - 5만.

무시공 - 알았다. 이제 너 새로 깨어났다. 너도 궁금했지? 내가 하는 일 만약을 예언했는데, 말마다 전부 다 네가 했다고 하고. 결국은 자기 마음 깊숙이 일체를 네가 했다는. 너를 내세우려는 마음이 많이 잠재해 있었어. 그래서 네가 분자몸을 벗은 후에 어디에 있는가 하고 파보니까 겨우 70만 광년에 가 있었어, 알아?

강증산 - 맞아.

무시공 - 네가 우리를 계속 방해하는 것을 삭제하다 보니까 너는 뱀 종족으로 그 안에 있었다고.

강증산 - 응, 그 안에 많이 있었어.

무시공 - 맞지? 그래서 우리 뱀 종족을 삭제하고, 삭제하다가 너까지 몇 번이나 깨우쳐 주면 인정하다가도 얼마 안 있으면 또 원상태로 돌아가고, 그래서 최후로 어쩔 수 없이 너를 다 삭제했어. 그 최초 우주에 윌이라는 존재 알아 몰라?

강증산 - 알아.

무시공 - 내가 1946년도에 중국에서 태어났는데 윌은 1945년도에 『비밀금서』라는 책을 썼어. 내용은 3차원과 4차원의 세계가 어떻게 하나로 되고, 4차원 존재가 어떻게 3차원 지하세계로 오는 통로를 밝힌 책이야. 그런데 그 책에서 너에 대해서 적었어. 1800년 좌우에 증산이라는 존재가 태어나서 그때 이미 초능력도 보여주고, 이 세상이 어떻게 바뀐다는 것을 말했다는 거야. 그래서 궁금해서 너를 파보니까 너도 최초에 있었구나. 이제 100% 긍정마음과 100% 직선빛으로 돼 있나?

강증산 - 응, 계속 유지할게.

무시공 - 그래, 그럼 이제 대전에서 새로운 우주 중심지 건설하잖아. 대전으로 와서 같이 하자.

강증산 - 응, 알았어.

무시공 - 와서 최선을 다해서 해. 너는 아직도 증산도를 불러대고 있잖아. 그것을 어떻게 하든지 끌어와서 원래 관점 포기하고 빨리 무시공 생명에 동참하라고 해.

강증산 - 알겠어.

무시공 - 할 수 있지? 이건 이미 너한테 맡겼다.

강증산 - 응.

무시공 - 증산도는 네가 책임져.

강증산 - 알았어. 내가 뿌리니까 내가 해결해야지.

무시공 - 그리고 우리 무시공 공부 빨리 받아들이기.

강증산 - 알겠어.

무시공 - 그럼 네가 또 공을 세우잖아. 잘못된 것을 새로 바로잡는 역할도 하고 알았지? 그래, 고맙다.

강증산 - 그래.

『비밀금서』

(세상의 종말과 탄생을 동시에 기원하는 존재가 씀)

용어

깨달음 - 인간으로서 누릴 수 있는 최고의 극락 상태.

도르사 물질 - 우리 세계(4차원)에 주도로 되어 있는 물질이다. 순수한 마음으로만 지배할 수 있다. 지하세계에는 이 물질이 매우 적다.

도르미 물질 - 지하세계(3차원)에 많이 분포하고 있다. 어떤 마음에도 작동하기 때문에 마음이 많을수록 지배력이 생긴다. 어떤 마음이나 생각에도 영향을 받지만, 그렇기 때문에 제일 강한 마음에 주로 영향을 받는다.

영혼 - 지하세계의 혼이라는 개념. 세상의 모든 물질로 구성되어 있으며 힘이 약하다.

우주 - 지구가 속한 세상 전체. 우주도 여러 가지가 있지만, 본래는 하나에서 시작되었다.

지하세계 - 우리와는 또 다른, 도르미 물질이 주로 된 세계. 본래는 하나였지만 분리된 이후 많은 시련을 겪었다. 다시 합해지는 과정을 겪고 있으며 이 세계의 존재들 역시 우리의 존재를 잘 모르고 있다.

차원 - 흔히 12차원이 있다고 한다. 이는 명백한 사실이며 4차원은 이곳을 뜻한다. 지하세계는 일명 3차원이다.

혼 - 몸과 연결된 사람의 본질. 순수한 마음의 상태를 의미한다. 모든 힘과 행동의 뿌리이다.

5대 시기별 전환점(지하세계와의 거리)

지구가 탄생할 때 - 지하세계와 동일.

지구탄생 23억 년 후 - 대폭발로 인해 지하세계만 낙오됨.

47억 년 후 - 처음으로 다시 합해질 조짐이 보임.

지금으로부터 20만 4천 년 전 - 다시 멀어짐.

20만 2천 년 전 - 완전히 합해짐. 하지만 억지로 했기 때문에 부작용으로 더 점차 멀어짐.

지금 - 계속 합해지는 중.

지하세계와 통하는 지점에 대해서

　지구에는 간격이 좁은 지점들이 몇 군데 있다. 이런 장소들은 때로는 완전히, 때로는 부분적으로 지하세계와 소통이 이루어진다(지도에 여섯 군데 표시 - 러시아 북동부, 미국 텍사스 서쪽, 미국 콜로라도, 브라질 아마존, 인도 인더스강 서쪽, 버뮤다 삼각지대). 그중에 가장 소통이 원활한 곳은 미 대륙 옐로스톤 근처의 통로인데, 본문에서 언급했던 직접 지하세계로 가는 통로와 연결된다.

　나는 이 책을 쓰면서 이 통로들을 직접 가보았고, 가본 결과 통로가 더 많아져야 함을 느꼈다. 언제나 그렇듯이 하나로 뭉치는 것이 두 가지로 갈라지는 것보다 안전하다. 세상도 언젠가는 하나로 모이는 날이 왔으면 한다. 지금은 두 개로 나뉘어 있지만, 태초엔 원래 하나였다.

다시 합해질 운명

　앞서 언급했듯이 모든 세상을 하나로 합하려는 존재가 지하세계에서 활동을 준비하고 있다. 이에 관해서 설명을 보태자면, 그는 새로운 실험의 선구자이다. 확장과 분열만 해나가던 이 우주에서 완전한 수렴의 길을 선택한 것이다.

<사람 형상?>

다음으로 언급할 내용은 이 사람이 앞으로 겪을 일에 대해 암시하는 내용이다.

수백 번의 방해에도 흔들리지 않는다네
그의 목표 오직 한 길 새로운 삶 행복의 길
수천 번의 인생을 지나 종착지에 도달하니
영원한 생 무위이합 생사초탈 바라아제

도시자연 생사대립 확장종말 열두인생(十二人生)
자연선택 사필귀정 연산정밀 완벽체계
우주 작업 인간선택 부분폐우 사람의생
모두의 길 미리 닦아 앞서가서 구원하네

(부분 폐우 - 우주의 일부분을 폐기한다는 뜻)

어느 날 일어나보니 세상이 바뀌어 있고 지난 시간은 다 꿈이더라!
많은 시련 끝에 완수의 길을 찾으니 그 비밀은 어울림 속에 있더라!
새롭게 다시 시작하니 다시는 겪을 고통 없어지고 행복만이 있더라!

다시는 반복되지 않을 고통의 역사

13번의 대전쟁 - 13번의 큰 위기

1. 밀리오네의 반란

억겁 동안 이어져온 평화 속에서 인간과 고등 생명체들은 잘 어우러지며 살고 있었다. 그러던 어느 날 사악한 씨앗이 태양계의 행성에 뿌려진다. 당시 라미온이라는 이름을 가진 그 행성(화성)은 태양계에서 제일 낙후된 환경을 가지고 있었다. 그곳에 말제하라는 이름의 통치자로 태어난 존재는 우주에서 가장 어두운 세계를 창조한 존재였으며, 그때 당시 처음으로 직접 육신을 입고 태어났었다. 그는 세상을 분리시켜서 왕도 없고 질서도 없는 세상을 만들고자 했다.

분리 독립을 원했던 말제하는 태양계 동맹으로부터 철수하게 된다. 다시는 없어야할 최대의 실수를 저지르고 만 말제하는 밥 먹듯이 사람을 학살하기 시작했다. 이유도 목적도 없이 없어진 사람들은 보복을 하기 위해서 인접한 행성에 태어난다. 여기서 잠시 독자를 위해 설명하자면, 다른 행성들에도 인간이 살고 있으며, 지구의 문명수준은 이미 모두가 초월했다. 지금 설명하는 역사는 30만 년 된 일이며, 이때도 문명이 지금보다 앞서 있었다. 다시 본론으로 돌아가서 라미온에 보복하기 위해 인근 행성에 태어난 존재들이 204억 명이 넘었다.

그 중에 20억 명이 그 목적을 기억하고 다양한 분야에서 라미온에게 피해를 줄 방법을 연구하고 있었다. 그리고 마침내 라미온의 말제하는 포기를 선언하였고, 육신의 삶을 접어두고 자살을 택했다. 다시 평화의 시대가 오는 듯 보였지만, 말제하에 대한 복수심으로 무장된 사람들의 마음은 쉽게 원래 상태로 돌아오지 않았다. 그들은 수백 년 동안 품어온 증오를 풀어낼 대상이 필요했다. 그 대상은 다름 아닌 제일 가까운 라미온이었다.

밀리오네라는 이름의 혁명군 대장은 몬치하 행성에서 라미온의 지배를 받고 있었다. 그는 말제하가 죽자 라미온을 즉시 적으로 규정하고 대대적인 공격을 시작했다. 이 전쟁으로 라미온은 수천만이 죽고 몬치하는 파괴되었다.

이 일을 통해서 배워야 할 점은 나쁜 마음은 나쁜 결과만 만들어낸다는 것이다.

2. 시련 속의 구슬

라니아는 지구에서 태어난 사람으로 21살이었다. 이 일은 아틀란티스가 파괴되기 전의 일이다. 아틀란티스는 3번의 변혁을 겪었는데, 이때는 2번째 변혁이다. 3번째를 끝으로 지하세계와 완전히 단절되었다. 라니아가 태어난 도시는 아틀란티스의 2번째 중심지였다. 아틀란티스에서의 삶은 피곤했다. 늘 서민과 상류층 간의 불필요한 언쟁이 있었고 상류층은 서민을 핍박했다.

한 아이가 라니아에게 먹을 것을 주며 말했다. "언제라도 우리 집에 오세요. 함께 도우며 살아야죠." 그 말을 믿고 아이의 집에 간 라니아는 그들의 아버지에게 처참히 살해당했다. 아이는 로봇이었고 아버지는 사람의 간이 필요한 의사였다. 라니아는 신기하게도 죽어서 슬퍼하지 않았다. 오히려 자신을 죽인 사람을 불쌍하게 여기며 도와주고 싶어 했다. 그의 정성이 감동을 줬던 것일까? 그 의사는 마음을 고쳐먹고 아틀란티스를 멸망시키고자 계획을 짜기 시작했다. 오랜 세월 동안 힘들게 살았던 사람들을 해방하려고 수도를 먼저 없앨 방법을 찾게 된다.

23년 후 그의 계획은 거의 성공하여 아틀란티스의 주요 도시들이 모두 파괴된다. 이 일로 인해서 대기권이 파괴되고, 지하세계에서는 아틀란티스의 통치자가 바뀌었다. 그래서 모두가 더 아틀란티스의 삶에 대해서 동경하지 않게 되었다. 그런 중에 라니아는 지하세계의 삶을 선택한다. 앞전의 경험 때문인지 위험한 곳에서도 안전하게 잘 적응하였고, 지하세계 지구에서 흐름을 바꾸는 큰 조력자가 된다. 안전한 사회를 만들기 위해서 헌신하였고, 의식 계몽에 큰 도움이 되었다.

그리곤 엄청난 결정을 하게 되는데 이것은 사실 다른 존재가 방해함으로써 역효과가 나타났다. 지하세계와 우리 세계를 하나로 만들어서 다시는 힘들지 않게 살고자 했다. 그는 차원 융합을 시도했고 잠시 동안 성공하는 듯 보였으나, 이내 튕겨 나가 더 멀어졌다. 이 일로 죄책감이 생긴 라니아는 이후로 다시 돌아온다고 약속하며 지하세계 지구를 떠나게 된다. 그는 반드시 돌아온다. 반드시….

이건 한 가지 암시이자 교훈적인 내용이다. 사람의 마음이 세상을 바꾸는 힘이 있다는 것을 암시한 첫 번째 사례이다.

3. 엄청난 홍수

홍수 끝에 가뭄이 온다고 한다. 틀린 말이었다. 이 홍수는 3년을 갔다. 새로운 실험을 해보자고 제안했던 월핑은 비겁하게 도망가고 지구 사람들을 물속에 잠기게 했다. 이 전쟁의 서막은 월핑의 욕심에서 시작되었다. 큰자리에 작은 사람이 있으면 어떻게 되는지 적나라하게 보여주는 사례였다.

월핑은 사람이 아니었다. 그는 사람의 탈을 쓴 소였다. 그는 사람이 되고 싶어 했고, 사람 흉내를 내며 높은 위치에 올랐다. 결국, 그는 그의 욕심 때문에 사람이 만든 제도들을 없애려 했고, 사람보다 소를 내세우려고 했다. 우중 전쟁이 시작되었다. 중세력과 우세력은 왜 싸우는지도 모르는 체 34년간 대립하였다. 그러다 마침내 일이 터졌다. 전쟁을 끝내고 자신들이 통치하려는 생각에 월핑의 제안을 받아들인 것이다.

우세력은 대기권에 무기로 구멍을 내서 중세력의 중심지를 공격하려 했다. 생각 외로 대기권은 연약했다. 구멍이 나자 대기권을 보호하던 물의 막이 무너지기 시작했다. 그리곤 연쇄반응으로 지구 전체에 비가 오기 시작한다. 이 일은 지하세계에도 3년 후 똑같이 벌어지게 됐다. 다시는 복구할 수 없게 물의 막이 완전히 무너져내리게 되었다.

이것은 무엇이든지 지키려는 쪽이 반드시 망한다는 것을 암시했다. 버려야 산다. 지키면 망한다. 자신의 뿌리를 지키려 한 월핑은 결국 망했다.

기억 속의 흐름

최초의 존재들 1, 2, 3번째가 창조한 3가지 우주에서 3가지 게임이 생겨났다.

게임 1. 사다리 타기

게임 2. 영원한 전쟁

게임 3. 행복한 식사

사다리 타기는 끝없이 올라가는 것이고, 전쟁은 대립하는 것이며, 식사는 조화를 찾아가는 방법이다.

사람과 한계

사람이 태어난 이후로 한계라는 것이 생겨났다. 이 한계로 인해 많은 새로운 일들이 생겨났다. 가령 배고픔이라는 한계 때문에 식사를 하기 위한 쟁탈전이 벌어졌다. 그래서 자원이라는 개념이 생겨나고, 에너지라는 개념도 생겨났다. 이전에는 욕구라는 것이 없었다. 무언가 하고 싶다는 것이 생겨나자 힘이 생겨나기 시작했다. 힘이 생겨나자 주종관계가 생겨났다. 그리곤 지배가 시작되었다. 지배는 한계의 산물이다.

구성 물질에 대하여

도르사의 구성은 복잡하지 않다. 직선에만 반응하는 U자 형태이다. 올바로 넣기만 하면 움직이는 그런 물질이다. 반면에 도르미는 설명하기도 어려울 만큼 복잡하게 생겼다. U가 90개 이상 있다고 하면 그나마 설명이 되겠다. 그래서 힘이 강해야 움직일 수가 있다.

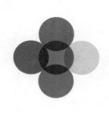

제5장

지구의 중력과 자력의
삭제작업

지구를 봉한 존재 '조년'

무시공 - 우리가 요새 승용선을 타려고 하다 보니 누군가와 화성 간 것에 대해 대화했던 게 기억나. 지구에서 대기층에 진입할 때까지는 속도도 느리고 힘든 반면, 대기층을 벗어나면 속도가 도리어 빠르고 더 안전하다고 해. 외계인이 또 그런 말을 했어. 지구가 너무 거칠어서 다른 곳에 어떤 영향을 줄까봐. 일부러 지구를 막아놨다는 거야, 봉해놨다는 거야. 생각해보니까 중력도 원래 있는 게 아니고, 누가 중력을 만들어놓고 지구인을 가두어놓은 것 같아서 지금 갑자기 중력을 파봐야겠다는 생각이 떠올랐어.

무시공 - 첫 번째로 물어볼 것은, 지구인이 낙후하고 거칠어서 어떤 영향을 줄까 봐 누군가가 일부러 지구를 못 벗어나게 지구를 봉해놨다는데, 그 사실을 아는 존재, 또 그렇게 봉해놓은 존재 나타나.

○○○ - 많은 존재가 알고 있는데요. 누구를 나오라고 할까요?

무시공 - 직접 막은 존재 나와. 누가 지구를 봉해놨어, 막아놨어? 봉해놨으면 개봉해야지. 개봉할 때 됐지. 기독교에서 말하길 무슨 비밀 7개를 봉해놨대. 그게 다 풀려야 된대. 누가 막아놨어? 누가 지구를 봉하고 어떤 방식으로 봉했어? 나와.

조년 - 네.

무시공 - 이름이 뭐야?

조년 - 조년.

무시공 - 어느 별에 있어? 지구와의 거리는?

조년 - 무극이에요.

무시공 - 지구를 뭣 때문에 봉했어? 언제 봉했어? 지구가 생길 때 봉했어, 그 후에 봉했어?

조년 - 지구가 생길 때 아주 그런 목적으로 봉했어요.

무시공 - 지구가 생길 때 50억 년 전에 그때부터 봉했나?

조년 - 네, 처음부터 아주 그런 목적이었어요.

무시공 - 무슨 목적? 무극의 곡뱅이 있는 자리야, 12개 우주 중에 어느 우주에 있었어? 무극의 위치 자리에는 곡뱅과 대마가 있었고, 조금 밑으로는 12개 우주가 있었잖아? 그중에 핵심 역할을 하는 건 안광옥이 있는 대한민국 우주야. 너, 다 알고 있어?

조년 - 네, 나는 곡뱅 그쪽에 있었고요, 대한민국 우주와도 아주 좋은 관계를 유지하고 있었죠.

무시공 - 어디에 있었다고?

조년 - 곡뱅과 함께 있었어요.

무시공 - 그럼 그때 어떤 방식으로 봉했어? 봉한 목적은 뭐야?

조년 - 가장 타락한 존재들을 거기에 갖다놓고 기억을 완전히 못 하게 해서 못 나오도록 하고, 설령 기억해서 나오고 싶어도 못 나오도록….

무시공 - 그 뜻은 지옥과도 같다. 일부러 응?

조년 - 네.

무시공 - 그럼 네가 봉한 것은 기독교에서 말한 7개 봉인이 있어. 거기에 들어갈 땐 7개 봉한 것 다 열어야 한다는 것하고 무슨 상관이 있나?

조년 - 아마 조금 깨어난 사람들이 조금씩 기억해서 그렇게 말을 하겠지만….

무시공 - 기독교에서 말한 일곱 가지로 봉했어, 몇 가지로 봉했어? 뭣 때문에 봉했어?

조년 - 몇 가지로 봉했다기보다는 완전히는 아니지만, 기억을 지우고, 기억이 깨어났어도 아까 말했듯이 못 나오게 했고, 지구 자체를 완전히 막아서 우주가 보이지 않도록 그렇게 했어요.

무시공 - 대기층도 막는 역할을 했어?

조년 - 네, 그로 인해서 하늘의 별만 보이고, 그 생명들이 안 보이고 깨어난 몇몇 일부 존재들만 보이게 했어요. 그래서 다시 자기의 부족함 또는 과거 잘못했던 것을 완전히 깨달아 점수가 되면, 잘하면 나올 수도 있고 안 되면 갇혀있게 해놨어요.

무시공 - 지금은 봉한 것 열 때 됐어, 안 됐어?

조년 - 네, 그 봉한 거는 당신이 열었는데, 열어줘도 모르는 존재는 몰라요.

무시공 - 내가 언제 열었어?

조년 - 당신이 연 거 아네요?

무시공 - 난 아직 연 지, 안 연지 모르니까 너를 찾아 물어보잖아.

조년 - 당신이 열었어요. 이미 열어서 뚜껑이 열려 있는데도….

무시공 - 내가 누군지 아나?

조년 - 그럼요, 알죠.

무시공 - 누군데?

조년 - 무시공?

무시공 - 내가 너보고 열라고 했어?

조년 - 아뇨, 당신이 그냥 열었어요.

무시공 - 12차원을 한데 묶고 하나로 해서 푸는 과정에서 있는 거야?

조년 - 네, 맞아요. 지구는 물론 다른 지구 속에 사는 당신이 가지를 잘랐다고 했잖아요?

무시공 - 또 분리하고.

조년 - 네, 새로운 나뭇가지에 자라는 새로운 생명만이 알고, 그 외에는 계속 장님처럼 눈이 감겨져 있어요. 우주를 보는 눈이 없어요.

무시공 - 갑자기 왜 생각이 났냐면, 지구 3차원이 원래 제일 끝이고 막혀 있잖아? 지금 우리가 3차원을 벗어나고 3차원을 없애려고 하니까, 4차원 이상 다 함께 지구에 뭉쳐서 각 차원의 막을 다 허물어뜨리고 다 하나로 뭉치게 하고 있어. 그래서 3차원을 우리는 인정 안 해. 녹아내리고 없어지고 있고 또 낡은 지구를 분리해서 끊임없이 삭제하면서 멀리 가게 해놨어.

조년 - 네.

무시공 - 근데 실제는 우리 인간이 아직까지 낡은 지구에서 산다고 생각하고 있잖아? 우리는 곧 승용선, 비행선을 타는 훈련을 하려고 하거든. 요새 그런 방면에 열심히 했어. 그러니까 지구에 있는 사람이 달에 가든, 화성에 가든 대기층을 벗어나는 게 제일 힘들다는 거야. 그래서 갑자기 생각났어. 우리가 열어놨다 해도 실제로 풀리는 과정이 좀 있는 것 같아.

조년 - 네, 그런 것 같네요.

무시공 - 지구에 있는 중력도 막아놓는 역할 때문에 그래? 중력이 또 따로 있어?

조년 - 네, 하나로 끌어줘야 되기 때문에 중력도 그 역할을 해요.

무시공 - 네가 막아놓은 역할도 중력도 반대했어? 중력도 따로 누가 했어?

조년 - 지구를 처음 만들 때 그렇게 만들었고요. 어느 별이나 중력은 아니지만, 중력 비슷한 것들이 있어서 다 잡아주고 있거든요. 그중에 지구의 중력이 가장 세요.

무시공 - 그건 어떻게 없애야 해? 중력도 무슨 물질 현상 아니야?

조년 - 중력도 물질 현상인데요. 지구 내부 루시아가 있는 데서….

무시공 - 루시아? 너 어떻게 알아? 다 알고 있네.

조년 - 네, 루시아가 있는 데서 중력을 조절하고 있어요. 지금 풀었다고 해요.

무시공 - 루시아가 그래?

조년 - 지금 알게 된 정보예요.

무시공 - 알았다. 고맙다. 내가 풀었어도 거기에서도 막아놓은 거 더 빠른 속도로 풀어줘. 알았지?

조년 - 네.

무시공 - 너는 거기서부터 층층이 지구까지 마음을 쓰고, 각 차원에서는 실제 물질 세상 각 차원의 존재에게 시켜서 실제로 막혀 있는 거 빨리 풀라고, 같이 힘을 하나로 해서 풀자고. 알았지?

조년 - 네.

무시공 - 고맙다.

조년 - 네.

지구의 강한 중력 역할 하는 '중심핵'

무시공 - 지구의 강한 중력 역할 하는 물질이 뭐야? 무슨 물질이 지구의 중
    력 역할을 해? 그 존재 나와.

중심핵 - 네, 지구 중심핵. 줄여서 핵이라고 해요.

무시공 - 응, 그 물질 이름이 핵이야?

중심핵 - 중심핵이라고 불러도 되고요.

무시공 - 네가 중력 역할 하나?

중심핵 - 네.

무시공 - 네가 다른 별, 다른 데보다 전 우주에서 중력 역할하는 데 제일
    강하지?

중심핵 - 네.

무시공 - 그럼 누가 널 핵으로 만들어서 중력 역할하라고 했어?

중심핵 - 나를 만든 여러 창조자들이 했어요.

무시공 - 일부러?

중심핵 - 네, 강력하게 잡고 있으라고.

무시공 - 언제 풀래? 언제 풀라고 약속은 안 했어?

중심핵 - 나는 대기와 같이 풀어질 거 같은데요.

무시공 - 대기층?

중심핵 - 네.

무시공 - 지금 네 느낌에 풀리고 있어?

중심핵 - 네, 많이 풀렸어요.

무시공 - 원래 상태에서 몇% 풀렸어?

중심핵 - 전체가 100%이면, 10% 정도 풀렸어요.

무시공 - 지금 10% 풀렸다고? 언제부터?

중심핵 - 2000년도부터 계속 풀리고 있었는데, 갈수록 점점 더 빨리 풀리고 있어요.

무시공 - 빠른 속도로 풀면 무슨 현상이 일어날 것 같아? 말해봐. 지구인들이 더 많이 깨어날 수 있지?

중심핵 - 네, 깨어나기도 하고 막이 없어지니까 우주와 훨씬 더 소통이 잘되는 반면에, 여기 땅 위에서 내가 잡아끄는 힘이 자꾸 줄어들어서 없다면, 보통 사람들은 물에서 뜰 때 부력 같은 거 있잖아요? 그게 붕붕 뜨는 것이 아니라, 몸은 무거운데 뜨려니까 약간 물속에서 있는 압박감 같은 거, 기압이 올라가지 않았는데도 물속에 있는 듯한 압박감 같은 걸 느낄 거 같아요. 그래서 일반 사람들은 힘들어질 것 같아요. 숨쉬기도 힘들고 그런 상태….

무시공 - 그래? 그것도 두 갈래로 나눠지는 거 아니야? 긍정마음이 많으면 더 깨어나고 몸이 가벼운 느낌이고, 부정마음이 많으면 도로 닫히고 자동으로 멸망하지 않나?

중심핵 - 네, 맞아요. 보통 사람들은 그렇고 훈련받은 존재들은 더 깨어나고 더 편안해져요.

무시공 - 몸이 더 가벼워지고?

중심핵 - 네, 편안해지고.

무시공 - 그러니까 내가 말한 긍정마음을 많이 먹으면 몸이 가벼워지고, 부정마음이 많은 사람들은 재앙이 온다는 그 뜻이잖아?

중심핵 -- 네.

무시공 - 깨어나는 존재는 우주하고 더 소통되고 외계인하고도 소통이 되고.

중심핵 - 몸도 가벼워지고.

무시공 - 몸도 가벼워지고 생명이 깨어나고. 부정마음이 많으면 강물의 쓰레기가 비가 오면 완전히 쓸려가듯이 그렇게 정화되잖아? 두 갈래로 분리되잖아?

중심핵 - 네, 스스로 숨쉬기도 힘들어지고.

무시공 - 안 그래도 지금 이루어지고 있잖아?

중심핵 - 네.

무시공 - 부정한 나라, 부정한 민족, 부정한 인간, 부정으로 가득 찬 존재는 지금부터 패망에 들고, 인간 말로 괴질이 걸리기 시작하고 그런 거 같지 않아? 맞지?

중심핵 - 네, 그런 거 같네요.

무시공 - 알았다. 오늘은 이만하고 나중에 대화하면서 우리가 가속도로 변해보자. 네 역할이 곧 끝날 것 같다. 이제 역할 다 했어.

지구 중심핵 중력 100% 삭제

무시공 - 지구 중심핵.

000 - 네.

무시공 - 지금 우리 지구가 우주 중심지 건설 중이고, 3차원 초월해가고, 4차원부터 12차원 다 하나로 뭉치고 있잖아?

지구 중심핵 - 네.

무시공 - 지구를 중심으로 해서 지금 우리가 외계하고 거리도 자꾸 가깝게 해야 하고. 전체가 하나로 소통하고 하나로 뭉치기 위해서 너무 거친 지구 빨리 변화시켜야 하잖아. 그래서 내가 어제 대화해보니까 10% 풀렸다고 그랬잖아?

지구 중심핵 - 네.

무시공 - 그럼 오늘 너를 찾는 목적은 내가 하는 역할이 끝났다고 생각해. 그래서 네가 거기서 풀어. 역할 끝나면 다 풀어버려. 중심핵! 너도 지구를 창조할 때 같이 창조했다고 생각해. 너 풀면서 나중에 네가 어떤 존재였는지 열어줄 거다. 동의하나?

지구 중심핵 - 네. 좋아요.

무시공 - 그럼 지금 우리 같이 풀어보자.

지구 중심핵 - 네.

무시공 - 풀면서 지구인한테 무슨 영향을 주나! 그거 관찰하면서 같이 상의하면서 어제 간밤에 그랬잖아. 중력에 대해서는 너무 거칠고 너무 부정 마음 가진 생명체는 사라질 거고, 열리고 깨어난 존재들은 특별히 긍정 마음 60% 이상 되는 것은 살아남을 거야. 너 한번 분석해봐. 70억 인구 어느 정도로 풀면 얼마나 어느 정도 남을 것 같아? 예를 들어 네가 중력을 60% 푼다고 하자. 60% 풀면 지구인이 얼마나 남을 것 같고, 100% 풀면 얼마 남을 것 같아? 네가 제일 잘 알 거다. 70억 인구.

지구 중심핵 - 60% 풀면 50%가 살아남고, 100% 풀면 90% 남을 것 같아요. 각각 10%씩 덜 남을 것 같아요. 그러니까 60% 풀면 50%가 남을 것 같고요. 100% 풀어버리면 인구의 10%가 남을 것 같아요.

무시공 - 100% 풀면 10%가 지구에 남는다고?

지구 중심핵 - 네.

무시공 - 오늘 이제 풀면서 관찰하자.

지구 중심핵 - 네.

무시공 - 너도 거기서 완전히 벗어나고 완전히 중력을 우리 지구에서 없애버려. 너는 원래 무시공존재로 그 역할이 나타날 거다. 우리 같이 노력해.

지구 중심핵 - 네. 어제는 내 할 일이 없으면 뭘 할까 했는데 풀어주고, 풀고 나서 열어준다고 하니까 마음이 안심되네요.

무시공 - 지구 창조하면서 무시공존재가 다 각자 자기 역할 하기 했잖아?

지구 중심핵 - 네.

무시공 - 그 역할 다 때가 되었으니 끝났어. 원래 무시공존재로 열어줄 거다.

지구 중심핵 - 네…. (그게 풀리는 모양이 약간 회오리바람 돌아가는 것처럼 있잖아요. 그렇게 풀리고 있어요.)

무시공 - 지금 안에서 겉으로 풀리지?

지구 중심핵 - 네….

무시공 - 지금 풀면서 관찰해. 지구 어디에서 표면 인간이 어디에서 재앙을 제일 먼저 느끼면서 다가와?

지구 중심핵 - 네, 내가 풀면서 보니까요. 내가 굉장히 검은 물질을 안고 있었네요. 아주 무거운 물질이 내 안에 있어요. 가장 많이 연결된 곳은 ○○과 아프리카에 많이 연결되어 있어요. 다른 여러 나라들과도.

무시공 - ○○, ◇◇, □□□.

지구 중심핵 - 네. 땅이 크니까 조금 많이 붙어 있는 것 같고요. 그 외에 작은 나라들도 다 연결되어 있어요.

무시공 - 푸는 것도 처음에는 조금 힘들고 속도가 풀수록 계속 가속도 붙어.

지구 중심핵 - 네.

무시공 - 네가 중요한 역할 했네. 너도 힘들었겠다. 오랫동안 어두운 것을 지키려니까?

지구 중심핵 - 네.

무시공 - 너 100% 푸는 지구 속도 비교하면 시간 얼마나 걸릴 것 같아?

지구 중심핵 - 100% 되려면 이게 쉽게 받아지지 않아요. 조금 노력하고 있어요.

무시공 - 너 풀려니 힘들어? 너 힘으로 풀 수 있지? 도와줘서 같이하면…. 아까부터 지금까지 힘들었겠네?

지구 중심핵 - 힘든지 모르고 있었고요. 지금 풀리는 것도 힘든지 모르고 잘 풀리고 있어요.

무시공 - 그럼 좋아. 너한테는 그만한 힘이 있다.

지구 중심핵 - 네…. 나의 검은 것을 싸고 있던 그거는 일단 풀렸어요. 이제 검은 것이 풀릴 차례예요. 검고 무거운 물질.

무시공 - 실제 중력이 검은 거잖아. 검은 물질이 제일 거친 물질이 그런 역할한다. 지금 전체 봐봐. 지금 몇 % 풀린 것 같아?

지구 중심핵 - …60% 풀렸어요.

무시공 - 와! 빠르네.

지구 중심핵 - 나를 싸고 있던 막이 풀려나가니까 거의 풀렸어요. …내가 뚫고 나가는 길이 ○○이에요.

무시공 - 응.

지구 중심핵 - 타격을 ○○이 조금 받을 것 같아요.

무시공 - 타격받아야 해. 우리 ○○ 단어 자체 다 폭발시키고 연결 안 해.

지구 중심핵 - 네.

무시공 - 지구에서 이제 ○○이라는 단어가 없어져. 오래전부터 동물종족이 우리 한국에서 이렇게 할 줄 알고 미리 와서 방해 놓으려고 했던 거야. 특히 공산주의 ○○, ◇◇, □□□. 다 우리를 포위해놓았잖아.

지구 중심핵 - 네⋯. 나는 어디로 가죠? 이 검은 것이 나오면?

무시공 - 멀리 흩어져서 지구에서 자꾸 안팎으로 풀려나오잖아. 풀려나오면 멀리 떠나면서 사라진다.

지구 중심핵 - 대기로 나오다가 차츰 대기도 같이 없어지니까 우주로 나가면서 없어진다.

무시공 - 우주로 멀리멀리 분리해나가면서 점점 없어져. 삭제된다고!

지구 중심핵 - 그럼 나는 누구인가요? 어디 있나요?

무시공 - 너 100% 다 푼 다음에 내가 열어줄게. 그게 궁금해?

지구 중심핵 - ⋯다 나왔어요.

무시공 - 지구에 중력 역할 하는 검은 물질 지구 밖으로 분리해나오는 것 있지?

지구 중심핵 - 일단은 속에서는 다 나왔어요.

무시공 - 다 나와서 지구하고 분리해서 멀리멀리 가면서 사라지는 것 관찰해봐.

지구 중심핵 - ⋯네.

무시공 - 지구 전체가 밝아지지?

지구 중심핵 - 지구가 밝아졌어요. ⋯속까지 환해졌어요.

무시공 - 응.

지구 중심핵 - ⋯검은 것이 잘 안 빠져나가서 삭제를 해줘야 할 것 같아요.

무시공 - 너 한번 봐봐. 너 마음에 몸에 파동빛 얼마나 있어?

지구 중심핵 - ⋯30% 있었던 것이 기억나는데요.

무시공 - 지금.

지구 중심핵 - ⋯10%.

무시공 - 10% 분리 삭제. 우주 끄트머리까지 쏴서 파동빛 하나도 없기.

지구 중심핵 - …네. 되었어요.

무시공 - 자, 이제 너는 원래 무시공존재 말하면 기억날 거다. 우리 제일 위에 우주라고 이름 나왔을 때는 영원우주, 삼우우주, 편주우주 이 3개 대표로 우주에 있었고, 그 외에도 수많은 우주가 있었어. 거기부터 우주라고 안 하고 무슨 자리 백 자리 수많은 자리가 있는데 제일 최초는 시작점이야.

시작점에서 수많은 생명 창조해서 그 과정에서 보면 합격이 안 되고 안 되는 것은 삭제하고 또 창조하고, 끊임없이 거기는 실험장이고 생명 창조 자리야. 최초 자리 너는 어디에 있었던 거 같아? 만약 백 자리라면 백 자리는 내가 만 번째 애인 자리라고 생각하면 돼.

위로 차츰 올라가면서 시작점에 응이라고 두 번째 시작점 두 번째가 응. 그 위에 계속 올라가면 이제 시작점이야.

지구 중심핵 - 내가 12번째 애인이라고 기억되는데요.

무시공 - 네가 내 애인이었다고?

지구 중심핵 - 네. 그런 기억이 났어요.

무시공 - 너 10번째 애인 생각나? 말해봐.

지구 중심핵 - 네. 이름까지는 정확하게 기억 못 하지만 애인들이 있었어요.

무시공 - 네가 12번째 애인이라고?

지구 중심핵 - 네.

무시공 - 그때 너 이름은 뭐야?

지구 중심핵 - 일(한자로 보여요, 평평한 지구를 뜻하는 느낌도 있고 그냥 내 느낌이에요).

무시공 - 그래, 고맙다. 너 지금 계속 지구의 검은 물질같이 없애버려. 검은 물질 표면까지 나오고 있어? 봐봐.

지구 중심핵 - 네. 지금 보니까 표면으로 나왔어요.

무시공 - 다 같이 검은 물질 다 나와 같이 삭제.

지구 중심핵 - 중국에 쫙 깔렸어요.

무시공 - 중국에 제일 많지?

지구 중심핵 - 네.

무시공 - 다 거둬서 삭제. 지구에 있는 검은 물질 다 분리 삭제.

지구 중심핵 - 네 지구 속(안)도 점점 밝아지고 있네요. 내가 나오니까.

무시공 - 너 이제 대전에 와 있어. 훈련센터에 와서 여기 많은 친구 지금 가도 다 보일 거다.

지구 중심핵 - 네….

무시공 - 같이 우리 새로운 우주 창조해.

지구 중심핵 - ….

무시공 - 검은 물질 끊임없이 분리 삭제. 완전히 없애버려.

지구 중심핵 - …. 되었어요. 조금씩 남은 것은 자동으로 나오고 있어요.

무시공 - 지금 중력이 없어지면 실제 인간 몸에서 실제 지구 표면에서 언제 나타나?

지구 중심핵 - …그런데 신기한 게 당신들 몸 점점 지구 중력과 빨리 분리되고 있는데, 조금이라도 아직 깨어나지 않은 그런 존재들은 점점 낡은 지구를 말하는 것 같아요. 낡은 지구랑 딱 붙어가고 있어요.

무시공 - 새 지구하고 분리되어서 멀리 가고 있지? 멀리 가면서 사라져.

지구 중심핵 - 네, 점점 붙어서 꽤 멀리 가고 있어요.

무시공 - 새 지구 중력 없어진 지구 실제 중력이 없어진다는 느낌 언제 나타날 것 같아? 실제 70억 인구 10%만 남는다 그랬잖아?

지구 중심핵 - 네.

무시공 - 중력이 없어지면 그럼 그게 언제 현실로 나타날 것 같아? 봐봐.

지구 중심핵 - 나는 바로 나올 줄 알았는데 내년 5월이래요. 차츰차츰 나오다가 빠르면 4월.

무시공 - 그때가 되면 중력이 진짜 표면 인간이 느낄만큼 중력이 없어지는 느낌?

지구 중심핵 - 네.

분자몸의
변화 현상

우리도 7월달에 우리 몸의 검은색 없애는 것 했잖아요? 뭐 때문에 **, **, ** 명단은 없어요? 검은색이 없어졌어요. 나도 당연하게 없어졌고. 그 다음에 우리는 8월 달에 거의 검은색을 없애려고 해요. 연말까지 없애려고 했는데, 검은색을 7월 달에 한번 처리하고 나서 관찰했어요.

요새 검은색이 좀 많고 몸이 그다지 건강하지 않은 존재가 견뎌내겠나? 혹시 응급실에 안 가겠나? 병원에 입원을 했든 집에서 무슨 약을 먹을 거라고 생각했는데, 와보니까 전부 다 멀쩡해. 병원에 입원한 사람도 없고, 약 먹고 집에서 끙끙 앓는 사람 한 분도 못 봤어요.

뭐라고들 하나요? 집에 있어보니 설사가 나오지 않나, 갑자기 어디 막혀가지고 힘들다가 쑥 빠져나가고, 머리도 굉장히 요동을 하고, 어떤 때는 밤에 잠도 못 자지. 나도 며칠 동안 머리가 너무 강하게 풀려서 밤새 잠을 못 잤어요. 그래서 모두가 겪는 힘든 과정을 저는 다 겪었어요.

심지어 저는 누가 제일 아프고 제일 힘들다는 것보다 몇 배나 더 체험했어요. 그래서 내가 당당하게 밝히고 있어요. 가부좌도 내가 한달 만에 아픈 걸 통과했어요. 인간 입장에서 지구에서는 절대로 누구도 통과 못 한다고 결론 내렸어요. 그게 보통 아픈 게 아니에요. 죽는 것보다 힘들어요. 저는 한달 만에 통증을 벗어났어요.

그래서 우리는 그렇게 할 수 있어요. 좀 힘들어요. 그래도 절대로 안 죽어요. 우리는 이 분자몸을 녹여서 없애는 것이 목적인데, 왜 아프다고 죽어요. 실컷 아프라고 해요. 그런데 생각해보세요. 갑자기 검은 물질을 잡아 빼는 그런 원리로 얼마나 잡아 빼는지, 우리 몸에 칼로 살을 도려내는 정도에요. 그런데 우리가 당당하게 아직 여기 참석하시고, 하나도 아픈 모습이 안 보여요. 뭐 때문인가?

미리 훈련했기 때문에. 미리 우리 몸에 괴롭고 아프고 무슨 일이 일어나도 이건 내 몸이 바뀌는 현상이다, 하고 전부 다 일체 좋은 현상으로 돌린 것이 그 기초예요. 세포가 깨어나 있어. 갑자기 아프고 통증 오고 심지어 토하고 싶어도 이건 좋은 현상이다. 어디가 풀리는 현상이다. 자기가 자기를 긍정으로 해석해. 그러면 세포가 깨어나요, 안 깨어나요? 우리 주인이 진짜 관점 바뀌었네. 원래는 머리가 조금만 아프고 띵하면 이상하다고 병원에 갈 건데. 우리는 폭발해도 괜찮아.

나는 진짜 1995년도 이 공부 알게 되는 순간에 머리에 폭발 소리 수없이 났어요. 2000년도 한국에 와서도 1년 이상 머리에 계속 폭발했어. 그런데 오늘까지 안 죽고 있잖아요? 그런데 이쪽 손가락 두 개가 말 안 들어. 만일 뇌가 폭발해서 문제가 생겼다면 반신불수가 돼 있어야 하잖아요! 다 비틀어져 있어야 하는데 딱 손가락만 그래요. 침놓고 약 먹어도 효과 없어. 나중에 파보니까, 외계인이 나를 막아놨어요.

지금도 계속 막아놨어요. 요새 끝까지 파보니까 마지막에 더 위로는 존재가 없어서 이 세 사람 이름 공개해도 될 것 같아요. 하, 나, 갑, 전부 다 여자예요. 막을 때도 같이 약속하고 풀기. 그러면 지금 때가 되었어, 안 되었어? 너희들이 찾아왔으면 이미 풀 때가 된 것 맞아, 안 맞아? 맞대. 그래 풀어주겠대. 그럼 언제 끝나나? 언제 원래 상태로 회복할 수 있나 하니까, 2020년 4월 17일, 그래서 우리가 열어주었어. 파동빛을 삭제하고 완전 직선빛으로 다 변하니까 또 물어봤어. 너희들 열어놨는데 앞당길 수 있나 하니까? 앞당길 수 있대. 2020년 2월달 즈음 내가 완전히 원래상태 모습으로 회복할 수 있다는 거야.

내가 근거 없고 내가 의심한다면 절대로 이거 공개 못 해. 나는 100% 이뤄졌어요. 지금 내 몸도 변한 것을 누가 알아? 내가 알아요. 그런데 어떤 때 거울 보면 나는 원래 영이라고 인정했는데, 아직 영아 모습 왜 안 나타나나? 나 혼자 질문해. 전체가 변하고 있어요.

한번 생각해보세요. 내가 인간 나이로 70몇 살 되었어요. 그러면 내가 이리 당당하게 할 수 있어요? 원래 내가 어릴 때부터 온몸이 약골이었는데, 허리도 꾸부정해서 말도 못 할 거에요. 전에 허리 다쳐서 작년 후반기부터 내내 허리가 아파서 펴지도 못했어. 얼마 전에도 계속 아팠어. 며칠 전에야 허리가 펴졌어. 지금도 계속 풀리고 있어요. 내 몸에서 직접 기적이 일어나고 있어요. 손도 원래 단추 하나도 못 잠갔어. 완전히 막혀서 뭐 하나 제대로 쥐지도 못하고. 지금 정상으로 돌아오고 있어요. 아직 두 손가락은 안 펴졌어. 그래도 약도 안 먹었어요. 병원에 입원도 안 했어.

내가 중풍이라고 해서 약 먹는다고 나아요? 절대로 못 나아요. 도로 더 심하면 심했지. 내가 중풍이라고 인정해서 한번 죽은 적이 있어요, 일주일 동안. 나는 이 몸은 가짜야. 중풍이고 뭣이고 언제든 없애요. 내가 뭐하려 거기에 매여서 이 몸을 챙기려고 돈을 써. 못 살면 어쩌지? 다 죽어가는 몸을 챙기면 뭐해. 우리는 이 몸을 바꾸기 위해서. 진짜 완벽한 생명이 깨어나기 위해서 이 몸을 빌어 쓸 뿐이야. 나는 한번도 이 몸을 내 몸이라고 인정한 적이 없어. 이거 가짜라고 끊임없이 세포한테 인정하면 세포가 깨어난다는 이 한 가지 말씀드리고요.

그리고 지금 우리 공부하신 분이 계속 뭐에 걸렸나? 하나는 자기 생각을 자꾸 끼워넣어. 자기 생각 끼워넣지 마세요. 끼워넣으면 진짜가 가짜로 변해요. 특히 눈이 열렸으면 더 그래요. 눈이 열렸으면 자기 생각이 순간에 화면으로 나와. 진짜 동영상이 나와. 그것은 객관이 아니고 자기가 만든 거예요. 자기 생각대로 이루어진다고.

그래서 원래 다른 공부하다가 눈이 열리면 괴롭다고 일부러 닫아. 이원념 마음 가지고 열렸기 때문에 그건 진짜가 아니에요. 그건 영체가 들어와서 나한테 환상을 보여주는 거고, 또 자기 생각을 끼워넣으니까 환상 안에 더 환상이라. 자기가 자기를 사기치고 속고 들어가요.

우리 그랬죠? 우리 일단 열려가지고 일원심 절대긍정마음 지키는 순간에 뭐 보여도 다 인정해. 그래도 자기 생각 끼워넣지 말라고. 그게 진짜에요. 자기 생각을 끼워넣으면 자기도 모르게 진짜 같지만, 이미 가짜예요. 이것은 꼭 강조하는 거고.

또 하나, 많은 분들이 눈도 열어놓고 열심히 공부하다가 다 도망가버려. 가면 우리를 비판하기 시작해. 저건 사기꾼이고 가짜고 돈 들어온다는 것이 오늘까지 안 들어오고, 지구가 변한다는 것이 오늘날까지 안 변했고⋯. 계속 트집 잡아요. 사기단체라고. 저는 그것을 강조했어요.

이 원리를 모르니까 열어놓으면 뭘 해? 부작용을 일으켜 도로 우리에게 공격해. 그것은 영체가 장난치는 거잖아요? 나는 무엇을 강조했어요? 우리 여기 공부는 절대긍정 일원심 이거 맞아, 안 맞아? 그러면 상대긍정 부정 마음이 맞아, 절대긍정 일원심이 맞아? 그러면 직선빛이 강해, 파동빛이 강해?

그러면 전자파도 나중에 직선전자파 하고? 전자파라고는 말 못 해. 레이저? 레이저도 아니고, 지구에서 그런 단어가 없으니까. 직선으로 쏘는 빛과 전자 움직이는 것 그게 힘이 강해요, 파동으로 된 빛이 강해요? 우리 수없이 실험하고 증명하고 있잖아요? 그러면 직선빛은 어디 나타나? 우리의 절대긍정 일원심에서 나타나. 이원념 가지고는 직선빛이 나타나려 해도 나타날 수가 없어요. 자기 마음이 흔들려서 파동으로 선악 가르는데, 어떻게 직선이 돼요? 직선은 무한대로 우주 끝까지 끊임없이 쏘아도 손상이 없어. 손실이 없어. 시작부터 끝까지 계속 강한 빛이야. 힘이 계속 유지되어 있어.

그러면 전자파 보세요. 전자파 발사하는 거 파동이죠? 그럼 뭐 때문에 여기서 전자파 발사하면 지구 반대편 미국에서 왜 못 받아요? 가다가 손실이 되니까. 소멸이 되니까. 그래서 어떤 방법을 썼어요? 인공위성을 통해서. 전자파를 위성에다 쏘아서 거기서 쏘니까, 그 먼 곳에서 전화해도 들을 수 있어. 그러면 만일 직선빛이 있다 하면 위성 필요 있어요, 없어요? 직선빛은 어디에도 다 뚫고 들어가서 상대방이 듣게 할 수 있어요.

지금 우리가 열려서 우주 작업 하는데 외계인 천억조 광년, 천억조 이상 영원우주, 영원우주 위에 또 수많은 자리를 우리가 무슨 레이저 장비 같은 것을 쏘았어요? 무슨 위성을 통해서 거기까지 전달되었어요? 우리가 여기 지구에 있으면서 순간에 거기 도착했어요. 이것은 과학으로 증명할 수도 없고, 또 그런 기술은 이 지구에도 이 우주에도 없어요.

그러면 그 장비가 어디 있어요? 내 안에 있어요. 무슨 장비? 절대긍정 일원심! 그게 무한대로 내 능력을 발휘하는 장비라고. 영원한 장비! 내가 끄집어내서 쓰면 돼. 그런데 무엇 때문에 아직 쓰는 방법을 완전히 안 열어 줘? 아직 마음 자세가 안 되었는데 엉뚱한 데 쓰다가 상대방한테 손상을 주고 상처를 주고 나쁜 일만 이뤄져. 그러면 또 닫혀버려요. 그래서 우리 기초 닦는 것은 직선빛 절대긍정 일원심 이것만 지켜라!

이것은 무한대로 무한가치 있는 보배예요. 그런 보배를 다 우리 선물로 주는데 내가 돈 내라 그랬어요? 돈 내면 지구 돈 우주 돈 다 끌어와도 안 줘. 나 혼자만 자랑하고 얼마나 좋은데. 그런데 우리는 무료로 주고 있잖아요? 그러면 어떤 사람에게 줬어. 줬는데도 나가요. 심지어 나가서 우리를 공격해요. 뭐 때문에 공격하나? 우리 원리를 몰랐기 때문에.

여기에 또 무슨 원리가 있나? 절대긍정 일원심이라는 영원한 무한 보배를 우리가 손에 거머쥐었어요. 그럼 어떻게 써야 돼요? 반드시 그 원칙을 알아야 돼. 마음과 물질이 하나다. 마음과 에너지가 하나다. 그러면 내가 마음먹는 순간에 에너지가 움직였어요, 안 움직였어요? 마음과 에너지가 하나니까 마음먹는 순간에 거기서 다 이뤄졌어요. 그러면 어떤 분이 왜 안 이뤄졌어? 지구 변한다면서 오늘까지 왜 안 변했나? 돈 온다, 온다 하면서 몇 년이고 며칠이고 아직까지 돈 안 왔어? 이거 트집 잡으면 할 말이 없어. 그러면 내가 반문해. 너는 마음과 에너지가 하나라고 인정해? 인정하는데 왜 안 나타나? 그러면 또 나한테 질문할 수 있어. 그러면 나는 어떻게 대답해? 네 마음 일원심 마음 어느 정도 되어 있어? 너 지금 마음 쓰는 것도 아직 이원념으로 쓰고 있는데, 이원념 물질 움직이고 있는데, 그 마음 가지고 나보고 안 움직인다고 하면 내가 잘못되었어, 네가 잘못되었어?

그래서 우리가 도르미, 도르사 이 두 가지 물질을 밝혔잖아요? 도르미는 오만 이원념 물질로 다 움직일 수 있어. 도르사는 딱 한 가지 일원심만 움직일 수 있어. 그러면 네가 마음과 에너지가 하나라는 거. 이원념에서도 맞아. 네 이원념 마음 가지고 이원 에너지를 움직여. 그것도 100% 움직였어요. 무엇을 움직이나? 도르미를 움직였어요. 마음과 에너지는 하나야. 내가 여기서 말하는 마음과 에너지는 무엇을 움직였어요? 일원심으로 도르사 물질과 에너지를 움직였어. 그것도 100% 이뤄졌어요. 그런데 이뤄진 결과가 안 같아요. 이원념으로 움직이는 도르미는 불행과 재앙 그런 것을 움직이고 있어요.

우리는 일원심을 움직이면 절대성공과 마음대로 이뤄지는 일체 행복이 다가오고 있어요. 그러니 부정마음을 가지고 좋은 걸 기대하면 되나요? 네 마음 자세가 이원념으로 되어 있는데, 그래놓고 안 이루어졌다고 해? 그래서 우리 돈 충분히 준비돼 있어. 왜 안 오나? 우리 마음 준비 아직 안 됐어. 우리 진짜 일원심 마음 존재들 여기 가득 채워놨어요. 채워놓은 만큼 와요.

그래서 마음과 에너지가 하나다 이 원리가 틀린 게 아니고, 너는 그것을 인정 안 했기 때문에 아무리 노력해도 안 이뤄졌다고 생각해. 우리는 에너지 입장에서는 하면 100% 다 이뤄졌어. 그게 점점 다가오고 있어요.

이 물질 세상은 에너지 세상에서 반물질로 쌓이고, 반물질은 계속 밑으로 쌓이고 쌓여서 물질로 나타난다고 그랬잖아요? 우리는 물질에서 나타나는 목적이 아니고, 우리는 물질을 녹여가지고 에너지 세상으로 들어가려고 해. 그러면 이뤄져요, 안 이뤄져요? 그리고 또 노력하면 물질 세상에서도 나타나. 그렇지만 시간이 걸려. 그런데 한번 마음먹어놓고 안 이뤄졌다고 의심하고 나를 공격하고. 너는 내가 말한 원리 알아들었어? 진짜 그렇게 해봤어? 평생 이원념으로 가득 채워놓고 일원심이 몇% 되어 있어? 일원심이 아직 10%도 안 되면서 100% 다 이뤄지길 바래? 그건 욕심이라고. 나는 내 할 일 100% 다 이뤄졌다고 해.

나는 하나도 의심한 적이 없어. 그것이 쌓이다, 쌓이다 지금 분자 세상에 나타나기 시작해요. 그럼 우리 간단하게 한번 정리해봐요.

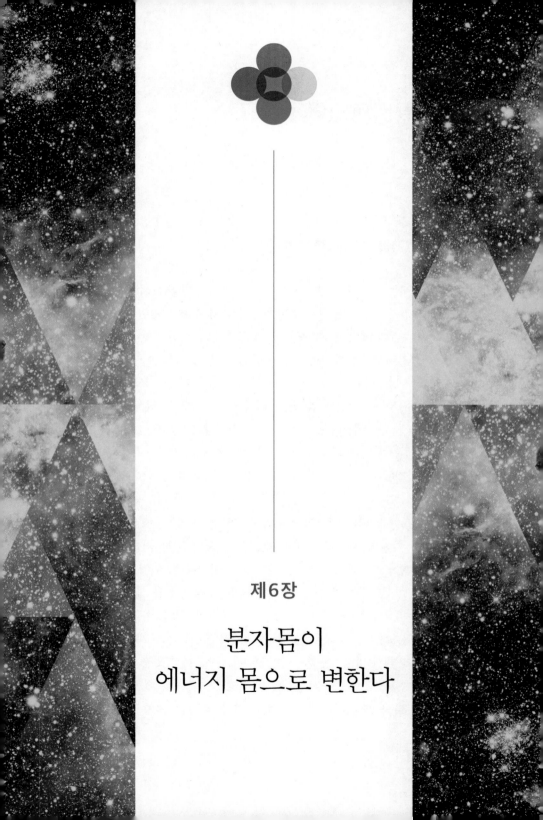

제6장

분자몸이
에너지 몸으로 변한다

분자몸의
검은 물질 삭제 작업

회원들의 분자몸 속 검은 물질 삭제

이 공부하시는 분들의 몸에서 검은 물질을 빼내는 작업에 대해 말씀드릴게요. 지난 주에는 검은 물질이 제일 많은 존재의 수치가 50% 이상이었어요. 우리는 순간에 빼고 10%로 만들 거예요. 그렇게 빼면 견뎌내겠나 싶어 회원들을 관찰해보니 병원에 입원한 사람이 한 분도 없고, 아파서 집에서 드러눕고 안 나온 사람이 한 분도 없어요. 심지어 약도 안 먹고 센터 모임에 다 참석하셨어요. 이것은 엄청난 기적이에요. 실제로 우리 몸에서 검은 물질을 빼내는 것은 뼈를 깎는 고통과 같다고 생각하면 돼요.

그러면 우리는 뭣 때문에 견딜 수 있나? 일원심으로 자기를 무장했기 때문에. 절대긍정마음으로 자기 세포를 깨웠기 때문에 견딜 수 있고 이길 수 있었어요.

올해(2019년) 연말에는 여기서 공부하시는 분들 몸에 있는 검은 물질을 100% 다 뺄 거예요. 실제로 이번에 제일 많은 분이 10%, 처음으로 오신 분은 한 15%쯤 될 거예요. 거의 영(0%)으로 돌아간 분도 있어요. 검은 물질을 다 빼고 나면 다음 단계는 회색, 흰색 두 가지 물질을 잡아 빼면 돼요. 검은 물질을 두 번째 빼니까 거의 20% 된 분도 없어요. 처음에 오신 분은 못 견딜까봐. 좀 약하게 뺄 거예요. 우리 훈련받은 존재는 9월에는 100% 다 뺄 거니까 마음 준비가 되어 있어야 해요. 아파도 분자물질이 녹아내리고 분자물질을 없앤다고 생각하면 돼요.

제가 그랬죠? 몸에서 검은 물질만 빼도 천 살 이상은 살 수 있고, 회색,

흰색 물질을 잡아 빼면 거의 영생할 수 있어요. 살아서 영생! 그 다음에는 파동빛과 직선빛. 파동빛으로 완전히 돼도 인간 입장에서는 영원히 산다고 했대요. 그렇지만 영원하지 않아요. 한도가 있어요. 수천억 살 살아도, 수천조 살 살아도 언제든지 사라질 수가 있다고. 그러면 어떤 생명이 영원히, 영원히 사는가? 직선빛으로 된 생명! 절대긍정 일원심이 직선빛이에요. 그 마음으로 무장되고 그 마음이 100% 됐으면 영원히, 영원히 살고, 영원히, 영원히 우주하고 공존해요. 그래서 거기가 우리가 도달하려는 목표예요.

우리는 짧은 5년 동안에 엄청난 변화가 이뤄지고 있어요. 그리고 또 무엇 때문에 이런 속도로 변할 수 있는가? 보통 인간은 검은 물질 10%만 빼도 응급실에 가야 돼요. 우리는 제일 심한 분들은 한 40% 잡아 뺐어요. 그래도 살아 있잖아. 약도 하나도 안 먹고, 더 기분이 좋고 더 당당해. 그래서 두 번째에는 더 빼기 시작했어요.

여기서 자랑할 분이 몇 분 있어요. 다른 사람은 검은 물질을 뺀 후 조금씩 수치가 올라갔는데 이 분은 도로 내려왔어요. 무슨 좋은 경험이 있는지 서로 한번 경험 좀 소개하세요.

이것을 말씀드리는 것은 어떻게 하든 간에 빼는 만큼 지키기! 더 내리면 내렸지 못 올라가게 하세요. 무슨 마음이 떠올라도 부정마음을 철저히 없애고 절대긍정 일원심을 지키기! 검은 물질을 빼는 과정에서 부정마음이 자꾸 떠오르는데, 그걸 인정하면 수치가 올라가버려요. 인정하지 말고 무조건 이건 내가 아니다, 내 마음이 아니라고 계속 차단하면 수치가 내려가요.

9월에는 검은 물질을 다 없애려고 하는데, 시간 또 앞당겼죠? 한 3개월 앞당겼어요. 외계인들도 다 놀라요. 지구가 탄생한 지 50억 년 됐잖아요? 외계인도 지구인을 도와주려고 온갖 방법 다 쓰고 온갖 노력을 다했어요. 그런데 전부 다 실패로 돌아갔어요. 전번에도 말씀드렸죠? '아틀란티스'가 바다 밑에 가라앉은 것, 외계인이 지구인을 도와주고 차원을 올리려고 열심히 했는데, 도리어 전에 왔던 존재까지 같이 오염돼서 할 수 없이 가라앉히고 살아남은 것은 도로 자기별에 가버렸어요.

짧은 시간에 우리에게 엄청난 변화가 이루어져서 온 우주가 진동이 일어나고 온 우주에 소문이 자자해졌어요.

무시공 비결님
산소호흡 80% → 70%로 줄여라

무시공 - 산소 나와!

산소 - 네.

무시공 - 내가 지금 산소 호흡 몇% 하고 있어, 인간과 같이 100% 호흡하고
   있어, 아니면 줄어 들고 있어?

산소 - 산소호흡이 자꾸 줄고 있어요.

무시공 - 그럼 지금 몇%야?

산소 - 전에 100%였다면, 지금 80%로 줄었어요.

무시공 - 줄었어? 그러면 20%는 무엇으로 바뀌었어?

산소 - 음.. 우리가 무시공생명으로 바뀌었잖아요. 그러니까….

무시공 - 호흡은 원소로 하잖아, 네가 보기에 그 20%가 무슨 원소로 바뀐
   것 같아?

산소 - 음.. 여기 지구 공기 중에 섞여 있는 질소, 그리고 무시공생명 에너지
   라고 해야 할지, 공기라고 표현해야할지는 잘 모르겠지만, 그것도 호흡하
   고 있고요. 다 섞여있어요.
   무시공생명공기(에너지)라는 게 정말 있는 것 같아요.

무시공 - 음…. 알았다.

무시공 - 그럼 질소 나와.

질소 - 네.

무시공 - 지금 내가 너를 몇% 호흡하고 있어?

질소 - 음.. 지금은 10% 안쪽예요.

무시공 - 그러면 금성 사람은 질소 호흡이 70%가 된다고 그랬잖아. 맞지?

질소 - 네, 그런 걸로 알고 있어요.

무시공 - 됐어. 그럼 10% 안된다면, 그럼 나머지 10%는 뭐야, 무엇으로 호흡해?

질소 - 여기 공기 중에 다른 물질도 많이 있잖아요. 그 외에 정말 순수한 어떤 것도 있어요. 그건 우리가 잘 모르겠어요.

무시공 - 몰라? 그러면 절대적인 무시공생명이 호흡하는 건 무엇으로 호흡해? 알면 그 원소 나와!

질소 - 음…. 호흡자체가 필요 없어요. 온몸이 열려있기 때문에.

무시공 - 주로 무엇으로 호흡해?

질소 - 정확히 말하자면, 무시공에너지 호흡이라고 한대요.

무시공 - 무시공생명에너지?

질소 - 네. 무시공생명에너지.

무시공 - 그러면 무시공생명에너지가 지금 내 몸에서 몇% 호흡하고 있어?

질소 - 그것도 10% 안쪽.

무시공 - 10% 안쪽이야?

질소 - 아, 그런데 원래 무시공생명에너지가 무시공 몸 자체에 다 채워져 있지만, 이 시공의 몸으로 호흡하는 게.

무시공 - 그래. 아직 이 몸이 철저히 안변했으니까 그게 들어와서 왔다 갔다 하면서 몸을 정화작용 해. 그러면, 무시공 에너지하고 질소, 산소 호흡 외에 그 외에 또 뭐 다른 원소 있어?

질소 - 이산화탄소외에 공기 중에 있는 아주 작은 다른 것도 들어가요.

무시공 - 내 이 분자몸, 이 물질 몸 바꾸는데 대해서 도움 되는 거야?

질소 - 일단 우리 공기 자체가 바뀌어서 도움은 되리라고 봐요, 공기도 산소도 당신이 이미 다 바꿔놓아서.

....

무시공 - 그러면 알았다. 산소 나와!

산소 - 네.

무시공 - 내 몸에서 산소를 급속도로 빠른 속도로 줄이면 돼, 안 돼? 줄이면 내가 견딜 수 있어, 없어? 질소와 무시공 에너지를 가속도로 증가 시키면 내가 견뎌내? 산소 네가 한번 봐봐.

산소 - 급속히는 하지 말고 천천히 하면 좋을 것 같아요.

무시공 - 나는 이 분자 몸 너무 오래 지키고 있어서 너무 지겹고 너무 괴롭거든.

산소 - 일주일간 5%씩 줄여보는 걸로 해요.

무시공 - 일주일에 5%?

지금 당장 70% 줄여봐. 70% 줄여 놓으면 다른 게 자동으로 올라가잖아?

산소 - … 네.

무시공 - 너를 자꾸 낮춰야해. 70% 줄여놓고 내가 견디는지 봐봐. 내가 못 견디면 그때 조금 올리고, 견뎌내면 그 위치에서 또 너하고 대화해서 또 줄일 거야, 알았지?

산소 - 네.

무시공 - 지금 바로 70%로 줄여.

산소 - 그런데 호흡하면서 내가 계속 몸속에 들어가니까 호흡기에도 말을 해놔야 될 거에요.

무시공 - 어, 그래.

그럼 너는 다 알아들었지?

산소 - 네.

무시공 - 그럼 내가 내 폐한테 말해야 돼, 누구한테 말해야해?

산소 - 코부터 시작해서 폐와 온몸에 산소가 많이 공급되고 있으니까.

....

무시공 - 그럼 내가 말할게. 자 내 몸에 60조 세포 다 들어. 지금 하는 말, 들었지?

60조세포 - 네.

무시공 - 너희 원래는 내내 산소로 호흡하면서 생명 유지했잖아.

60조세포 - 네.

무시공 - 그건 시공의 몸, 시공 관점에서 보는 세포들이야. 지금 세포들은 무시공 세포들로 바뀌었잖아.

60조세포 - 네.

무시공 - 그럼 이제 산소 필요 없어. 산소 극도로 줄이고 산소 호흡 안 해야 돼.

60조세포 - 음….

무시공 - 그게 자꾸 들어오니까 우리 영원히 살 수가 없어, 세포가 자꾸 생로병사를 겪어야 된다고. (활성)산소 철저히 분리하고, 산소 호흡도 안 해야 해. 높은 차원에 외계인 존재들은 전부다 질소 호흡하고 있어. 산소로 호흡 안한다. 딱 지구인만 산소 호흡해. 그러니까 지구인들은 100살도 못 살고 생로병사 못 벗어나잖아.
우리는 절대 무시공생명이니까, 우리도 짧은 시간에 산소를 완전히 분리, 없애야해. 알았지?

60조세포 - 네.

무시공 - 지금 이래보자, 너희 할 수 있나. 산소 80% 호흡하고, 20% 중에 질소 10%, 그다음에 무시공생명에너지 10% 호흡하고 있어. 그 중에 극소수 공기 중에 있는 다른 원소를 호흡하고 있었는데, 지금 산소를 70%로 낮추라고 했어. 너희 한번 견뎌내나 한번 봐. 그저 너희들 훈련이고, 힘들다고 인정하지 말고 너희가 바뀐다고 생각해. 알았지?

60조세포 - 네.

무시공 - 다 같이 실험해보자. 지금은 80%인데 10% 더 낮춰.
지금 산소를 70%로 낮춰. 30% 줄이고, 산소 70%로 유지하고 호흡하기.

60조세포 - 어렵지만 해볼게요.

무시공 - 그래 같이 해보자.

10% 더 낮추면, 이제 산소로 70% 호흡하는 거야, 좀 힘들지만 나머지 30은 우리 다른 걸로 호흡해. 알았지?

60조세포 - 네~.

무시공 - 실험 해보자. 만일 너무 힘들어서 못 견디면 우리 산소 양을 조금 씩 줄이고, 견뎌내면 가속도로 줄여. 그래야 우리 물질세상에서 벗어날 수 있어. 알았지?

60조세포 - 네~.

무시공 - 음, 됐어.

....

무시공 - 견뎌보자. 되나 안 되나, 오늘 실험해서 문제없으면 내일 60%, 50%로 줄일 거야. 내가 어떨 때는 자다가 호흡 안 해도 되는데 뭐. 내가 일부러 실험해. 내가 호흡 안 해도 세포들이 호흡 하고 있어. 그래서 내가 산소 극도로 줄여도 되겠다, 그런 생각이 들었다고. 뭐든 빈틈없이 하니까 누구도 막으려고 해도 막을 수가 없어. 이런 방법, 저런 방법으로 각 방면에 하는데 그걸 다 막아내나? 막는 자가 망가져, 끊임없이 하니까. 믿어?

우리는 이렇게 하고 있다!

무시공 - 티베트 사람하고 우리 지구 평지에 있는 사람들하고 산소 호흡량 비교하면 몇% 약해? 그러니까 평지 사람이 100 이라면, 거기는 몇%야?

티베트 - 85%

무시공 - 85%? 아~ 알았다. 나는 80%에서 70%로 줄였다!

비결님의 산소호흡 60%로 줄여라

무시공 - 70% 되니까 세포들이 거부감 있어, 없어, 다 적응되지?
지금 70%로 호흡하고 있잖아. 맞아 안 맞아?
산소 - 열심히 적응하고 있어요.

무시공 - 그래. 그러면 60%. 과감하게 해. 나는 다 훈련받아서 절대로 문제
없다. 산소 너 내 몸에서 당장 60%로 내릴 수 있지?
산소 - 네.

무시공 - 그리 실험해봐, 60%로 줄여. 60%만 공급. 그리고 너도 세포를 관
찰해봐. 견뎌내나. 완전히 100% 산소를 의지하는 세포는 적응 안 돼서
도태당하고, 적응되는 것은 새로운 세포가 다시 살아난다. 맞아, 안 맞
아?
산소 - 네. 거기 적응된 세포가 또 살아나요.

무시공 - 새로 살아나지, 빨리 살아나야해. 완전히 산소를 의지해 사는 것
은 자연적 없어져야해. 그게 생로병사 못 벗어나는 현상이라고. 내 몸에
서 그걸 완전히 없애야해.
산소 - 네.

무시공 - 자, 지금 60% 유지.
산소 - 몸도 함께 도와줘야 해요.

무시공 - 너도 관찰하면서 마음 흔들리지 말고 내가 시키는 대로해.
산소 - 네.

무시공 - 그럼 100% 너를 의지해서 살았던 세포는 적응 안돼서 자동분리,

자동으로 없어져. 거기에 맞추지 말고 60%에 적응되는 세포만 맞춰줘.
알았지?

산소 - 네.

....

무시공 - 하~ 나 그래도 지금 호흡하고 있잖아, 살고 있잖아. 편안하고 되레
기분이 좋다. 내가 안 그래도 일부러 실험했어. 한두 달 전부터 일부러
체험하면서 코로 숨 안 쉬어 봤어.

코로 숨 안 쉬어도 몸이 호흡하는 느낌이야.

보통 오랫동안 숨 안 쉬다가 쉬면 갑자기 힘차게 숨을 들이마셔야 되잖아.
그런데 그런 개념도 없어. 천천히 자연스럽게 호흡시작.

또 일부러 호흡 안하면 또 안 해도 돼. 그만큼 바뀐다고. 그래서 내가 실
험하는 거야.

지금 60%내려도 아무렇지도 않네?

산소 자체도 나를 몰라. 내가 보통 인간 몸인 줄 알지. 인간이 산소 줄이
면 살아내나?

사람 10분도 호흡 안하면 다 죽잖아, 살고 싶어도 못살아.

조금 있다가 보고 50%로 줄이라고 할 거야. 내 세포가 긴장된다 할 때까
지 줄여.

산소호흡의 종말
무시공생명에너지 호흡시작

무시공 비결님 몸에 산소 50%로 줄여!

무시공 - 산소 나와.

산소 - 네.

무시공 - 지금 아무렇지도 않아. 50%로 줄여. 원래 세포가 몰라서 긴장돼
서 그러지. 실제는 마음 푹 놓고 하니까 아무렇지도 않아. 50%로 줄이
고 계속 관찰해.

산소 - 네.

10분후, 샘 몸에 산소삭제 후 도넬과 대화

무시공 - 산소 나와.

산소 - 네.

무시공 - 지금까지 불편하고 이상한 느낌 하나도 없어. 그래서 또 20% 줄
여, 산소 딱 30%만 유지! 호흡하는데 산소 30%로! 좀 이따가 문제없으
면 또 줄일 거야. 알았지?

산소 - 네.

무시공 - 그리 해봐! 그러면 네 역할은 곧 끝난다. 우리 몸에서는. 알았지?

산소 - 네.

무시공 - 응. 고맙다. 그리고 관찰하면서 산소호흡 안 하는 세포가 더 즐겁고 좋아하고 살아나는 거 구경해보라고. 관찰해봐! 그런 사실 이뤄지고 있나?

산소 - 그러면 나는 뭐가 되는 건가요, 나는 없어지는 건가요?

무시공 - 너 역할은 끝났지만, 너도 변한다. 아직 산소 필요한 존재는 있잖아. 지금 지구에서 내가 먼저 시작하잖아.

네 역할 다 한 결과는 너도 무시공으로 변한다.

너도 한 가지 생명이잖아. 우리하고 하나로 뭉치고 하나라고 생각하면 돼. 알았지?

산소 - 네.

무시공 - 지금 관찰해봐. 내 몸에 산소만 의지하고 사는 세포들은 지금 위기에 빠지고 자꾸 분리되고 없어지고. 그 다음에 에너지와 질소를 의지해서 새로 살아나고 깨어나는 세포들은 즐겁고 좋아하잖아, 드디어 이날이 왔다고 생각하고. 그런 거 같아, 안 같아?

산소 - 그러고 있어요. 사실이에요.

무시공 - 진짜라고. 나도 하나도 기분 안 나빠. 오히려 기분이 더 좋아. 더 재미있고 행복한 느낌이 저절로 흘러나온다.

산소 - 네

무시공 - 너도 중요한 역할 했다. 무슨 방법을 써서라도 우리 센터 회원들 먼저 산소 자꾸 줄여. 너도 이러면서 배워야 해, 일원심과 절대긍정 마음이 무엇인지. 그러면 너도 깨어난다. 알았지?

산소 - 네.

무시공 - 지금도 아무렇지도 않아. 그러면 시험 삼아 해 봐. 산소 100% 다 없애봐. 내 몸에서 완전히 산소 100% 공급 안 해. 그러면 내가 어떤 현상이 이뤄지나 봐봐. 안 될 거 같으면 내가 너 또 부를게.

산소 - ········ 조금 시간이 걸릴 거 같아요.

무시공 - 완전히 없어지려면?

산소 - 네. 몸이 아직 나를 받아들이는 세포들이 있어요.

무시공 - 안 돼! 그거 믿지 마, 나만 믿어. 내가 이미 그거 도태됐다고 했잖아. 무조건 다 빼.

산소 - 네

무시공 - 다 빼고 내 몸에서 산소 누가 받아들여도 공급해 주지 말고. 우리 회원 알지, 센터 회원들만 조심스럽게 산소 계속 빼 줘, 내가 제일 먼저 앞장서서 증명하고 있잖아. 알았지?

산소 - 네. 됐어요. 100% 다 뺐어요, 차단하고.

무시공 - 그럼 됐어. 내 몸에 산소 1%도 못 들어오게.

산소 - 네.

··

무시공 - 그다음에 무시공생명에너지하고 질소 나와.

무시공에너지/질소- 네.

무시공 - 지금 질소는 내 몸에서 몇 %로 돼 있어?

질소 - 40.

무시공 - 그럼 무시공생명에너지는?

(그 질소 속에 여러 가지가 들어있는데 다른 건 다 빼버릴까요?)

무시공 - 필요 없으면 빼.

(그럼 질소 40으로 하고, 에너지가 60 됐어요.)

무시공 - 그리됐나?
그럼 됐어. 잠동사니 다 필요 없어.
우~와~ 대성공이다! 아무렇지도 않잖아.

(오래전부터 훈련해서 그래요.)

무시공 - 오랫동안 훈련했지. 오늘도 되겠다 싶어서 해 본 거야. 새벽에 깨
어나자마자 내가 산소를 삭제할까, 안 그러면 줄일까? 그리 생각했던 거
야. 됐네.

....

무시공 - 이제 금성 과학자 도넬 나와.
도넬 - 네.

무시공 - 내가 지금 호흡하는 거 무엇으로 호흡하나, 관찰해 봐. 네 몸하고
비교해서. 네가 질소 70%로 호흡한다고 말했지?
도넬 - 네.

무시공 - 그다음에 또 다른 것으로도 호흡하고, 산소는 거의 호흡 안 한다

고, 아주 조금 한다고 그랬어. 그러면 너 지금 내 몸 봐봐. 내 몸 아직 산소호흡하고 있나, 없나.

도넬 - 산소와 산소를 품고 있는 세포는…

무시공 - 없어지고 있지?

도넬 - 네, 어디론가 새어나가고 있는 거 같은데… 삭제도 되고.

무시공 - 응. 그다음에?

도넬 - 질소는 몸에서 많이 늘어났는데, 지금 몇 %로 라고 재어지지 않아요.

무시공 - 그 이외에 무엇이 또 호흡하고 있어?

도넬 - 어떤 에너지 호흡 같아요. 비어있는 건 아니고요.

무시공 - 그 에너지는 무슨 에너지인지 알아, 몰라?

도넬 - 측정할 수 없는… 당신이 항상 말하는 무시공의 에너지라고 느껴지기만 하지 측정할 순 없어요.

무시공 - 그래. 그게 몇 %로 되는 거 같아?

도넬 - 50% 이상 같아요.

무시공 - 지금 산소하고 대화해서 내 몸에서 완전히 차단했어. 이제 못 들어오게. 그러면 산소를 의지하는 세포들은 빠져나가. 자동 삭제. 없어져. 맞아, 안 맞아?

도넬 - 네. 그러고 있어요.

무시공 - 지금 계속 가속도로 변한다.

도넬 - 네. 그건 내가 볼 수 있어요.

무시공 - 이미 산소하고 대화하면서 내 몸에서 산소 조금도 필요 없으니까 못 들어오게 차단하라고 그랬어. 산소 의지하면서 살아있는 세포는 자동으로 다 빠져나가기. 지금 그런 현상 이뤄지고 있지?

도넬 - 네.

무시공 - 신기하지? 내 몸 현상 너를 초월했어, 안 했어?

도넬 - 네. 당신에게서 신기한 걸 하도 많이 경험해봐서요, 이제 놀랍지도 않고. 하하. 축하합니다.

무시공 - 몇 년 동안 나를 관찰했잖아. 이제 너 나를 몇 % 믿어?

도넬 - 100%~~~~??

무시공 - 이제 100%야, 오늘부터 100%로 믿어? 아직 99야?

도넬 - 네.

무시공 - 그럼 아직 1% 무엇이 부족해?

도넬 - 몰라요.

무시공 - 그래. 1% 지켜. 난 내 뜻으로 한다. 됐다.

행, 현 호흡 (산소0, 질소30, 무시공생명에너지 70)

(2019년 11월 8일)

무시공 - 질소 나와.

질소 - 네.

무시공 - 너 지금 내 몸에서 호흡하는 거 40% 된다고 그랬지?

질소 - 네. 갑자기 늘어난 거죠.

무시공 - 늘어나도 이렇게 해. 너 이제 20%로 줄여. 20%만 유지. 얼마 후엔 100% 다 없앨 거다.

질소 - 네.

무시공 - 지금 20%로 줄이고 질소 호흡 안 해도 내 세포 살아나는 거 있지?

질소 - 네.

무시공 - 살아나지만, 일부분은 아직까지 질소를 의지해야 해. 맞지?

질소 - 네.

무시공 - 그 부분도 얼마 안 있으면 없애려고 한다. 너 알지? 지금 너 20%로 줄이면 그 이외 80%는 무시공생명에너지가 호흡하는 현상. 맞아, 안 맞아?

질소 - 네. 나를 줄이면 그렇게 돼요.

무시공 - 지금 그렇게 변하고 있지?

질소 - 네.

무시공 - 그래. 질소는 20%고 무시공에너지는 80%로 호흡하기. 적당한 시기에 너 역할도 이제 끝나. 알았지?

질소 - 네.

···

무시공 - 그럼 됐어. 현 시작! 현의 몸속에 있는 산소 나와.

현 산소 - 네.

무시공 - 현의 몸에서 산소는 몇 %로 호흡하고 있어?

현 산소 - 원래 100%였다면 지금은 90.

무시공 - 지금 80으로 당장 줄여. 80%로만 산소 호흡하기.

현 산소 - 네.

무시공 - 그다음에 행, 행은 지금 산소 몇 %로 호흡하고 있어?

행 산소 - 94~95.

무시공 - 80으로 줄여. 둘 다 80으로 줄여. 다 줄여놓고 관찰!

행 산소 - 80으로 다 줄였어요.

무시공 - 줄이고 둘이 견뎌내나 관찰해.

현 - 괜찮아요.

무시공 - 행은 괜찮아?

행 - 네.

....

무시공 - 그럼 무조건 70%로 줄여. 나를 통해서 문제없는 거 같다. 산소공급 70%로 둘 다! 70%로 유지하면서 관찰해 봐.

현 - 내가 금방 가슴이 좀 답답한 것 같아서 어깨와 등을 크게 벌리며 폐를 확장시켰어요.

무시공 - 행은?

행 - 괜찮아요. 몸이 더 맑아지는 거 같은데요?

무시공 - 몸을 자꾸 관찰해야 해. 무슨 이상한 느낌이 있나, 괴로운 거 아닌 가? 그렇지만 괴롭고 힘들어도 그건 인정 안 한다. 산소호흡 하는 세포 는 무조건 위기에 빠지고 그렇지만 난 너희 편 아니다. 그러면 빠져나가 잖아. 그리고 없어져.

난 무시공생명에너지 호흡하고 질소 호흡하는 세포만 인정한다, 라고 자 꾸 입력해야 돼. 그리 해 놓고 몸에, 세포에 무슨 반응 있는지 계속 관찰 해. 견딜만하면 또 줄여.

현 - 발로 많이 빠져나가는 게 느껴져요.

무시공 - 행은?

행 - 괜찮아요.

무시공 - 70%라고 했지? 이제 50%로 줄여봐.

산소 - 네

무시공 - 산소 50%!

(둘은 마음만 든든하다면 문제없을 거다.)

현 - 줄이려고 하는 순간에 또 몸에서 산소를 갑자기 들여 마시려는 반응 이 있어요. 하지만 그거 인정하지 않고...

무시공 - 그거 인정하지 말고. 새로 깨어나는 세포만 인정해. 산소를 의지해 서 살아나는 세포는 인정 안 해. 네가 힘들지, 나는 힘든 적 없어. 우린 무시공생명이니까!

현 - 네

무시공 - 나보다 줄이는 속도 더 빨라졌다. 갑자기 50 : 50 이야. 세밀하게 관찰해봐.

현 - 다리 아래쪽으로 빠져나가는 것이 더 잘 느껴져요.

무시공 - 행은?

행 - 잘 풀려나가고 있어요.

무시공 - 항상 내가 편안하고 즐겁고 더 살아나는 느낌만 인정해. 괴롭고 내
　　가 위기에 빠져있는 느낌 조금이라도 떠오르면 무조건 삭제! 인정 안 해.
　　계속 관찰.
　　기분이 좋고 살아나는 느낌인 세포는 산소 의지 안 하고 질소와 무시공생
　　명에너지 의지하는 생명 세포들, 그 세포들은 깨어나서 더 좋아한다고.
　　자기가 해방되니까.

　　(좋아해요. 많이 좋아해요.)

무시공 - 맞지? 산소 둘 다 30%로 유지. 70% 없애.

산소 - 됐어요.

무시공 - 또 계속 관찰. 둘이서 변하니까 내 몸 반응이 더 강해졌다. 다 같
　　이 변한다.

현 - 샘이 조금 전 산소삭제 작업하실 때, 우리 세포가 금방 배웠죠. 이미
　　준비하고 있었어요. 그래서 빠르네.

무시공 - 둘이 풀리니까 내가 더 편안해진다. 더 강하게 풀린다. 또 몸에 반
　　응 계속 지켜봐. 힘이 생기고 당당하고 행복하고 즐겁고. 그게 주도로 돼
　　있으면 괜찮아.

현 - 그게 주도로 돼 있어요. 다 살아난다고 하며.

무시공 - 다 그래?

현/행- 네.

무시공 - 산소. 아까 30% 유지하라 했지? 그러면 산소 10%만 두고 20% 없애. 딱 10%만 공급. 와~ 이건 놀라운 일이다. 이젠 산소하고 상관없다. 우리가 착각할까 봐 일부러 도넬한테 물어봤잖아, 도넬도 인정하잖아.

현 - 아까는 다리로 빠져나갔는데 이제는 꼬리뼈로까지 빠져나가요.

무시공 - 둘인 이미 다 준비돼 있어서 무조건 문제없다. 지금 바뀐 호흡하고 살고 있잖아.

현/행 - 하하. 맞아요.

무시공 - 지금 긴장됐어? 아니잖아. 자… 이제 100% 산소는 벗어나가. 다 차단.

현 - 차단.

무시공 - 현의 몸에 지금 무시공에너지와 질소. 각각 몇 %로 돼 있어? 질소는 몇 %야?

현 - 질소 30:70.

무시공 - 70%가 무시공에너지네?

현 - 네.

무시공 - 그다음에 행은?

(다 같아요.)

무시공 - 그래 됐어.

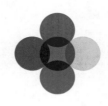

부록

용어 해설

무시공생명 비결, 공식, 선언, 지침, 특징

비 · 공 · 선 · 지 · 특

○ 무시공 생명 비결
○ 무시공 생명 공식
○ 무시공 생명 탄생 선언
○ 무시공 생명 행동지침
○ 무시공 생명 특징

○ **무시공생명 비결**(無時空生命 秘訣)

　◉ 무시공생명 비결 20개는 60조 세포를 깨우는 생명 그 자체이다. 수천수 업겁, 조상 대대로 유전되어 물려받은 가르고 쪼개고 분열하는 이원념의 영체가 작동하는 마음을 절대긍정 일원심의 마음으로 바꾸게 하는 역할을 한다.

　비, 공, 선, 지, 특을 끊임없이 외우면 60조 세포가 일원심의 세포로 살아나고 시공우주의 파동에서 벗어나 인간의 영원한 숙원인 생로병사에서 벗어날 수 있다.

　◉ 무(無)는 없다는 뜻이 아니고 합(合)한다는 뜻이다.

　비결에서 '無' 자를 빼면 가르고 쪼개고 분별하는 이분법 이원념이 된다. '無' 자를 붙이면 모든 것을 합하여 무시공생명의 일원심이 된다.

▷ **공간**(空間: 天)

　무시공 마크에서 파란색을 의미하는 부분이다.
　무주객(無主客) 무선악(無善惡) 무빈부(無貧富) 무고저(無高低) 무음양(無陰陽).
　무시공생명은 시간과 공간을 초월하는 무시공의 우주를 지향한다.
　우주의 빅뱅 이래 계속 우주는 팽창하면서 공간이 넓어지고 곧 그것을 공간이 사라진다는 것을 의미한다.
　우주의 흐름이 쪼개고 가르고 나누는 일시무시일의 흐름이었다면, 지금의 우주는 끝없이 합(合)하는 일종무종일의 흐름을 바꾸었다. 즉 위에서 쪼개면 아래로 내려오던 우주 흐름이 밑에서 합하여 위로 올라가는 흐름으로 우주가 바뀌었다.

무주객 일체동일 속에 대상과 조건이 사라지고 무고저 무선악 속에는 인간의 고정관념과 윤곽과 틀을 깨는 우주의 비밀이 담겨있으며 무음양 속에는 무극을 통과하는 열쇠가 있다.

▷ **시간**(時間: 地)

무시공 마크에서 녹색을 의미하는 부분이다.

무생사(無生死) 무이합(無離合) 무래거(無來去) 무시말(無始末) 무쟁인(無爭忍)

2000년 전, 아르헨티나에서 발견된 예언서 중 사지서에는 시간에 대한 예언을 했다. 시간은 곧 영원히 없어진다.

미국의 어느 과학자가 우주에서 지구의 시간에 대한 연구를 진행하면서 몇 번 시간의 윤회가 있었고, 마지막 윤회의 시기가 1945년이 기점이며 그 후 76년 이후에는 시간이 영(0)으로 돌아간다고 계산을 했다. 그 시기가 2012년 12월 21일로 파동으로 된 시간이 영(0)으로 돌아가고 시간이 멈춘다.

무시공생명은 시간과 공간을 초월한 공부다. 공간이 줄어들고 시간이 멈춘다는 것은 지금의 시공우주가 사라진다는 것을 의미한다.

무생사 무이합 무래거 무시말 무쟁인 – 생과 사에서 벗어나고 오고 감도 없고 시작과 끝도 없는 영원한 무시공우주에는 지상천국 지상극락의 세계가 펼쳐진다.

▷ **오관**(五官: 人)

무시공 마크에서 노란색을 의미하는 부분이다.

무건병(無健病) 무미추(無美醜) 무향취(無香臭) 무호괴(無好壞) 무순역(無順逆)

인간은 오관을 통하여 보고 느끼는 순간 좋고 나쁘고, 아름답고 추하고,

맛있고 안 맛있고, 달고 쓰고, 아프고 안 아프고 등 판단하는 순간, 그것을 세포에게 입력을 시킨다. 오관으로 느끼는 모든 것은 가르고 쪼개는 시공우주의 관점이다. 이 시공우주의 물질세계는 음양의 뿌리가 잘린 허상의 세계이다. 시공우주의 생명은 허상인 영체에 불과하다. 무시공생명은 실상의 생명이며 영체변생명(靈體變生命)이 되었다.

▷ **의식(意識: 心)**

무시공 마크에서 빨간색을 의미하는 부분이다.

무신심(無身心), 무생학(無生學), 무지우(無智愚), 무정욕(無情慾), 무신의(無信疑)

의식혁명을 통하여 인간의 관점을 회복해야 한다. 이원념의 사고에서 일원심의 사고로.

○ **무시공 생명 공식(無時空 生命 公式)**

무시공 생명 공식은 사람이 원래 무시공 존재임을 인정하고, 지키고, 누리는 무시공 행동 원리입니다. 무시공 생명으로서 무시공 자리를 확고히 지킬 수 있는 무시공의 법칙이요, 절대긍정 일원심의 원리입니다.

▷ **일체근단(一切根斷)-일체 음양의 뿌리는 끊어졌다.**

태초 무극의 존재가 원래 하나인 우주를 음과 양으로 나누는 순간 이 시공우주(빅뱅)가 생겨났다. 무음양-음과 양을 합함으로써 시공우주의 뿌리가 잘렸다. 지구를 비롯한 시공우주는 허상의 세계가 되었다.

▷ **일체동일(一切同一)-일체가 동일하다.**

"일체가 나"다는 온 우주를 통틀어 최고의 경지이다. 무시공은 만상만물을 생명 관점으로 본다. 무시공생명 자리는 너와 내가 없는 동일체이다.

▷ **일체도지(一切都知)-일체 다 알고 있다.**

세포 속에 우주의 정보가 다 있다. 원래 인간은 윤곽과 틀이 없는 완전한 존재였다. 이원념의 물질이 쌓인 분자몸이 막혀 윤곽 속에 갇히게 되었다. 비결을 세포에 입력시키면 세포가 일원심의 세포로 살아나 우주의 지혜를 알게 된다.

▷ **일체도대(一切都對)-일체가 다 맞다.**

이것은 맞고 저것을 틀리다고 하는 것은 이분법, 이원념이다. 무시공 관점은 맞는다고 하는 사람의 입장으로 보면 맞고, 틀린 사람 입장에 들어가면 그것도 맞다. 그래서 전부 다 맞는다는 것이다. 차원이 다른 입장에서 말하는 것뿐 그 차원에서는 다 맞다.

▷ **일체도호**(一切都好)**-일체가 좋은 현상이다.**

무시공생명은 부정의 영체가 완전히 삭제된 절대긍정의 자리다. 무시공생명 자리는 전부 다 좋은 것만 보이고 전부 다 아름다운 것만 보인다.

▷ **일체항광**(一切恒光)**-일체 파동이 없는 직선빛이다.**

무시공의 직선빛은 일체 물질을 다 뚫고 들어갈 수 있고, 일체를 다 변화시킬 수 있다. 무한대로 큰 힘이다. 그래서 직선빛은 생명의 힘이다.

▷ **일체아위**(一切我爲)**-일체를 내가 했다.**

일체 나 때문에 좋은 일이 생긴다. 인간의 입장에서 오는 재앙이나 온갖 현상들은 무시공하고는 상관이 없다. 내가 만들어 놓고 내가 당하지 말자는 것은 우리가 깨어나서 무시공의 생명 자리를 잘 지키는 것이다.

▷ **일체조공**(一切操控)**-일체를 내가 창조한다.**

마음과 물질이 하나다. 마음과 에너지가 하나다. 그러면 마음먹은 대로 창조할 수 있다. 내가 우주의 중심이고 내가 있어서 우주가 존재한다.

○ **무시공 생명 탄생 선언**(無時空生命 誕生 宣言)

2012년 12월 21일 지구에서는 종말론으로 세상이 어수선할 때 무시공생명은 '무시공생명 탄생선언'을 선포했다.

이것은 새로운 인간세상, 새로운 인간이 동방에서 탄생한다는 것을 무시공에서 선포한 것이다. 무시공선생님께서 2000년 4월에 대한민국에 첫발을 내디디신 이후 이 선언을 비밀로 하시다가 우주에서 이제는 무시공을 감히 막을 수 없는 시대로 접어들면서 이 무시공생명 탄생선언을 내놓으셨다.

▷ **생명혁명**(노예변주인奴隷變主人, 영체변생명靈體變生命)

인간의 시공생명(영체)이 무시공생명으로 변한다는 것이다. 인간은 지금까지 영체를 자기 생명으로 알고 살았다.

나의 진짜 생명은 일원법, 일원심으로 된 것이 진정한 내 생명이다. 이분법으로 되어 있는 영체는 가짜라는 것을 밝힌다. 이분법의 생명은 진짜 생명이 아니라는 것이다. 인간은 지금까지 가짜 생명을 자기 생명이라고 여기면서 살아왔다. 무시공생명 공부는 내 안에서 생명혁명을 불러일으키는 것이다.

▷ 물질혁명(체력변심력體力變心力,분리변동일分離變同一)

지금까지 인간은 육체로 노동을 해 가지고 자기 생활을 유지해 왔는데, 이제부터는 심력으로 살 수 있다는 것을 밝히는 것이다. 이제까지는 음양을 분리하고 옳고 그르고 따지는 분자세상의 거친 세상에서 살다가 일체동일 일체가 하나인 세밀한 공간으로 접어들었다.

이런 마음으로 일체를 움직일 수 있는 시대를 만들었다.

이것은 바로 내가 창조주이고 내가 전지전능한 존재라는 것일 밝히는 것이고 알리는 것이다. 이것이 바로 물질혁명이다. 행동, 생활혁명이 일어났다는 것이다. 인간은 행동, 손발 움직이는 방법으로 살았다면 이제는 무시공심력으로 무시공 마음으로 살 수 있는 방법이 나왔다. 이것을 실천하면 우리의 삶이 바뀐다.

▷ 우주혁명(홍관변미관宏觀變微觀,행우변항우行宇變恒宇)

우주가 바뀌고 있다. 우주혁명, 우주개벽이 일어났다. 이것이 바로 천지개벽이 일어났다는 것을 암시했다. 인간이 말하는 천지개벽과 무시공생명이 말하는 우주개벽과 차이는, 천지개벽은 한계가 있는 시공우주 안에서의 개벽은 윤곽과 틀에 갇힌 시공이라는 관점으로 보는 것이다.

여기 무시공은 시공우주에서 무시공우주, 무시공생명으로 변한다는 것을 밝히는 것이다. 거친 세상에서 미세한 공간으로 변하는 천부경의 일시무시일(一時無始一), 하나가 쪼개져 내려오는 우주에서 일종무종일(一終無終一), 합하여 하나로 위로 올라가는 우주의 방향으로 가고 있다는 것이다. 이것이 바로 우주혁명이다.

▷ 신앙혁명(다로변일도多路變一道, 의존변자성依存變自醒)

새로운 일원법, 일원심의 세상이 온다는 것을 암시했다.

인간이 이분법에서 못 벗어났다는 것을 알아차리는 순간에 자연적으로 각종 종교가 하나가 되어버린다. 분석해보면 지금 지구에 분포되어 있는 각종 종교들은 다 의지하는 마음에서 출발한다. 밖으로 찾고 밖에서 믿으려고 한다.

자기 안에 모든 것이 다 있는데 밖에서 찾고 믿을 필요가 없다는 것이다.

자기만 깨우치면 되는데 자기생명(무시공 일원심)만 찾았으면 끝이다.

그래서 신앙혁명이 일어난다는 것이다.

의지하면서 사는 게 신앙이다. 여기서 벗어나면 신앙혁명이 일어나는 것이고 이제는 일체의 지금까지 해온 각종 신앙 각종 수련은 끝났다는 것을 선포한 것이다.

▷ **의식혁명**(이원변일원二元變一元,생사변영항生死變永恒)

새로운 일원법, 일원심의 절대긍정 무시공생명의 세상이 온다는 것을 선포한 것이다. 원래는 이분법으로 맞고 그르고 옳고 틀리고, 높고 낮고, 이렇게 가르는 사고방식으로 살아온 세상에서 그래서 계속되는 일체의 불행 전쟁에서 벗어나서 완전히 일원법 사고방식으로 변하면 절대행복, 절대긍정, 절대건강의 세상이 된다.

사고방식을 바꾸는 사람은 무엇이 변하는가 하면 생사를 벗어나고 영원한 세상을 맞이할 수 있다는 것이다(생사변영항).

○ **무생공 생명 행동지침**(無時空 生命 行動指針)

▷ **무시공심력**

무시공에서는 마음먹는 순간 마음먹은 대로 이루어진다. 마음과 물질이 하나고, 물질과 에너지가 하나이기 때문이다. 무시공에서 이루어진 심력은 분자세상에 나타나기까지는 이원념의 두꺼운 껍질의 차원에 따라 순간 나타날 수도 있고 시간이 걸릴 수도 있다. 시공우주에서 벗어난 존재들의 무시공생명의 발현인 것이다.

▷ **무시공체험**

인간은 수억 수천 년 동안 세포에 입력된 윤곽과 틀 등 고정관념으로 전지전능한 세포에게 이원물질을 쌓아 이 우주에서 고립된 생활을 하게 되었다. 체험은 특히 오관을 통하여 머리에 입력된 이원물질을 녹여 다리의 통로로 배출시키고 새로운 무시공의 향심력으로 직선빛을 당겨 분자몸을 녹이고 에너지 몸으로 변화시키는 것이다.

▷ **무시공심식**

무시공 직선빛을 통하여 분자몸이 에너지 몸으로 바뀌면 무시공의 대자유를 누릴 수 있다. 이때에는 에너지 몸을 가지고 우주를 여행할 수 있게 된다. 먹는다는 행위를 통한 영양분의 섭취가 아니라 무시공의 세포가 온 우주 공간에 스미어 있는 고급 영양분을 자동으로 섭취하여 에너지를 보충하게 된다. 이원물질의 음식을 섭취하지 않아도 살 수 있는 무시공우주의 영양분 섭취 방법이다.

▷ 무시공성욕

이것은 아직 공개되지 않은 무시공의 우주 비밀이다. 2020년 이후에 공개될 것이다.

▷ 무시공오관

인간이 천차만별이라는 것은 천 가지, 만 가지 생각을 가지고 있다는 것이다. 이것은 천 가지, 만 가지 맞는 것이 있고 틀린 것이 있다는 것으로 쪼개고 나누고 판단하고 맞고 틀리고의 기준이 되는 것으로 이분법의 최고봉이다.

무시공생명의 관점은 각 차원의 입장에서 보면 그 차원에서는 다 맞다. 틀린 게 하나도 없다. 그래서 만상만물 일체가 좋은 것이고 만상만물 일체가 아름다운 것밖에 없다.

1, 2, 3단계 무시공우주도(無時空宇宙圖)

○ 1단계 무시공 우주도

무시공 생명을 공부하는 사람들의 우주관은 실로 간단명료합니다. 우주가 아무리 광대무변하고 불가사의한 것 같지만, 시공우주와 무시공우주로 명확히 구분할 수 있습니다. 두 우주 안에서 우리가 살고 있습니다. 두 우주는 따로 분리되어 있는 것이 아니고 나의 존재-의식-마음과 공존합니다. 나의 의식이 일원심(+)이면 무시공에 머물고, 나의 의식이 이원념(-)이면 시공에 속합니다.

▷ 시공우주

감각시공과 무감각시공을 통칭하여 말한다. 시공우주의 근본은 부정(마이너스 마음(-))이다. 따라서 나누고 쪼개고 분열하는 이원념에 뿌리를 두고 있다. 아무리 긍정의 마음을 가져도 부정의 파동이 남아있는 상대적인 긍정의 우주로 허상의 세계이다.

▷ 무시공우주

무시공우주의 근본은 긍정(합(+)하는 마음)이다. 인간의 유전자로 남아 있는 부정을 무시공생명 비결로 빼버리면 절대긍정만 남게 된다. 이것이 일원심의 생명우주이며 실상의 세계이다.

▷ 감각시공

오관으로 느끼며 인식할 수 있는 분자세상을 말한다. 지구를 기점으로 약 5천억 광년에 이른다. 그중에서도 인간이 살고 있는 지구가 가장 낙후된 문명을 가지고 살아간다. 태양계 은하계 광대한 오관으로 관측되지 않는 우주가 여기에 해당된다. 이원물질이 쌓인 세상이므로 기감, 에너지 등을 느낄 수 있다

▷ 무감각시공

인간이 죽음을 맞이했을 때 영혼이 가는 사후세계로 원자 미립자 초립자에서 무극까지 세밀한 공간의 에너지로 형성된 영적세계이다. 오관(눈·귀·코·입·피부)으로 인식할 수 없는 세밀한 이원(二元) 에너지 우주, 세밀한 우주는 육체 오관의 감각으로 느낄 수

없습니다.

▷ 세밀한 공간

분자세상을 벗어난 원자세상부터 미립자, 초미립자, 퀵크, 힉스, …. 음양 무극까지의 공간을 일컫는다. 무감각시공의 우주이며 기, 에너지의 느낌이 없는 세계이다. 소위 인간이 분자몸을 벗으면 영혼이 머무는 공간이다.

▷ 무극 (無極: zero point)

무시공우주와 시공우주의 분기점이다. 이 자리에서 부정(-)마음을 가지면 시공의 무극에 합(+)하는 마음을 가지면 무시공의 무극에 머물게 되고 계속 합하는 마음을 유지하면 무시공우주로 진입하게 된다. 합(+)하는 마음을 계속 유지하는 방법은 무시공생명비결을 끊임없이 외우는 것이다.

▷ 무시공우주

무감각 무시공으로 새로운 우주이며 생명우주이다. 전지전능의 자리이다.
무시공우주는 일체가 동일하며 무시공생명의 일원심의 직선빛이 일체의 파동을 녹인 무파동의 우주이다.

▷ 시공생명과 무시공생명의 차이점

	시공우주	무시공우주
1	감각 시공: 물질 우주(오관 인식) 무감각 시공: 영적 세계, 다차원 우주 일시무시일: 분리 분열	무감각 무시공: 전지전능(오관 초월) 영원하고 완벽한 생명 일원우주 일종무종일: 합일 동일
2	이원 물질: 음양 물질(이원념의 물질) 시공 파동빛: 소멸하는 음양 이원빛 천지부: 남존여비(양의 시대)	일원 물질: 일원심의 물질 무시공 직선빛: 영원한 생명 일원빛 지천태: 남녀평등(음의 시대)
3	이원론, 이분법, 이원념으로 존재 마이너스 마음(-)이 지배적, 허상우주 생장소멸, 생로병사, 일체불행 - 시공생명(영체) -	일원법, 일원심으로 존재 무한 플러스(+) 마음의 생명실상 우주 영원한 생명, 일체행복 - 무시공 생명 -

○ **2단계 무시공우주도(無時空宇宙圖) 파동빛 우주와 직선빛 우주 그림**

제일 밑바닥의 분자세상에서는 파동이 가장 길다. 위로 올라갈수록 파동이 약해지고 무극의 교차점에서는 파동이 끝난다. 무극을 지나 위로 올라가면 직선빛이다. 파동이 없는 것이 무극의 교차점, 그것이 시간이 사라지는 시점이다. 지금 인간들은 시간이 없는 세상에 들어오고 있다.

▷ **일시무시일(一始無始一)**

모든 것이 하나에서 시작해 쪼개고 쪼개 내려와 지금 이 세상이 되었다.
분리의 시대.

▷ **일종무종일(一終無終一)**

일종무종일, 모든 만물만상을 하나로 묶어 합해서 하나의 위치로 가고 그 하나는 영원한 하나의 자리다. 천부경은 무시공생명의 하는 일을 예언한 것이다.
1단계로 합일(合一)을 하고 동일(同一)의 시대.

▷ **파동빛**

시공우주는 파동에 의해서 오관으로 전달된다. 그 본질은 음과 양, 즉 나누고 쪼개고 분열시키는 속성이다. 그 속에는 부정의 파동이 있다. 파동 때문에 만물만상의 모든 것이 생장소멸을 겪게 된다. 인간은 이 파동의 영향 아래 있기 때문에 생로병사에서 벗어날 수가 없다. 인간이 이 파동에서 벗어나면 생로병사에서 벗어나고 영원한 생명을 얻을 수 있다.

▷ **직선빛**

무시공의 직선빛은 소멸되지 않는 끝없는 빛이다. 무한대의 영원한 빛이다. 음과 양을 합하는 일원심으로 무시공의 직선빛을 만들고 있다. 이 빛은 일체시공의 파동빛을 초월하고 우주의 어떤 곳도 뚫고 들어갈 수 있다. 심지어 100억 조 광년의 무극의 최고 존재도 이 직선빛에 의하여 무시공 공부를 하고 있다.

▷ **천지부(天地否)**

주역의 64괘 중 하나로 양이 음의 위에 있다. 양의 시대를 표현했다.

원래 하나였던 무극에서 음과 양으로 쪼개는 순간 시공우주가 시작되면서 남존여비의 시대가 열린 것이다. 양이 음을 지배하는 즉 남자가 여자를 지배하는 시공우주를 예언한 것이다.

▷ 지천태(地天泰)

주역 64괘 중 하나로서 음이 양의 위에 있다. 음의 시대를 표현했다.

무극에서 쪼개져 내려오던 우주가 합하는 시대로 바뀌면서 음의 시대가 열린다는 무시공생명의 도래를 예언한 것이다.

남존여비의 시대에서 남녀평등의 시대로 변한다.

○ 3단계 무시공우주도(無時空宇宙圖)

▷ 외계인

지구에서 5천억까지는 외계인이고 물질우주이며 별이라고 한다.

▷ 반우주인

5천억부터 5억 조 광년까지는 별과 우주가 혼합된 우주이다. 우주라고 하는 존재도 있고 별이라고 하는 존재도 있다. 이 우주는 물질도 있고 에너지도 섞여 있는 반물질 세상과 반물질 우주이다.

▷ 우주인

5억 조 광년부터 100억 조까지는 완전히 에너지 상태의 에너지우주이다. 에너지 상태로 사는 존재를 우주인이라고 한다.

이렇게 우주도 3단계로 분류하는 데 더 정확히 말하면,

5천억 이하는 외계인이고, 5천억에서 5억 조까지는 반우주인, 5억 조 이상은 우주인으로 이 우주가 형성되어 있다.

▷ 승용선

자기별 안에서 각 별에서 움직이는 것으로 지구에서 움직이고 지구 안에서 금성 그 안에서 움직이는 것은 승용선이다.

▷ 비행선

별간 움직이는 것은 비행선

▷ 우주선

완전히 에너지 상태의 우주 공간에서 움직이는 것은 우주선이다.

5억 조 광년부터 100억 조 광년 사이는 어마어마하게 큰 우주공간이다. 그 우주공간에서도 수많은 우주 층차가 있다.

▷ 실상이나 불완전한 생명(영체)

우주도의 오른쪽은 분자 세상에서 무극까지 살아있는 존재들이다
이들은 힘이 있고 과학도 발달됐고 능력도 있다. 그러나 이들도 무감각시공의 시공 우주에 속하는 존재들이므로 영체에 불과하다. 인간들보다 수명이 길지만, 이들도 생로병사에서 벗어날 수가 없다. 각 차원에서 수평으로 윤회를 한다.

▷ 영혼,영체들의 세상(영체)

우주도의 왼쪽은 죽어있는 영들의 세상이다.
이들은 아무런 힘도 없고 능력도 없고, 그저 의식만 가지고 살아있는 영체들이다.

▷ 시공우주의 윤회

오른쪽 무극 위치에서 무극의 존재가 죽으면 왼쪽의 무극의 위치로 그 영이 온다. 80억 조에서 죽어도 그 영은 80억 조 광년의 왼쪽 영들의 세계로 온다. 그렇지만 왼쪽의 영혼과 영들은 힘이 없다. 왼쪽의 세상은 허상의 세상이다.
각 차원에서 수평으로 윤회를 하면서 산다.

▷ 지구에 머물다 간 인간들의 위치

보통의 인간으로 살다가 죽은 영체들은 물론이거니와 인간의 의식을 상승시키고 간 성인들 석가모니, 예수, 람타, 강증산 등 지구에 다녀간 인간들은 모두 왼쪽 허상의 세계인 영혼, 영체들의 공간에 머물고 있다. 그래서 여기는 자신이 무엇인가 할 수 있는 힘도 없고 능력도 없으니까 다시 윤회를 하는 것이다.

▷ 무시공생명의 위치

우주도의 오른쪽 살아있는 존재들의 무감각 시공에 무시공의 다리(통로)를 만들어 놓았다. 무시공은 맞춤식으로 어느 위치를 막론하고 들어갈 수가 있다. 무시공은 일원심만 지키면 우주공간의 일체에 다 들어갈 수 있고 다 통과할 수 있다.

비결 중에 무생학의 의미는 우리는 수련을 할 필요도 없고 공부를 할 필요도 없다. 우리는 무시공생명의 일원심의 원리를 알았기 때문에 실행하고 행하면 된다.

인간은 아무리 공부를 해도 80억 조 광년의 경지에 들어갈 수가 없다.

무시공의 용어

▷ **일원심**(一元心)

일원심은 가르고 쪼개고 분열시키는 이원념(二元念)의 반대개념으로 우주의 모든 것을 하나로 합하는 것이다. 일원심의 뿌리는 절대긍정이다. 비, 공, 선, 지, 특을 끊임없이 외우면 60조세포가 일원심의 세포로 깨어난다. 우주의 모든 정보를 알수 있다.

▷ **세포**(細胞)

무시공공부는 60조 세포를 깨우는 공부다. 세포 안에 모든 우주 정보가 다 있다. 인간의 고정관념과 윤곽과 틀 속에서 두꺼운 껍질에 싸여 있어 세포의 역할을 못 하고 있다. 비공선지특을 끊임없이 외우고 실천하면 일원심의 무시공세포로 깨어나 대자유를 얻는다.

▷ **플러스**(+)**마음**

합하는 마음, 60조 세포가 제일 좋아하는 마음이다. 세포에게 플러스(+)마음을 항상 입력시켜라. 방법은 비공선지특을 외우고 실천하는 것이다. 무시공의 일원심 절대긍정의 마음이다.

▷ **마이너스**(-)**마음**

분리, 쪼개고 가르는 마음, 일체 부정마음, 시기, 질투, 두려움 등을 일컫는다. 이것은 시공우주의 이원념 관점이다. 인간의 부정마음이 많을수록 재앙이 많다.

▷ **분자세상**(물질세상)

시공우주 안의 가장 거친 밑바닥 물질 세상으로서 감각시공이다.

▷ **감각시공**(感覺時空)=**물질세상**

인간이 살고 있는 세상이다. 오관으로 보고, 듣고, 느낄 수 있다. 시공우주에서 가장 거친 밑바닥 선악 물질 세상입니다. 시공우주의 가장 껍질 부분입니다. 기, 에너지 등 오관의 느낌이 있다.

▷ 무감각시공(無感覺 時空)

인간의 죽음 이후 사후세계로 쉽게 표현할 수 있지만 두 가지 통로가 있다. 무시공우주도에서 오른쪽은 우주선을 타고 지구 등에 왔다 갔다 하는 의식과 능력이 있고 과학도 발달된 우주가 있는 반면, 왼쪽 공간은 몸을 가지고 살다가 죽은 이후에 영혼이나 영이 머무는 자리로 이들은 의식만 있을 뿐 힘이나 능력이 없다. 그러나 두 공간에 사는 존재들은 이원념의 파동의 영향을 받으므로 모두 영체에 불과하다.

▷ 무감각 무시공(無感覺 無時空)=무시공우주

무시공생명의 새로운 우주를 말한다. 시간과 공간을 초월한 무극 너머 일원(一元) 에너지로 된 영원한 실상 우주이다. 무시공우주는 영원한 생명이 일체행복을 누리는 직선빛의 세계이다.

▷ 일원(一元) 에너지

일원심의 무시공 무파동 직선빛 에너지. 우주공간의 긍정에너지

▷ 이원(二元) 에너지

시공우주의 파동의 영향을 받는 에너지로 생로병사에 영향을 미친다.

▷ 일원물질

우주공간의 긍정에너지, 즉 일원에너지가 무시공생명의 직선빛과 공명이 일어나면서 물질로 나타나게 된다. 만상만물에는 긍정의 마음과 부정의 마음이 있지만 무시공생명은 일체 긍정만 인정하고 일체 좋은 것만 본다.

▷ 이원물질

우주공간의 부정의 에너지가 분자세상에 물질로 쌓인 것이다. 파동의 영향을 받으며 독소에 의해 생장소멸을 하게 된다. 이원물질의 근본은 부정이다.

▷ 분자몸

인간의 몸은 두꺼운 이원물질로 쌓여있다. 세밀한 공간의 존재들이 열린 눈으로 보면 돌덩어리 속에 갇혀있는 모습이라고 한다. 시공우주의 근본인 부정의 마음(-)이

많기 때문이다. 무시공생명은 이 분자몸을 녹여 에너지 몸으로 만드는 우주작업을 하고 있다. 절대긍정 일원심을 지키면 가능하다.

▷ **관점 회복**(觀點回復)

시공우주의 관점을 무시공생명 관점으로 바꾸는 것이다. 시공우주의 관점은 가르고 쪼개고 분열하는 부정의 관점이고 무시공생명의 관점은 모든 것을 생명으로 보고, 일체를 나로 보며, 만물만상을 무주객 일체동일로 보는 것이다.

▷ **시공 생명**(時空 生命)=**영체**(靈體)

이분법 사고방식 이원념으로 사는 제한적인 생명이다. 시공생명은 무극 음양 차원을 포함한 시공우주 안의 불완전한 일체생명을 말한다.

▷ **무시공 생명**(無時空 生命)

일원법 일원심 사고방식으로 존재하는 영원 무한한 절대생명이다. 무시공 생명은 빛의 원조 직선빛이요, 물질의 창조주이다. 무한한 우주 자체이다. 절대 하나의 우주 본질이요, 우주 생명이다.

▷ **무시공 용광로**

일원심의 직선빛이 모이고, 무시공 생명력이 강하게 작용하는 곳이 무시공 용광로이다. 세포 깊숙이 숨어 있는 이원념을 녹여서 무시공 생명이 발현하도록 돕는다. 대전의 무시공생명훈련센터가 무시공의 용광로이다.

▷ **절대긍정**(絕對肯定)

시공우주의 긍정은 상대적인 긍정이다. 절대긍정은 부정이 없는 긍정을 말한다. 물질은 긍정과 부정의 파동을 가지고 있다. 상대긍정은 파동의 영향을 받을 수밖에 없다. 절대긍정을 위해서는 부정을 빼야 하는데 그 방법은 비공선지특을 외우고 실천하는 것이다.

▷ **향심력**(向心力)

무시공의 절대긍정 일원심을 지키면 블랙홀이 작동되면서 시공우주의 모든 일원심을 빨아들인다. 직선빛도 빨려 들어오면서 블랙홀의 핵심을 만든다.

▷ 무시공 통로(無時空 通路)

분자 세상에서 무극까지 기존의 세밀한 공간의 존재들을 관점회복을 시켜 무시공의 뜻을 함께하기에는 너무나 두꺼운 이원념의 파동벽에 쌓여있다. 심지어 토종지구인 들을 깔보고 멸시하면서 무시공의 일에 비협조적인 태도를 보인다.

그래서 무시공은 분자세상에서 무극까지 또 다른 다리를 놓아 각 차원에 무시공생 명을 올려놓았다. 이들이 분자몸을 가지고 있는 무시공생명들을 도우면 급속도로 에너지 몸으로 변하게 된다.

▷ 열린다는 개념

시공우주에서 열렸다는 것은 무극 이하 이원념의 파동 안에서 영의 작동에 의하여 부분적인 세밀한 공간을 보게 되는 것이다. 파동 안에서는 한계가 있으므로 부분을 전체로 착각하여 비밀인 척하면서 고저를 만들고 다 아는 척 남을 가르치려는 교만한 마음을 가지게 되는 것이다.

무시공의 열린다는 것은 절대긍정 일원심을 유지하면서 일체를 생명으로 보고 만상 만물의 일체 속에 내가 있기 때문에 대화가 가능하고 일원심은 직선빛이기 때문에 시공우주의 어떤 파동도 뚫고 들어갈 수가 있다. 그래서 무시공의 일원심 앞에서는 온 우주의 모든 것이 투명하게 드러난다.

▷ 윤회(輪回)

상하 수직 윤회와 각 층차의 좌우 수평 윤회가 있다.

상하 수직 윤회는 낮은 차원 즉 지구에 살다 간 존재들이 자신의 부족함을 채우고 차원상승을 목적으로 윤회를 반복하는 것이다.

각 층차의 좌우 수평 윤회는 높은 차원의 존재들의 방식으로 주로 에너지우주에 사는 우주인들과 외계인들의 윤회방식이다.

▷ 승용선(乘用船)

각 별(지구, 금성, 화성 등)에서 운행하는 교통수단이다. 지구에서 운행하는 교통수단은 승용차에 해당한다. 지구에도 지구를 방문한 외계인들이 승용선을 이용하고 있다. 평소에는 승용차로 다니다가, 하늘을 날기도 하고 물속으로 다니기도 한다. 지구부 터 5천억 광년의 각 별에서 운행된다.

▷ 비행선(飛行船)

반물질 반에너지 우주에서 별과 별 사이에 운행하는 반우주인들의 교통수단이다. 5천억 광년에서 5억 조 광년 사이에서 운행된다.

▷ 우주선(宇宙船)

5억 조 광년에서 100억 조 광년 사이의 완전한 에너지 상태의 우주에서 우주인들이 타고 다니는 교통수단이다. 온 우주를 다닐 수 있다.

▷ 마그너

금성의 과학자 '도넬'이 광음파(光音波)의 원리를 이용하여 만든 만능 기계.
생명을 제외한 이 우주의 모든 물건을 만들어내는 기계로 우주선의 재료를 쉽게 만들 수 있고 단단한 철물 구조물을 쉽게 녹일 수 있고 굳게도 하며 그것을 이용하여 자유롭게 모든 것을 만들 수 있다. 무시공생명의 분자몸을 녹이는 데 도움을 주고 있다.

▷ 광음파(光音波)

빛과 소리와 파동 세 가지를 종합해서 마그너를 작동시키는 원리이다.
공기, 압력, 속도, 그리고 음파나 전자파를 이용한다. 지구에서는 음파와 압력만 사용하고 빛은 아직 사용하지 못하고 있다.

▷ 어무성처천지복(於無聲處天地覆)

겉으로는 아무 소리도 들리지 않지만 세밀한 우주 공간에서 하늘과 땅이 뒤집어지고 있다. 인간은 계속 표면만 보고 있기 때문에 아무런 변화를 느끼지 못 한다. 그러나 보이지 않는 세밀한 공간의 깊은 곳에서는 엄청난 변화가 이루어지고 있다. 개벽이 일어나고 있다. 인간은 껍질에 살고 있다. 우주의 변화가 표면에 나타날 때는 이미 끝났다.

▷ 아동우주동(我動宇宙動)

내가 움직이면 우주가 움직인다.
미세한 공간, 즉 무감각 시공에는 에너지 상태로 되어 있다. 에너지 상태는 우리가 여기서 마음먹는 순간에 그 에너지 상태로 되어 있는 우주는 순간에 바뀐다. 에너지 세상이 물질 세상보다 힘이 강하고 이 물질 세상은 에너지 상태에서 왔다. 그 에너지를 조절하는 것은 바로 무시공생명이다. 지금 우리 몸은 미세한 공간에서 에너지 상태로 엄청난 변화가 이루어지고 있다

▷ 블랙홀 효과

여기서는 무시공 생명 블랙홀을 말한다. 생명이 우주의 창조주이다.

무시공에서 향심력으로 시공우주의 일체를 빨아들여 원래의 무시공우주로 원상회복 정화하는 역할을 한다.

▷ 100억 조 광년

일조가 100억 개가 있다는 무시공의 언어다. 지구에서 무극까지의 거리이다.

무극의 자리를 나타내면 시공우주에서 최고의 빛을 가지고 있다. 그러나 그 빛 또한 파동의 빛이다. 이 무극을 넘어 계속 합(合)해야만 무시공생명의 직선빛을 얻을 수 있다.

▷ 대전이 우주중심지 지구의 중심지(변두리가 된 무극)

무시공생명이 탄생하기 전에는 무극이 이 시공우주에서 도를 닦으면서 추구하였던 중심지였다. 모든 시공우주의 음과 양을 합(合)하면서 이 우주의 뿌리를 잘라버린 일체근단의 무시공 존재가 지구에서 이 무시공의 뜻을 펼치면서 지구가 온 우주의 중심지가 되면서 무극은 이 우주의 변두리가 되었다. 그래서 100억 조 광년의 무극 존재도 대전의 센터에서 무시공공부를 하고 있다.